왜 반대편을 증오하는가

인간은 왜 질투하고 혐오하는가

왜 반대편을 증오하는가

인간은 왜 질투하고 혐오하는가

샐리 콘Sally Kohn 지음
장선하 옮김

에포케

증오는 무엇이고 왜 발생하는 걸까요? 상대를 증오하는 온라인 상의 악플러들은 정말 문제입니다. 댓글 테러리스트라고 해야 맞을 듯 합니다. 이들로 인해 유명인뿐만 아니라 일반인들까지도 극단적인 선택을 하는 안타까운 일들이 일어나고 있습니다. 상대를 증오하는 현상은 이런 것뿐만이 아닙니다. 영상을 통한 유튜브에서도 클릭횟수를 늘리면 수익이 발생되는 수익 구조로 발전하고 있습니다. 수익을 많이 내기 위해 더 심한 증오와 혐오의 말을 쏟아내야 하는 구조입니다. 폭력적 욕설이나 성적인 모멸감, 외모 비하 등 자존감을 상하게 하는 비열한 언행도 서슴지 않습니다. 이런 극단적 증오의 콘텐츠를 생산하는 이들은 누구일까요? 경찰이 이들을 추적해보면 대부분 어린 학생이거나 평범한 보통 사람들입니다. 이들은 오로지 스트레스 해소를 위해 또는 심심풀이로 남을 증오하고 비난하지만 전혀 죄책감도 없습니다. 이들이 우리 주변의 평범한 사람들이기에 문제가 더 심각해지고 불편한 것입니다. 또 정치적으로도 반대진영을 향한 악담과 증오, 그리고 갈등을 부추기는 혐오 발언이 갈수록 거세집니다. 우리 사회는 분열과 편 가르기가 유독 심합니다. '니편과 내편'으로 자기들만의 캠프를 설치하고 혁신적인 논리로 열변을 토합니다. 좌파와 우파, 진보와 보수로 나누어진 온라인 댓글 공격은 물론 거리에서도 당파적 이익만 앞세운 채 상대 집단을 집요하게 혐오하고 증오합니다. 외부 침략자들에게 하지 못하던 싸움을 같은 동포들끼리는 참창의적(?)으로 잘 싸웁니다. 이들은 실체적 진실을 외면하고 자기가 믿고 싶은 것만 믿고, 보고 싶은 것만 보겠다는 '확증 편향' 오류에 빠진 사람들일까요? 아니면 진실을 알면서도 알고 싶어 하지 않는 '내로남불'의 자기중심적 사고에 사로잡힌 사람들일까요. 우리가 반대 진영에 대해 서로 증오하는 이유를 우리만의 사회 심리적 요인으로 찾아 내야 할 때 입니다. 이에 대한 문제점과 해결 방안에 도움이 될 수 있는 책이 바로《왜 반대편을 증오 하는가ᵀʰᵉ ᴼᵖᵖᵒˢⁱᵗᵉ ᵒᶠ ᴴᵃᵗᵉ》입니다. 저자 샐리 콘ˢᵃˡˡʸ ᴷᵒʰⁿ은 법학박사로 미국 진보주의 평론가이자 시사 칼럼니스트이고 유명한 TV 해설가입니다. 그녀는 '정서적 올바름'이라는 주제로 한 테드(TED) 강연에서 우리 모두는 서로의 '다름'에 대해 과장하는 반면, 서로가 공통적으로 '공감'할 수 있는 부분은 축소시키고 있다는 사실을 일깨우며 큰 반향을 일으켰습니다. 이 책은 세상에 만연한 분노와 분열과 증오에 진절머리 나는 사람들에게 희망을 주며, 재치 있고 놀라운 해결책들을 제시했다는 찬사를 받고 있습니다. 사실 반대편을 증오하고 혐오하는 현상은 정도의 차이는 있지만 세계적인 흐름으로 읽힙니다. 정치 이념의 당파적 이익 때문에, 경제적 불평등에 의한 소득의 양극화 때문에, 그리고 역사와 인종(민족)의 반목에 의해 서로를 증오합니다. 그러나 '사람 좋기로' 유명한 저자 샐리 콘 박사도 자신에게 쏟아져 들어오는 온라인 악성댓글을 향해 불을 뿜고 싶은 충동에 시달렸습니다. "'IS'다음으로 증오로 뭉친 년", "레즈비언 같은 년"이라거나 "다리에서 떨어져 죽어"또는 "흉측한 괴물" 같은 말 폭탄으로 감당하기 힘들 만큼 멘붕에 빠졌다고 합니다. 그리고는 우리 주변에 들불처럼 번져가는 악플러들의 증오를 파헤치고 적개심으로 가득 찬 댓글들을 막을 방법을 강구해야 할 때라는 걸 깨닫습니다.

증오의 역사로 점철된 팔레스타인지역으로 날아가 한때 테러리스트였던 자가 어떻게 자기 딸과 어린 학생들을 쏴 죽인 이스라엘 군인을 용서할 수 있었는지, 그리고 신나치주의자였으며 백인 우월주의 테러 집단의 리더까지 맡았던 사람이 어떻게 쉽게 그 생활을 접고 새로운 삶의 길로 되돌아가게 되었는지 직접 당사자를 만나 인터뷰하고 탐사를 통해서 흥미롭게 풀어갑니다. 다음으로 콘 박사는 르완다로 갑니다. 약 100일 동안 80만 명을 죽인, 사상 최대의 학살극이 벌어졌던 르완다는 인간의 본성이 원래 악한 것인지도 모른다는 원초적 문제에 직면하게 됩니다. 그들은 평소 친한 친구사이로 주말마다 같이 식사도하며 정겹게 지내던 이웃 사람들인데 왜 그토록 잔혹한 살인을 저질렀는지 이해가 되지 않았습니다. 그들은 사이코패스도 아니고 제정신을 잃은 것도 아니었습니다. 그냥 평범한 보통사람들이었으며 멀쩡하게 정상적인 사람들이었습니다. 그들은 왜 갑자기 친한 이웃 사람들을 증오하며 살인을 하게 됐을까요? 그리고 피해자들은 어떻게 쉽게 가해자들을 용서할 수 있었을까요? 증오에 맺혀 복수를 해도 시원찮을 판에… 그들은 멍청해서 일까요? 건국 초기 흑인 노예제도와 유색 인종 차별 정책, 그리고 백인 우월주의자들의 폭력에 대해 한 번도 속죄하고 화해 과정을 거친 적이 없는 나라 출신인 저자에게는 믿기지 않는 본보기였습니다. 피해자들이 먼저 손을 내밀었기 때문입니다. 그러면서 왜 증오가 일어나게 되었는지 여러 연구와 실험을 통해 해결 방안을 제시하고 있습니다. 저자는 조직적인 증오와 맞서고 조직적인 정의를 추구하는 움직임에 동참할 때 증오에 대한 변화의 뿌리를 보게 된다고 주장합니다. 조지 오웰은 《1984》에서, 거짓 정보에 의한 선전 선동으로 증오심을 조장하고, 매일같이 상대를 비하하며 적개심으로 몰아갈 때 사람들은 통제할 수 없는 분노로 가득차고, 누군가를 죽이고 싶은 욕망이 생긴다고 했습니다. 온라인 악성 댓글도 자주 접하게 되면 무덤덤해지고 오히려 악플러들의 행동이 정상인 것처럼 착각하게 되지 않을까요?.

우리는 선과 악을 생각할 때 흑백 논리로 따지는 경향이 있고 '우리는 선하고 그들은 악하다'는 이분법으로 갈라치기해서 투쟁하기를 좋아합니다. 그래서 증오에 대한 이야기가 매우 불편하게 느껴지는 것입니다. 악플러들의 행위나, 르완다의 참상이나, 백인 우월주의자들의 악행을 저지른 모습에서 우리와 같은 평범한 보통 사람들의 모습을 발견하기 때문입니다.

샐리 콘 박사는 증오에 반대하는 일을 찾는 것은 사회에 누적된 증오의 역사와 습관들에 맞서 계속 상류로 거슬러 올라가야 하는 힘겨운 노력이라고 썼습니다. 그래서 필자는 본문 속의 다음 이야기로 끝맺을까 합니다.

『두 마리의 어린 물고기가 열심히 헤엄쳐 가다가 반대편에서 헤엄쳐 오는 나이 많은 물고기를 만난 이야기다. 어린 물고기들이 지나갈 때 나이 많은 물고기가 말을 걸었다. "안녕, 젊은이들. 그쪽 물은 어떠니?"라고 묻는다. 두 마리 어린 물고기는 아무 말 없이 한동안 가던 방향으로 계속해서 헤엄쳐 갔고 마침내 한 물고기가 다른 물고기를 보며 묻는다.

"도대체 물이 뭐야?"』

정영국

내 존재의 이유인
새라와 윌라에게

To Sarah and Willa,
my reasons for everything

왜 반대편을
증오하는가

인간성 회복을 위한 실전 가이드

편집자 글 ·· 4

| 서론 | **증오는 무엇인가**

The Bully-타인을 괴롭히는 사람 ···················· 13

| 1장 | **왜 증오하는가**

악플, 악플러 Troll ································· 33

| 2장 | **어떻게 증오하는가**

전직 테러리스트 ································· 89

| 3장 | **증오는 소속감이다**

전직 백인 우월주의자 ························· 133

| 4장 | **무의식적인 증오** | |
| 트럼프 지지자들 ··· | 179 |

| 5장 | **전염병처럼 번지는 증오** | |
| 대학살 ·· | 229 |

| 6장 | **증오의 시스템** | |
| 큰 그림 ·· | 277 |

| 결론 | **앞으로의 여정** ·· | 319 |

| 감사의 말 ·· | 338 |

증오는 무엇인가

증오는 무엇인가

The Bully-타인을 괴롭히는 사람

> 태어날 때부터 피부색이나 출신배경, 종교적 이유로 남을 증오하는 마음을 가지고 있는 사람은 없다. 배워서 증오하는 것이다.
>
> – 넬슨 만델라Nelson Mandela

어쩌면 내가 비키 라시Vicky Larcsh에게 한 짓이 그렇게 나쁜 행동이 아닐 수도 있다. 하지만 그때의 일을 생각하면 지금도 부끄럽기 짝이 없다. 사람들은 내가 좋은 사람이라고 생각하는 것 같다. 실제로 내가 대중 앞에 서는 일을 하면서 알게 된 많은 사람들은 내가 완전히 반대되는 관점을 가진 사람들과도 무난하게 잘 지낸다는 이유로 나를 좋은 사람으로 알고 있다. 진보주의 시사평론가로 2년간 폭스 뉴스에서 일했고 지금은 CNN에 몸담고 있는 나는 열렬한 진보주의자이면서도 극단주의자들을 포함해 보수적인 사람들을 상대할 때 예의를 지키며 이성적으로 대화할 수 있는 인물이라는 평판을 얻었다. 심지어 TED 강연[1]에도 자주 나갔다.

---

1 1984년 미국에서 소수 엘리트들의 지적 사교모임으로 단발성 행사로 기획되었다가 1990년부터 연례행사가 되었으며 '널리 퍼뜨려야할 아이디어'라는 슬로건으로 각계각층의 인물들이 나와서 강연하는 행사 – 주

TED에서는 내가 '정서적 올바름'이라고 부르는 것에 대해 설명하고 서로 반대되는 의견을 가진 사람들끼리 정서적인 올바름을 직접 실행에 옮기는 법에 관해 강연했다. 정서적 올바름이란 극과 극으로 다른 의견을 가지고 있다고 해도 서로 예의를 갖춰 대화하고 상대에게 공감하기 위해 책임감을 가지고 노력하는 것을 의미한다.

정서적 올바름은 입 밖으로 나오는 말뿐만 아니라 말을 할 때의 의도와 표현 방법을 통해 상호 존중하고 공감하는 마음을 나누는 것이다. 물론 지금도 정서적인 올바름을 적극 지지하지만 언제부턴가 이를 실행에 옮기는 데 점점 어려움을 느끼게 됐고, 어느 순간 슬그머니 분노가 치밀어 오르고 증오 속에서 허우적대는 나 자신을 발견하게 됐다. 특히 최근 몇 년 사이에 부쩍 그런 일이 잦았다.

사실 어떻게 보면 나는 증오하도록 훈련이 되어 있었던 셈이다. 텔레비전 방송 해설자로 나서기 전까지 나는 15년 동안 지역 사회 조직자로 활동하면서 레즈비언, 게이, 바이섹슈얼과 트랜스젠더와 같은 성 소수자(LGBT)들의 권리와 의료복지, 사법제도, 그리고 이민법과 같은 이슈에 관한 정책 개정을 위해 싸웠다. 우파 사람들은 모두 내 적이었고, 나는 그들을 증오했다.

지역사회 조직화의 아버지라고 불리는 사울 앨린스키Saul Alinsky는 자신의 정치적인 적들을 '악마들'이라고 칭하며 공격하는 것이 조직의 목표라고 규정했다. 여기서 공격은 제도적인 공격뿐만 아니라 개인적인 공격을 포함한다. 왜냐하면 개인적인 공격이 훨씬 더 큰 상처를 주기 때문이다. 앨린스키는 훌륭한 조직가는 반드시 "불만스러운 부분을 가차 없이 공격해야 한다"고 말했다. 그래야 훌륭한 조직가가 될 수 있다고 배웠고,

나는 나 자신이 나름 훌륭한 조직가라고 생각했다. 솔직히 말해서, 좌파와 우파를 막론하고 내 친구들 중에는 지금도 '증오심'을 뿜어내는 것이야말로 시민 참여도를 높이는데 가장 쓸모 있고 효과적인 도구라고 생각하는 이들이 있다. 그러나 나는 방송에 나오는 시사평론가가 되고나서부터 사람들이 정말로 내 말에 관심을 기울일 때 훨씬 더 큰 영향력을 발휘할 수 있다는 사실을 깨달았다. 또한 사람들은 상대가 자신을 미워한다고 생각하면 얘기를 들어주지 않는 다는 것을 알기 때문에 사람들에게 호감 받고 싶다면 나도 그들을 존중해야 한다는 사실도 알게 되었다. 보수와 진보로 대두되는 서로 다른 성향 때문에 정치적으로 잘못된 판단을 했을 때도, 정서적으로(태도면에서) 훌륭한 사람들, 다른 사람들의 이야기를 귀담아 듣고 공감하는 사람들이 세상에 존재한다. 바로 이런 사람들이 상대를 혹은 세상을 설득할 수 있는 것이다. 인간은 본질적으로나 정서적(태도)으로 올바른 사람들에 매력을 느끼고 기꺼이 경청하고자 하는 성향이 있다.

그러나 도널드 트럼프가 미국의 대통령으로 당선되는 걸 보고 나는 피가 끓어올랐다. 그가 기다렸다는 듯이 힌두교도와 여성, 이민자, 그리고 미국 흑인들을 향해 자랑스럽게 쏟아내는 증오의 수준은 믿을 수 없을 정도였다. 2004년에 조지 W 부시가 재당선됐을 때도 그저 어안이 벙벙해서 할 말을 잃었던 기억이 떠올랐다. 당시 친구들과 나는 이메일을 통해 빨간 색과 파란 색으로 나누어 표시된 미국 선거 지도를 공유하고 있었는데, 빨간 색이 뒤덮인 지역들은 '덤퍼키스탄[2]'이라고 표시되어 있었

---

2 dumbfuck+ stan의 조합으로 '바보 멍청이 +땅'이라는 뜻. 전통적으로 미국 공화당을 지지하는 성향의 중부 지역을 가리킨다. – 주

다. 부시 지지자를 인간 이하라고 대놓고 무시하지는 않았지만, 미국인 자격도 없고 나보다 수준도 떨어지는 사람들이라고 치부한 건 사실이었다. 지적능력이 부족하고, 이해심도 모자라며, 동정심도 나보다 부족한 사람들이라고 생각했다. 그리고 딱히 내가 그들에게 증오심을 품고 있다고 생각하지 않았고 단지 내가 옳았다고 여겼을 뿐이었다.

그런데 이건 그때보다 훨씬 더 심각한 상황이었다. 내 동료와 미국인들의 대다수가 도널드 트럼프를 찍었다는 사실을 도무지 이해할 수가 없었다. 아무리 마음이 넓은 척하고 화합을 강조하는 척 하려고 해도 트럼프에게 표를 던진 그들을 용서할 수 없었다. 방송에 나오는 해설자로서 그동안 마음속에 꾹꾹 눌러두었거나 심지어 해결하려고 애썼던 당파적인 심술이 강한 복수심으로 무장한 채 나를 엄습했다. 평소 나는 무례한자들의 태도를 비난하는 것으로 유명했지만 그때만큼은 강력한 당파적인 증오심을 대변하는 대변자로 오디션에도 나갈 수 있을 것 같았다. 물론 그 순간이 미국 역사상 최초의 증오스러운 순간도 아니며 최악의 순간도 아니라는 것은 알고 있었다. 그러나 전부터 내 안에서 끓어오르고 있던 위기감이 미국 전역은 물론 전 세계로 번져나가, 정치와 대중문화 그리고 스포츠 경기와 총기난사 사건 등의 형태로 나타날 것 같았다.

증오심으로 인해 내 위선적인 모습이 드러날수록 원래부터 있던 현상들이 내 눈에 더 자주 띄기 시작한 것인지, 아니면 실제로 점점 늘어나고 있는 것인지 몰라도 어린 시절 '비키 라시'에 대한 기억도 자주 떠올랐다.

나는 계속 나 자신에게 물었다. 마치 기다렸다는 듯이 그렇게 쉽게 분노할 수 있다는 건 원래부터 내가 증오심이 많은 사람이라는 의미가 아닐까? 친절함이나 정서적 올바름을 운운하는 건 모두 내 본성을 감추기 위한 껍데기에 불과한걸까? 이러다 끝없이 번져가는 증오심의 위기가 나뿐만 아니라 우리 모두를 집어삼키는 건 아닐까?

아무래도 이쯤에서 내가 비키에게 무슨 짓을 했는지 털어놔야 할 것 같다. 그때 나는 10살이었고 초등학교 5학년 교실 앞 복도에 나 혼자 서 있었다. 교실 문은 모두 닫혀 있었고 닫힌 문 안의 교실에서 학생들이 웅얼거리는 소리가 들렸다. 곧 수업이 끝나는 종이 울리면 교실에서 몰려나온 학생들로 가득 메워지겠지만, 그 순간에는 조용한 복도에 나 혼자 있었다. 벽은 보기 흉한 국방색으로 칠해져 있고 운동화를 끌고 걸을 때면 바닥에서 끽끽 소리가 나는 복도에서 한손에는 펜을, 다른 한 손에는 클립보드를 쥐고 서 있었다.

나는 내가 어떻게 수업시간에서 빠져 나왔는지는 정확히 기억나지 않는다. 아마도 선생님에게 화장실에 가야 한다고 말했겠지. 그리고 비키가 먼저 나가는 걸 보고 따라 나온 게 분명했다. 머릿속에 어떤 계획이 있었으니까.

나는 그 당시 엄마가 집에서 사용하던 애플 모델의 컴퓨터로 열심히 검색해서 샴푸 선호도에 관한 '설문지'를 찾아냈다. 맨 위에는 "어떤 종류의 샴푸를 쓰십니까?"라는 질문이 있고 예시 답안이 죽 적혀 있었으며 각 답안 옆에 체크하는 작은 네모 칸이 있었다. 나는 설문지를 출력해서 조심스럽게 접은 다음 최대한 진짜처럼 보이게 하려고 프린터 용지 옆 구멍 뚫린 부분을 모두 뜯어내 깔끔하게 만들어서 비키에게 접근했다.

아이들은 모두 다 그녀를 '끈끈이 비키'라고 불렀다. 이제와 돌이켜보면 학창시절 비키의 삶이 순탄하지 않았을 거라는 생각이 든다. 그녀는 자주 목욕을 하지 못하는 게 분명했는데 그녀를 세심하게 챙겨주는 사람이 없었을 수도 있고, 그럴 여건이 안 돼서 일수도 있었다. 하지만 그때는 그런 생각은 못하고 끈끈이 비키 옆에 가면 냄새가 난다는 생각만 했다. 끈끈이 비키에겐 남들과 다른 점이 또 있었다. 비키는 수시로 코피를 흘렸고, 수업 시간에 어쩌다 선생님이 그녀의 이름을 부르기라도 하면 거위처럼 꽥꽥 소리를 내면서 책상 밑으로 기어들어 갔다. 그리고 늘 외톨이인 비키를 딱하게 여겨 선생님이 같이 다니라고 정해주는 친구들 외에 다른 친구는 하나도 없었다. 지금에 와서 생각해보면 당시 비키의 삶이 어땠을까 싶다. 집에서 어떤 일을 겪었을지, 어떤 생각을 하며 살았을지 생각을 하면 몹시 가슴이 아프다.

하지만 그때의 나는 중요한 조사를 나온 사람인양 펜과 클립보드를 들고 복도에 지키고 서서 비키가 화장실에서 나오기를 기다리고 있었다. 마치 과학 수업에 필요한 무슨 실험이라도 하는 것처럼.

얼마 후 끈끈이 비키가 화장실에서 나왔고 나는 그녀에게 다가가 어떤 샴푸를 쓰냐고 물었다.

화이트 레인. 그녀는 화이트 레인 샴푸를 쓴다고 말했다. 나는 5학년 때 선생님 이름은 하나도 기억하지 못한다. 5학년 때 혹은 초등학교 내내 읽었던 책 중에 기억나는 제목도 없고, 그때 내가 무슨 과자를 좋아했고 무슨 영화를 봤는지, 혹은 내가 살던 동네에서 가장 친하게 지내던 친구가 누구였는지 이름조차 기억하지 못 한다. 그런데 그날 비키 라시가 화이트 레인 샴푸를 쓴다고 한 말은 마치 10초 전에 들은 것처럼 지금도 아주 생생하게 기억이 난다.

비키가 내 질문에 대답하자마자 종이 울렸고 복도는 금세 교실에서 쏟아져 나온 학생들로 북적거렸다. 나는 복도를 가로질러 뛰어가며 큰 소리로 외쳤다.

"끈끈이 비키는 화이트 레인 샴푸를 쓴대! 끈끈이 비키는 화이트 레인 샴푸를 쓴대! 화이트 레인 샴푸를 쓰면 끈끈이 비키처럼 냄새가 난대!"

모두들 웃음을 터뜨렸고 몇몇 학생들은 그녀를 손가락질했다. 내 기억은 거기서 멈췄다. 고맙게도.

나는 그날의 기억을 묻어두고 살았고 몇 십 년 동안 생각해본 적이 없었다. 그런데 지역사회 조직가로서 그리고 방송 해설자로서 좋은 사람이라는 평판을 얻기 시작하면서 그 날의 장면이 수시로 머리를 스치고 지나갔다. 내 양심이 나를 비웃는 것 같았다. 그리고 비키를 찾아야 한다는 걸 깨달았다. 그동안 비키에게 무슨 일이 있었는지, 그녀가 어떤 인생을 살고 있는지 알아야 했고 용서를 빌고 싶었다. 나는 그런 장난을 치고 이듬해에 다른 학교로 전학을 갔지만 아직 연락이 닿는 당시 친구들이 몇 명 있었다. 나는 그들에게 전화를 걸어 비키의 소식을 물었지만 내가 전학을 간 그 해에 비키도 학교를 옮겼다는 소식만 들었을 뿐, 그녀가 어디로 갔는지 아는 사람은 아무도 없었다. 나는 그녀의 행방을 찾기 위해 구글도 검색해봤지만 아무 정보도 얻을 수 없었다.

그렇게 몇 개월 동안 수소문해도 아무 소득이 없어서 결국 사설탐정을 고용했다. 나는 사설탐정과 통화를 하면서 비키를 찾겠다는 집념이 과해서 지나친 행동을 하고 있는 건 아닐까 생각했다. 그리고 단순히 그녀에게 무슨 일이 있었는지 궁금해서가 아니라는 사실도 깨달았다. 나는 나자신에게도 무슨 일이 생긴 건지 알고 싶었다. 나는 정말 좋은 사람인걸까? 좋은 사람이라면 어떻게 그런 짓을 할 수 있지?

내 자신의 증오심뿐만 아니라 온 세상을 휩쓸고 있는 듯한 증오심에 대해 이해하고 싶었다. 그래서 그 여정을 시작하기로 마음먹었다.

먼저 나쁜 소식부터 말하겠다. 누구 하나 예외 없이 우리 모두는 누구를 증오할 때가 있다. 거기엔 나도 포함되고 미안하지만 이 책을 읽는 독자들도 모두 포함된다. 비록 이 책의 주제가 증오이긴 하지만 결과적으로는 희망을 주는 긍정적인 내용으로 마무리될 거라고 약속할 수 있다. 다만, 그러기 위해서는 먼저 어려운 진실을 똑바로 마주해야만 한다. 각기 다른 방법과 다른 시각으로, 또는 의식적으로나 무의식적으로 우리 모두는 어떤 식으로든 다른 개인이나 집단이 근본적으로 우리보다 못하다고 생각할 때가 있다.

이 책을 시작한 지 겨우 몇 장밖에 안됐지만 이쯤에서 벌써 심기가 불편해질 수도 있다. 내가 누구라고 감히 모든 사람이 증오한다고 단정 지어 말할 수 있나? 분명히 말하지만, 나도 증오심을 가지고 있다. 이쯤에서 짚고 넘어갈 것이 있는데 내가 말하는 증오는 이 분야의 많은 전문가들이 사용하는 '증오의 정의'와 일맥상통한다. 나는 의도적으로 이 단어를 선택했다. 여기에는 "난 브로콜리가 싫어", "케니 G 음악은 딱 질색이야" 혹은 "수학 선생님이 정말 싫어"와 같은 진부한 의미를 제외한 모든 것이 포함된다고 할 수 있다. 즉 당파적인 무례함과 명백한 성차별, 무언의 인종적 편견, 어떤 사람의 정체성을 나타내는 특징 또는 그가 속한 그룹을 근거로 상대를 차별하거나 인간성을 무시하거나 인격을 짓밟으려는 경향을 모두 포함한다.

《편견의 심리The Nature of Prejudice》라는 영향력 있는 책을 썼고 인간성 연구에 앞장선 하버드 대학교의 심리학자 고든 앨포트Gordon Allport의 이론을 바탕으로 설립된 반 명예훼손연맹(ADL)[3]은 증오에 대한 다양한 유형들과 쓰라린 경험들이 서로에게 영향을 주면서 서서히 형성된다고 주장한다. 이 단체는 '증오의 피라미드' 안에 전반적인 다섯 가지 카테고리로 증오를 분류하고 있다. 피라미드의 맨 아래쪽에는 고정관념을 형성하고 배타적인 언어를 사용한다거나, 어떤 집단은 본래 우월하고 어떤 집단은 본래 열등하다는 믿음 같은 것이 해당된다. 그 두 번째 단계는 왕따나 욕설과 같은 편견을 바탕으로 하며 행동과 말은 안 해도 은근하게 이루어지는 사회적 따돌림처럼 남에게 해를 입히는 행동들이다. 5학년 때 끈끈이 비키가 지나갈 때 나와 다른 친구들이 그녀를 피해서 한쪽으로 비켜섰던 행동이 여기 포함된다. 세 번째 단계에는 취업이나 주택 정책 혹은 정치적인 시스템 안에서 일어나는 제도적인 형태의 차별이 해당된다. 이는 우리 사회의 제도나 기준에 반영되고 실제로 적극 권장되기도 하며 다음 세대로 계속 대물림되기도 한다. 그리고 네 번째는 테러리즘이나 증오범죄처럼 편견에 치우친 폭력이 해당되고, 마지막으로 피라미드 맨 꼭대기는 대학살이 차지하고 있다.

　나는 피라미드 전체를 탐구하고 싶었다. 즉 유대인과 무슬림을 공격하는 온라인 악성댓글에서부터 민주당과 공화당 사이의 지나친 당파적 적개심에 이르기까지, 그리고 공공장소에서의 무례함과 인종차별적인 것과 민족성을 이유로 한 대학살에서 폭력에 이르기까지 모든 단계에 걸쳐 증오의 피라미드 전체를 탐구하고 싶었다. 혹시 내가 비키를 따돌렸던

---

3 Anti-Defamation League-뉴욕에 본부를 둔 미국 최대의 유대인 단체로 "모든 시민들에게 공의와 공정한 대우를 보장하고, 어떤 종파나 시민 단체에 대한 부당하고 불공평한 차별과 모멸감을 영원히 종식시킬 것"을 목적으로 설립됐다. - 주

행동이 증오와 무슨 상관이 있는지 궁금할까 봐 덧붙이자면 내가 가난한 애를 괴롭히는 부잣집 애였다는 사실과, 알고 보니 비키가 게이였다는 사실은 우연이 아니었다. 통계적으로 봤을 때 가난한 아이들이나 성소수자 아이들이 따돌림을 당할 확률이 훨씬 높다. 물론 당시 열 살짜리 내 머릿속에는 여러 가지 잡생각도 많았고, 내가 비키를 괴롭혔던 이유가 오로지 증오 때문이라거나 의식적으로 그녀가 미워서 그랬던 건 아니었다. 그렇지만 여전히 통상적으로 사회 전반에 걸쳐서 차별당하는 부류의 사람들은 학교에서 따돌림을 당하는 학생들과 같은 종류일 가능성이 높은 게 사실이다. 이는 단순한 우연이 아니라 증오하는 것과 관계가 있다.

'증오'라는 말을 의식적이고 극단적인 형태의 잔인함을 뜻하는 단어로만 한정하는 것은 정확하지 않을뿐더러 매우 위험하다. 나는 형태와 정도의 차이는 있을지 몰라도 모든 증오는 동일한 사회적, 심리적 현상에서 기인한다고 배웠다. 또 이러한 현상 때문에 공동체들이 서로에게 적대감을 품고 '다른' 집단에 속한 사람들의 인간성을 무시하며, 더욱 강력하고 치명적인 힘을 가지고 막강한 증오심을 형성해 나아간다는 사실도 알게 됐다. "우리 모두는 잠재적인 인간성 파괴자들이며 동시에 잠재적인 인간성 파괴의 '대상'이기도 하다"고 철학자인 데이비드 리빙스턴 스미스는 말했다. 나는 이처럼 서로 다른 종류의 형태를 가진 증오가 어떻게 얽혀 있는지 이해하고 싶었을 뿐 아니라, 아주 작은 증오가 점점 자라 걷잡을 수 없이 커지는 것을 막을 수 있는 방법 또한 찾고 싶었다.

미국은 아메리칸 인디언들을 식민지화하고 전멸시킨 행위를 정당화하고, 아프리카인들을 노예화해서 종속시킴으로써 그들의 증오가 점철된 바탕 위에 건설된 나라다. 증오는 남북 전쟁으로 나라를 분열시켰고, 한 세기가 지난 후에는 정의와 인권 문제를 놓고 투쟁하는 가운데 운동가들의 저항운동과 반발시위를 낳게 했다. 이는 비단 미국인들만의 문제는 아니다. 세계 곳곳에서 벌어진 식민지 정복과 무자비한 만행, 지금도 많은 지역에서 벌어지고 있는 극단적인 폭력과 추방사태들은 그 밑바닥에 깊은 증오의 기류가 흐르고 있다는 사실을 반영하는 것이다. 물론 지금 우리가 역사상 그 어느 때보다 증오가 판을 치는 시대에 살고 있다고 주장한다면 조금 성급한 판단일 수도 있을 것이다. 그러나 이 주제에 대한 상대적인 관점은 별 도움이 되지 않는다. 지금 이 순간 끓고 있는 증오는 위험하고 섬뜩하며 점점 더 심각해지고 있기 때문이다. 역사상 최악의 순간이 닥쳐야만 비로소 그 상황의 심각성을 깨닫고 변화를 위한 공동의 노력이 필요하다는데 동의 할 것인가?

그건 아니라고 본다.

퓨 리서치 센터Pew Research Center가 지난 25년 동안 공화당원과 민주당원들을 대상으로 서로를 어떻게 생각하는지 조사한 바에 의하면, 2016년에 처음으로 조사에 응한 응답자들의 대부분이 "매우 비판적으로 생각한다"고 답했다. "민주당원의 반 이상(55%)은 공화당이 '두렵다'는 생각이 든다고 답했고, 49%의 공화당원이 민주당에 대해 같은 의견을 내놨다"는 게 여론조사의 결과였다. 그리고 각 당의 절반에 못 미치는 인원은 상대 당이 그들을 '화나게' 한다고 대답했다.

우리는 정치와 정치적인 문제를 얘기할 때 당장 종말이라도 닥칠 것처럼 과장되고 공격적인 용어를 사용한다. 공화당원들은 '여성과의 전쟁'이란 말을 사용했고, 민주당원들은 '크리스마스 전쟁[4]'이란 표현을 썼으며, 이민자들에게는 '침략자들'이라고 말하는 식이다. 2016년 대통령 선거에서 도널드 트럼프와 그의 지지자들은 힐러리 클린턴을 암시하며 반복적으로 "감옥에 가둬라!"고 외쳤으며, 내가 참석했던 어떤 집회에서 한 트럼프 지지자는 "길거리에서 그녀를 교수형에 처하라!"고 소리쳤다.

증오에 대한 우리의 문제는 말이나 감정의 문제만은 아니다. 2016년 선거 이후 미국에서는 무슬림과 이민자들, 그리고 유대인 커뮤니티에 대한 공격이 점차 늘어나고 있다. 미국에서 발생하는 증오 범죄는 2016년에 20%나 증가했으며 이는 논쟁을 불러일으켰던 선거의 영향을 받았다고 할 수 있다. 2017년이 시작되고 첫 3개월 동안 발생한 반유대주의 사건은 무려 86%나 급증했다. 2017년 1월에는 플로리다 주 클리어워터에 있는 세 군데의 유대교 예배당에 누군가 스와스티카[5]를 그린 사건이 발생했다. 2017년 6월에는 히잡을 쓰고 아바야[6]를 입고 있던 무슬림 여학생이 야구 방망이에 맞아 살해된 후 연못에 버려진 사건이 발생했고, 얼마 후에는 그 여학생을 위해 만든 기념비도 불에 탔다. 2017년 2월에는 흑인 10대 청소년 4명이 지체장애가 있는 백인 10대 청소년을 납치해서 "백인 놈들을 다 죽여!"라고 소리치며 백인 청소년을 구타하는 영상을 페이스 북 라이브에 실시간으로 내보낸 충격적인 사건도 있었다. '알트-라이트Alt-right[7]'로 이름을 바꾼 백인 우월주의자들이 점점 더 눈에 띄게 늘어

---

4 여러 종교와 다양한 민족으로 구성된 미국에서 특정 종교를 지칭하는 인사말 '메리 크리스마스' 대신 '해피 할러데이'를 사용하자고 주장하는 진보파와 반대 입장인 보수파의 대립 - 주

5 나치당의 표장 - 주

6 아랍인들이 옷 위에 두르는 긴 천 - 주

7 Alternative right-얼터너티브 라이트를 줄여서 부르는 말. 미국 주류 보수주의의 대안으로 제시된 극단적 보수주의로 백인 우월주의, 자문화보호주의, 이슬람혐오주의 등의 요소가 혼합된 형태 - 주

낮으며 한층 대담해진 것은 물론, 지위까지 향상되었다. 심지어 알트-라이트 회원들 중의 지도부 사람들은 트럼프 정부의 요직에 기용되기도 했다.

증오는 또 정치적 스펙트럼의 반대쪽에서도 찾을 수 있다. 지금 내가 이 책을 쓰고 있는 2017년 6월 현재, 대통령 선거 당시 버니 샌더스Bernie Sanders 후보의 선거 캠프에서 자원봉사자로 활동했고 민주당원 임을 자처하는 한 남자가 매년 개최되는 양당 친선 야구경기를 위해 경기장에 모인 의회 공화당 위원들을 향해 총을 난사하는 사건이 벌어졌다. 그는 보수주의자들을 죽이고 싶었다고 말한 것으로 전해진다. 2016년 11월에 테네시 주 개틀린버그에서 산불이 발생해 천 여 가구가 불에 타고 14명의 사망자와 200여명의 부상자가 발생했을 때도, 한 트럼프 반대자는 "오늘 밤에 집이 잿더미로 변한 트럼프 지지자들을 보며 마음껏 비웃었다. 테네시 전체가 불에 타버리지 않아서 아쉽다"라는 트윗을 올렸고, 또 다른 사람은 "그들이 트럼프를 찍은 데 대한 '하나님'의 벌이다"라는 트윗을 올렸다.

이제는 증오라는 것이 선뜻 받아들여질 수 있는 일상의 기준 점에 도달함으로써 그것이 불가피하다고 여겨질 뿐만 아니라 그 혜택을 노골적으로 거래하고, 증오를 이용해 이득을 얻는 지경에 이르렀다. 심지어 '헤이터Hater'라는 이름으로 만남을 주선해 주는 데이팅 앱까지 생겨났는데, 서로 싫어하는 사람이나 대상에 대한 데이터를 가지고 그에 어울릴만한 상대자를 찾아주는 앱이다. 만약 당신이 '케니 G' 스타일의 색소폰 연주를 싫어한다면 나와 딱 맞는 짝이 될 수도 있다는 거다! 정말 대단하다. 한편, 대부분의 대중매체는 사람들의 구미에 맞게 적대감을 적절히 포장할 뿐만 아니라 실제로 중독성 있게 만들고 있다. 그래서 점점 우리가 느끼는 증오에 부응하고 비뚤어진 선입관을 부추기며 정보를 제공하는 웹사이트와 텔레비전 채널의 뉴스를 주로 시청하거나, 오로지 그런 뉴스만 고집하게 된다. 이는 증오를 증폭시킬 뿐만 아니라 악화시킨다. 모든 대중매체가 시청자들에게 더 많은 양질의 정보를 전달하기보다 점점 더 분노하게 만듦으로써 시청률을 올리는데 매진하고 있다. 나는 내가 방송 중에 불만의 표시로 허공에 눈을 굴릴 때마다 클릭수가 늘어나고 박수소리가 커진다는 걸 알고 있다. 그게 의도적인 행동이었든 아니었든, 시청자가 비열한 짓이라고 생각하든 아니든 상관없다. 어느 쪽 혹은 어느 집단이 더 나쁘다고 말할 생각은 없다. 우리 모두가 증오하며, 너무 많이 증오하고 있다. 이제 어떻게 해야 할까?

증오는 인간의 본성적인 측면에서 불가피한 부분이고 너무나 깊이 뿌리박혀 있어서 도저히 영향을 안 받을 수는 없는 걸까? 어떻게 전혀 모르는 타인에게 그렇게 비열하게 굴 수 있을까? 트위터에서 잘 알지도 못하는 사람에게 공공연하게 '나쁜 년'이나 '추잡한 레즈비언'이라고 비난하고 공격하는 사람은 도대체 어떤 사람들일까? 진심에서 하는 말인가? 그리고 백인 우월주의 스킨헤드와 테러리스트들처럼 깊은 증오심으로 점철된 인생을 살았던 사람들도 과연 변할 수 있을까?

우리 각자가 살아가는 동안 쉬지 않고 증오하는 사람 한명씩을 변화시킬 수 있다고 해도 과연 우리 사회 전체의 증오를 극복할 수 있을까? 도대체 증오가 어떻게 체계화되고 제도화되었기에 공공정책에서나 지역사회에서도 증오를 방치할 뿐만 아니라 심지어 온 세상에 퍼뜨리고 있는 걸까? 그리고 해결책은 무엇인가?

물론 대통령이 된 도널드 트럼프가 또 한 번 가장 높은 정치권력 계층에 공공연한 증오를 끌어들였다고 그를 비난할 수도 있다. 그러나 증오는 영국 식민지 개척자들이 북미 해안가에 발을 들여 놓은 이후부터 우리 사회 깊숙한 곳으로 번져가고 있었으며, 선출된 지도자들과 법률가들, 그리고 신문이나 TV를 통해서 줄기차게 생산해내며 부추겨왔다. 나는 증오가 어떻게 우리 사회 전체에 영향을 미치는지 이해하기를 원하며, 어떻게 맞서 싸울 수 있는지 알기를 원한다.

1년 전 내 딸 윌라가 일곱 살이었을 때 학교에서 친구를 골탕 먹인 이야기를 들려주었다. 어느 날 윌라를 포함해 네 명의 친구들이 모여 다음날 모두 바지를 입고 학교에 가기로 약속했다. 윌라는 바지 클럽 같은 걸 만들어서 다른 친구들은 다 빼고 자기들 네 명만 가입하기로 했다고 말했다. 그리고 나서 윌라는 몰래 그 중 두 명의 친구와 짜고 나머지 한 친구를 골탕 먹이기로 했다. 셋이서 다음날 원피스를 입고 학교에 가기로 한 것이다. 셋이서 의도적으로 나머지 한 친구가 소외당한 느낌을 받게 만들었다.

자, 심술궂은 나의 어린 시절 샴푸 설문조사보다 더 심한 장난을 치는 아이들이 있듯이, 윌라의 장난도 세상에서 제일 못된 장난은 아니었다. 그런데 내가 저질렀던 행동과 어찌나 비슷한지 뒤통수를 한 대 얻어맞은 느낌이 들었다. 윌라는 계획적으로 다른 아이를 조롱하고 소외시키는 기분이 들게 했다. 미처 깨닫지 못하는 사이에 내가 나쁜 본보기가 되고 있었던 걸까? 단단히 억제되고 있어야 할 증오가 어느 순간부터 나도 모르게 줄줄 새고 있는 건가?

그러고 나자 내 주위의 모든 게 눈에 들어오기 시작했다. 내가 살고 있는 파크 슬로프는 뉴욕 주 브루클린에 있는 나무가 많고 진보적인 동네로 매년 여름이면 축제가 벌어지는 곳이다. 2016년 대통령 선거가 있기 전 여름에도 마찬가지였다. 축제 때마다 피냐타[8]가 빠지지 않았다. 그해 축제 준비 담당자가 준비한 피냐타는 도널드 트럼프의 머리 모양이었다. 나는 그걸 보고 화가 머리끝까지 치솟았다. 안 그래도 윌라는 집에서 어른들이 하는 말실수나 학교나 대중매체를 통해 이미 트럼프에 대한 갖가지 독설을 접하고 있었다. 그래도 트럼프를 증오하지 말라고 가르치느라 몇 개월째 애쓰고 있는데 여기 내 이웃은 떡하니 트럼프의 머리에 줄을 매달아 아이들에게 힘차게 막대기를 휘두르라고 부추기다니. 나는 조심스럽게 고상한 욕설을 섞어가며 파티를 준비한 사람에게 강한 실망감을 전달했다. 다행히 다른 이웃들도 같이 불쾌감을 표시했다. 그러나 누구도 피냐타를 포기하고 싶어 하지는 않았기 때문에 머리는 그대로 매달렸다.

나는 윌라에게 피냐타 때리기에 참여하지 말라고 했다.

"하지만 엄마, 그냥 피냐타일 뿐이에요." 윌라가 반박했다.

"진짜 머리가 아니잖아요!"

"그렇긴 하지만 그래도 옳지 않아." 내가 말했다.

윌라는 내 말을 듣고 있었고 이해하려고 애썼지만, 한편으로는 곧 짜증을 부리며 떼를 쓸 거라는 것은 불 보듯 뻔했다. 당연하지, 피냐타 안에 좋아하는 사탕이 잔뜩 들었는데! 게다가 평소에도 틈만 나면 막대기를

---

8 사탕과 장난감 등이 가득 들어 있는 여러 가지 모양의 상자로 높은 곳에 매달아 아이들이 눈을 가리고 막대기로 쳐서 터뜨리는 데 사용함 - 주

왜 반대편을 증오하는가

들고 뭔가 때리는 걸 매우 좋아하는 녀석이었다. 윌라는 애원했고, 나는 아이가 울고불고 난리치는 것만은 어떻게든 피하고 싶은 이기적인 마음에 결국 고집을 굽혔다.

"좋아." 나는 마지못해 허락하며 말했다. "하지만 네가 막대기로 때리는 게 트럼프가 아니라 트럼프가 내세우는 관점이라고 생각해야 돼, 알겠지?"

윌라는 내 말에 동의했고 다른 어린이들이 둥그렇게 늘어서서 박수를 치며 응원하는 가운데 자신 있게 막대기를 들었다. 그리고 우리 모두는 사탕 세례를 받았다.

우리는 너무 자주 마지못해 어릴 때부터 증오심을 인정하고, 심지어 응원도 한다. 우리는 주위에 존재하는 증오나 혐오에 대해 너무 쉽게 외면하고 지나치며, 너무 쉽게 우리 안의 증오심을 인식하지 못한다. 지역 사회와 온 세상 사람들은 우리가 의식적으로나 무의식적으로 쏟아내는 증오의 폭력에 의해 너무 많은 시달림을 받고 있다. 그렇기에 우리가 싸워서 해결해야 할 대상은 바로 증오심이다. 그렇게 함으로써 얻어지는 보상은 우리 모두를 위한 더 나은 미래인 것이다.

1장

The Opposite of Hate

왜 증오 하는가

왜 증오 하는가
악플, 악플러 Troll[9]

> 누군가를 증오하는 건 내 영혼이 편협해지고 타락하는 길이다. 그 누구도 나를 그렇게 만들 수는 없다.
>
> – 부커 T 워싱턴Booker T. Washington

  내가 개인적으로 하루도 빼놓지 않고 자주 맞닥뜨리는 증오심의 출처는 온라인상에서 남에게 악담과 비방하는 글을 올리는 '악플러Troll'같은 고약한 사람들이다. 그래서 증오심을 부채질하는 상황과 뒤틀린 생각들에 대해 본격적으로 탐색해 보기로 작정했을 때 자연스럽게 첫 탐색 대상으로 떠오른 것이 나를 공격하는 악플러들이었다. 얼굴도 모르는 낯선 타인들이 왜 매일같이 나를 헐뜯고 욕을 퍼붓는지 이해할 수가 없었고, 도대체 어떻게 생겨먹은 인간들인지 늘 궁금했다. 게다가 나를 비난하는 이메일과 트윗이 점점 많아지면서 어느 순간 나조차도 이게 오히려 정상적인 현상으로 받아들여질 수 있겠다는 우려가 싹트기 시작했다. 인간의 본성은 원래 악하기도 하지만 요즘처럼 온라인이 대세인 세상에서 익명

---

9 'Troll'은 온라인 토론방에서 고의적으로 남을 비방, 모욕하거나 선동하기 위해 보낸 메시지 또는 보낸 사람 – 주

의 탈을 쓰고 얼마든지 그 악함을 즐기는 것은 당연할 수 있는 것인데, 모든 사람이 친절해야 한다고 생각하는 내가 오히려 비정상인가 싶은 생각이 드는 거였다.

사실 처음 나를 공격하는 악플러에게 직접 전화를 걸어봐야겠다는 생각을 하게 된 이유는 자꾸만 커져가는 비뚤어진 호기심 때문이었다. 그러나 통화를 마치고 전화를 끊을 때쯤에는 나 자신에 대해서도 좀 더 잘 알게 되었다. 그전에 나는 악플러들이 좋은 사람일 수도 있다는 생각은 결코 해 본적이 없었지만, 그들이 나를 나쁜 사람으로 평가할 것이라곤 상상조차 해본 적이 없었다.

폭스 뉴스에서 일하던 초기에 나는 감정적인 쇼크를 경험했다. 예를 들면 이런 것이다. 한때 나는 강한 보수 성향의 토크쇼 진행자인 션 해니티 Sean Hannity가 증오심으로 똘똘 뭉친 꼴통 보수의 결정판이라고 생각했었다. 그런데 실제로 만나보니 무시무시한 뿔이나 송곳니도 없을 뿐더러, 예상했던 것 이상으로 훨씬 친절하고 상냥해서 놀라움을 넘어 충격을 받았다. 또 한편으로는 내 평생 처음으로 끔찍한 항의 메일들을 받기 시작했는데 이는 전혀 다른 측면으로 내게 큰 충격을 주었다. 솔직히 처음 폭스 뉴스에 들어갈 때만 해도 나는 전반적으로 보수 진영을 무시하는 입장이었다. 그렇다 하더라도 나를 향한 악플러들의 공격은 믿을 수 없을 만큼 충격적이었고, 이메일과 트위터를 통해 끊임없이 쏟아지는 시청자들의 적개심에 아연실색했다. 나는 대부분의 폭스 뉴스 시청자들과 협박 메일을 보내지 않은 사람들의 숫자가 훨씬 더 많다고 애써 자위했지만 하루가 멀다 하고 엄청나게 많은 메일이 쌓이는 건 그냥 지나칠 일이 아니었다. 더구나 입에 담기도 어려울 만큼 비열한 내용이 대부분이었고 때로는 폭력을 불사하겠다는 위협도 있었다. 나는 엄청난 충격과 절망감에 빠졌다.

그렇다고 이 모든 것이 나를 겨냥한 개인적인 공격이라고 받아들인 건 아니었다. 공인이라는 위치에서 감내해야할 부분이라는 건 익히 알고 있었고, 오히려 그런 공격을 받을 만큼 유명해졌다는 사실에 감사했다. 더구나 내 스스로가 나 자신을 '저능하고 분별없는 진보주의자' 나 '또라이 같은 년'라고 생각하지도 않았다. 하지만 사람들이 그런 메일을 보낸다는 사실 자체에 불안감이 들었다. 도대체 누가 이런 짓을 할까? 이런 짓을 하는 사람들을 길러내는 이 사회는 도대체 얼마나 곪아 있는 걸까? 평소에 술을 많이 마시는 편은 아니었지만 당시 몇 달 동안은 평소보다 자주 술을 마셨고, 적정 양을 넘어 훨씬 더 많이 마셨다.

그런 와중에 방송사의 한 간부와 미팅이 있었다. 그는 내가 어떻게 지내는지 사람들이 잘 대해주는지 물었고, 특히 보수적인 폭스 뉴스에서 일한다는 이유로 좌파로부터 어떤 반발이나 공격을 받지는 않았는지 궁금해 했다. 나는 전혀 없다고 대답했다. 참고로 말하면 실제로 폭스 뉴스에서 일한다는 이유로 좌파의 공격을 받은 적은 단 한 번도 없었다. 적어도 내가 아는 바로는 그런 일은 없었다. 하지만 우파로부터 많은 양의 협박 메일이 쏟아지고 있다는 사실을 전했다. 감당하기 힘들 정도로 너무 많아서 인간에 대한 신뢰까지 흔들릴 지경이라고 고백했다.

"설마 그런 쓰레기를 다 읽어보는 건 아니겠죠, 그렇죠?" 그가 불쑥 물었다. "절대 읽지 말아요! 그런 사람들은 정신 나간 밑바닥 인생들이에요. 그들이 우리 뉴스의 시청자들이니 누구보다 내가 잘 알지요." 그가 나를 보며 씩 웃었다. 마치 자기 뉴스의 시청자들을 "밑바닥 인생"이라고 부르는 게 자랑스럽기라도 한 표정이었다. 그는 그런 비난 메일을 보내는 자들은 인간이라고 볼 수도 없는 부류니까 인간성까지 걱정할 필요는 없다고도 말했다.

그리고 그는 진짜 협박성이 담긴 메시지들은 대충 걸러내 보라고 내게 제안했다. 누군가가 내 트위터에 올린 "샐리 콘@sallykohn은 나의 총에 맞기 딱 좋은 사람이다"와 같은 위협적인 메시지들은 의무적으로 방송사 보안 팀에 알리게 되어 있었고, 보안 팀에서 조사를 해서 필요하면 당국에 신고하도록 되어 있었다. (CNN에서 일하고 있는 지금도 불안할 정도로 자주 이런 과정을 거치고 있다.) 그렇게 걸러내고 남은 다른 메시지들은 폴더에 처박아 놓고 잊어버리라고 말했다. 하지만 잊을 수가 없었다. 나를 괴롭히는 트롤들이 제정신이 아니라거나 제대로 된 인간이 아닐 거라는 생각도 도움이 되지 않았다. 그들의 행동을 부추기고 싶지도 않았지만 무조건 비주류 미치광이들이라고 치부하거나 그들의 기본적인 인성까지 부정하고 싶지도 않았다.

그 이후로 지금은 그때보다 훨씬 더 강해지긴 했지만 솔직히 나를 공격하는 악플러들은 여전히 내 머릿속을 헤집어 놓고 있다. "샐리 콘@sallykohn 너 같은 년은 아예 낙태됐어야 해, 이 빌어먹을 빨갱이!!!!!!!!!!!!!!" 와 "내가 아는 한 당신은 49명을 무자비하게 살해한 ISIS(이슬람 국가–이하 'IS')[10]다음으로 이 나라에서 최고로 증오심에 똘똘 뭉친 년이다"라는 메시지처럼 단지 그들이 뱉어내는 말이 소름끼치게 적대적이어서만은 아니다. 날더

---

10 ISIS–Islamic State of Iraq and Syria – 주

러 증오심으로 똘똘 뭉쳤다고 비난하면서 어떻게 그렇게 아무렇지 않게 노골적인 증오심을 표출할 수 있는 걸까? 그리고 설마?

정말 내가 IS만큼 나쁜 악당이라고?!?!

중요한 건 내가 세상에서 제일 친절하고 정치와 아무 상관없는 글을 올려도 여전히 시달린다는 사실이다. 2016년 선거 기간 중에 공원에서 찍은 우리 강아지 사진을 올렸더니 트럼프를 지지하는 악플러들이 내 인스타그램에 #MAGA(Make America Great Again, 미국을 다시 위대하게)로 도배해버렸다. 하다하다 이제는 강아지까지 괴롭히는 건가? 공정하게 말하자면 "#MAGA 그래도 강아지는 귀엽네"라고 올린 사람이 있긴 했다. 솔직히 '골든 마운틴 두들' 종인 '세이디 픽'은 그 이름만큼이나 귀여운 강아지다. 하지만 내가 말하려는 요점은 그게 아니다.

자랑하고 싶은 건 아니지만, 언젠가 '트위터Twitter.com'에 근무하는 어떤 사람이 나를 공격하는 악플러들 중에 그 플랫폼 상에서 악랄하기로 유명한 자들이 있다고 귀띔해 주었다.(사실, 내가 이정도로 관심을 받고 있다는 것을 자랑하는 것이 맞다.) 물론 자랑거리라고 보기엔 좀 이상하지만 대개의 경우는 비록 사람들이 내 의견에 동의하지는 않는다 해도 최소한 내 말에 관심을 보인다는 걸 파악할 수 있고, 그게 건설적이라고 생각하기 때문이다. 그래도 나를 괴롭히는 악플러들이 너무 격렬한 탓에 사람들은 내게 리트윗 만은 극구 만류했다. 악성 댓글은 정말 악의적이라서 상처를 주는 경우가 많다. 때로는 아주 큰 상처를 입힌다.

온라인 악플은 또한 우리 사회에 분명한 악영향을 끼치고 있다. 한때는 온라인상에서 잘 드러나지 않는 구석진 곳들을 침범하는 비주류들의 현상이었지만, 2016년 미국이 트위터 악플러를 대통령으로 선출하면서 갑자기 우리 모두가 독설에 시달리게 되었다. 그러고 나자 점점 더 많은 사람들이 증오심을 분출하는 데 힘을 얻었고, 그런 증오의 대상이 된 사람들 역시 각자의 증오를 뿜어내며 맞받아쳤다. 마치 하룻밤 사이에 악성 댓글이 주류 사회의 용어 목록에 등장해서 우리 중심에까지 파고들었고, 온라인과 오프라인을 막론하고 우리 삶의 생활 전반을 오염시키고 민주 사회 전체를 위협하고 있는 것 같다.

나는 나를 공격하는 악플러들과 직접 대화를 해보고 그들을 설득하기 위해 트위터에 집중했다. 솔직히 대부분의 악플러들이 트위터에 몰려 있기도 한데 아무래도 트위터가 증오심을 쏟아내는 데 가장 적절하고 효과적인 시스템인 모양이다. 물론 페이스 북과 인스타그램에도 상당한 양의 증오댓글이 넘쳐나고 있고, 4chan[11]처럼 사이트 전체가 증오와 혐오감에 푹 빠져 있는 곳도 있고 레딧[12]같이 일부분이 그런 경우도 있다. 그러나 내가 매일매일 일상적으로 악플러들을 만나는 곳은 주로 트위터였다. 그리고 내가 알기론 그들은 모두 반복 작업이 입력된 자동 프로그램이 아니라 대부분 진짜 사람들이 올린 것이 분명했다. 그래서 나는 진짜 사람들이 그처럼 비열한 공격을 하는 이유가 무엇인지 알고 싶었다. 궁금한 건 그뿐이 아니었다. 온라인 악성 댓글이 현실 세계의 증오심으로 이어질까? 악플러들은 정말 진심에서 우러나와 그런 말을 올리는 걸까? 어떤 결과가 따를지 생각해 보기는 하나? 아니면 그저 주목받고 싶은 관종들일까? 해시태그 뒤에 숨어 모습을 감추고 있는 이들은 과연 누구일까?

---

11 4chan(포챈)은 영어권 이미지보드 웹사이트이다. 이 사이트의 유저들은 일반적으로 익명으로 기고하며 세계에서 가장 붐비는 이미지보드 중 하나다. 온라인을 통해 빠르게 퍼지는 유명한 문구나 이미지 등 여러 유행은 4chan에서 만들어진 것이 많다 – 주

12 Reddit 미국 최대 온라인 커뮤니티 – 주

왜 반대편을 증오하는가

그리고 무엇보다도 인터넷이 전 세계 모든 사람들을 좀 더 가까이 이어 주기 위해 마련된 중립적인 플랫폼이라는 점을 고려할 때, 인터넷이 악플에 감염되어 있다는 사실은 단순히 기술을 넘어 본질적인 인간성에 대해서도 뭔가 중요한 사실을 드러내 보이는 게 아닐까?

나는 나를 괴롭히는 지독한 악플러들을 만날 계획을 세웠다. 그러면서 내 머릿속 한편에는 작가 린디 웨스트Lindy West[13]처럼 내가 그들을 조금이라도 변화시킬 수 있을 거라는 낙천적인 기대감이 없지 않았다. 린디 웨스트는 어떤 악플러가 트위터에서 최근에 돌아가신 자기 아버지를 흉내 내며 자기를 괴롭혀서 깊은 상처를 받았다는 내용을 자신의 블로그에 올렸다. 그러자 그녀를 괴롭혔던 장본인이 그녀가 올린 글을 읽고 이메일을 보내 자기가 그랬다고 고백했다. 그는 웨스트가 쓴 책을 읽고 그녀의 당당한 자존감에 질투심을 느껴서 그걸 짓밟으려고 했던 거라고 인정했다. 그리고 앞으로 다시는 그녀를 괴롭히는 일이 없을 거라고 맹세했고, 결국 두 사람은 가슴 아픈 사연들을 소개하는 '미국인의 삶This American Life' 이라는 라디오 프로를 통해 감동적인 전화 통화까지 했다.

그래, 나는 그녀의 얘기를 듣고 이렇게 생각했다. '우리 모두가 증오에 대해 더 큰 증오심으로 맞서는 대신 동정심을 가지고 대하면 그런 변화가 생길거야.'

그러나 나를 괴롭히는 악플러들과의 접촉은 그런 식으로 이루어지지 않았다. 한 번의 애매모호한 데이트 신청을 받은 것 같기도 하지만, 대체로 그들과의 대화를 통해서 왜 멀쩡한 보통 사람들이 이해할 수 없을 정

---

13 페미니스트 작가 겸 사회운동가로 New York Times 고정 기고가 – 주

도의 엄청난 앙심을 품는지 좀 더 깊이 이해할 수 있었다.

　나를 공격하는 악플러들이 어찌나 많은지 먼저 접촉 대상을 좁히는 방법을 찾아야 할 정도였다. 그래서 스프레드패스트Spreadfast라는 회사의 전문 기술자들의 도움을 받아 트위터에서 활동하는 내 팔로우들 가운데 상위권에 드는 악플러들에 대해 분석을 실시했다. 전문가들은 2016년 8월 16일부터 거꾸로 거슬러 올라가 이전 50주 동안 기록된 내 트위터 데이터를 자세히 검토했다. 그 기간 동안 나는 46,694명의 사용자들로부터 158,000개의 트위터 응답을 받았다. 팬들로부터 온 것이 대부분이었지만 악플러들이 보낸 것도 상당히 많은 부분을 차지했고, 거기에는 평균적으로 하루에 한번 이상 트윗을 올린 '슈퍼 악플러'들도 꽤 많았다. 나는 그들 모두를 팔로우하고 트윗이나 메시지를 통해 나를 맞팔로우 해달라고 요청하며 대화를 시도했다. 최악의 악플러들을 포함해 총 12명 이상에게 연락을 시도했지만 답변이 온건 절반 정도뿐이었다.

　그들 중 일부는 나와 대화 할 의사가 아예 없었다. "당신 혹은 당신의 트위터 계정을 대신 관리하는 사람에게 고약한 내용의 트윗을 올렸던 것에 대해 사과합니다." '@bmenyhert'라는 ID를 쓰는 사람이 내게 보낸 메시지였다.

　내 대신 내 소셜 미디어 계정을 관리하고, 트윗을 읽고 내 대신 상처받는 마법 같은 존재가 있다고? 아, 그렇지. 나한텐 그런 인턴이 없지! 어쨌든 익명의 아바타 뒤에 숨어 있겠다고 작정하고 나와 얘기하고 싶지 않다던 악플러들도 서로 메시지를 주고받는 건 싫지 않은 것 같았다. "사람들은 마주앉아서 눈을 보고 얘기하는 법을 잊어버렸어요." @bmenyhert

가 보낸 메시지였다. "때로는 나도 그래요"라고 내가 보냈다. 이 사람은 언젠가 내게 이런 트윗을 보냈던 사람이다. "샐리, 사고력이 영 모자라는 거 같은데 집에 가서 파트너나 데리고 놀아."

그러나 다행히도 그 중 몇 명이 기꺼이 나와 전화 통화에 응해준 덕분에 그 대화 속에서 훨씬 더 많은 걸 알게 되었다. 통화를 하면서 내게 예의를 갖춰 얘기하고 친절하기까지 한 그들을 접했을 때 내가 얼마나 놀랐을지 상상해보라. 그리고 그동안 내가 그들을 인간이 아닌 로봇이나 괴물 따위로 생각해왔다는 사실도 깨닫게 되었다. 물론 과연 어느 쪽이 진짜 모습일까 저울질하다가 (이상한 나라의 엘리스처럼) 토끼 굴로 떨어질 수도 있겠지. 수화기 너머 가식적으로 친절한 척 하는 것일 수도 있고, 트위터상에서 악랄한 척 하는 것일 수도 있다. 그것도 아니면 양쪽 모두 진짜 그 사람의 모습일수도 있다. 우리 모두는 '다양함을 담고' 있으니까.

또 내가 그들에게 관심을 보였기 때문에 나를 친절하게 대했을 수도 있고, 직접 얘기를 할 때는 무례하게 굴기가 어려워서 그랬을 수도 있다. 그러나 그들과 나눈 대화 내용과 악플을 이해하는데 도움을 준 조사 내용을 통해 둘과의 관계에서 일어나는 이러한 모순에는 생각보다 깊은 힘이 작용하고 있으며, 우리 모두가 이러한 모순을 가지고 있다는 결론에 도달했다.

먼저 상당히 원색적인 내용을 올리는 악플러 중 하나인 '@LindaLikes Bacon'부터 시작해보자. 그녀는 "샐리 콘은 바보천치다"라는 트윗을 올렸고 "다리에서 떨어져 죽어 버려"라고 말했다. 또 "개는 귀여운데 넌 흉측한 괴물 같아"라는 트윗도 있었다. (내 개가 악플러들 사이에서 인기가 좋은 것만은 분명한 것 같다.) 알고 보니 @LindaLikesBacon은 린다라는 이름을 가진 은퇴한 54세의 백인 여성이었고 미시시피 주에 위치한 피카윤이라는 동네에 살고 있었다. 전화기 너머로 @LindaLikesBacon의 목소리를 듣자마자 초등학교 때 나를 돌봐주던 베이비시터가 떠올랐다. 아마 이름이 글로리아였을 것이다. 그녀는 중고 포드 자동차를 타고 다니면서 늘 담배 냄새와 벨라민트 껌 냄새를 풍겼으며 @LindaLikesBacon처럼 걸걸하고 거친 목소리였는데, 두 사람의 거친 인생관이 닮아 있는 목소리였다.

나는 왜 다리에서 떨어져 버리라고 했는지 @LindaLikesBacon에게 단도직입적으로 묻지는 않았다. 그 대신 먼저 취미가 뭔지 물었다. 어쩌면 내가 겁쟁이라서 그랬을 수도 있고, 그녀가 어떤 사람인지 전체적으로 파악하고 싶어서 일수도 있다.

@LindaLikesBacon은 자동차 쇼와 '크루즈 나이트'라는 걸 좋아했다. 그것만으로 보면 그녀는 우리 아버지의 취미 버전이라고 할 수 있었다. 크루즈 나이트가 뭔지 잘 모르는 사람들을 위해 간단히 설명하자면 자동차 광팬들이 자기 차를 동네 주차장에 세워놓고(우리 아버지의 경우에는 주로 버거킹 앞에 차를 주차했다) 주변을 어슬렁거리면서 모든 사람들이 엔진을 볼 수 있도록 후드를 열어놓은 채 서로의 차들을 구경하면서 친목을 도모하는데 시간을 보내는 게 크루즈 나이트다.

"크루즈 나이트가 왜 좋아요?" 나는 최대한 공손하게 @LindaLikesBacon에게 물었다.

"동지애 같은 게 느껴지니까요. 사람들을 만나러 가는 거죠." @LindaLikesBacon가 대답했다. 그러니까 트윗에서 내게 "거짓말쟁이 레즈비언"이라거나 "변태"라고 욕하며 증오심을 발산하던 린다가 동지애를 중요시한다는 건가? 이렇게 놀라운 일이…?

@LindaLikesBacon는 계속해서 '자동차 랠리'에도 참가한다고 말했는데 쉽게 말하면 멀리 가서 하는 크루즈 나이트 정도라고 생각하면 된다. 그녀가 계속 말했다. "75대~100대나 되는 많은 자동차들이 한꺼번에 어딘가로 떠나면 정말 재미있어요. 사람들도 자기 집 마당에 나와 우리에게 손을 흔들어 주죠."

그녀의 말에 허를 찔렸다. @LindaLikesBacon은 주로 지하실에 처박혀 시간을 보내고 분노 조절 장애를 가진 여드름투성이 10대 청소년이 아니었다. 악플러들은 모두 그런 모습일거라고 상상했는데 빗나갔다. 게다가 좀 더 얘기를 나눌수록 그녀가 꽤 호감 가는 사람이라는 걸 인정할 수밖에 없었다. 그렇다고 그녀에게 분노 조절 장애가 없다는 의미는 아니다.

나는 @LindaLikesBacon에게 그녀의 ID에 대해 물었다. "왜 하필 베이컨이에요?"

"그냥 불쾌감을 주려고 생각한 거예요." 그녀가 말했다.

"어, 베이컨을 좋아하지 않는 사람들한테요?" 진심으로 그녀의 말뜻을 몰라서 되물었다.

"글쎄요, 베이컨을 좋아하지 않는 무슬림들이요, 맞아요." @LindaLikesBacon이 대답했다.

"아, 그렇군요. 알았어요." 나는 대단히 무심한 척 하려고 애쓰며 말했다.

"그럼 베이컨을 안 좋아하는 유대인들은요?" 반은 농담조로 물은 거지만 한편으로는 궁금하기도 했다. (나는 유대인이고 대부분의 내 무슬림 친구들처럼 나도 돼지고기를 좋아하니까.)

"그들은 상관없어요." 그녀가 대답했다. "유대인들에겐 아무 감정 없어요. 내 목을 노리는 사람들을 혐오할 뿐이에요."

"모든 무슬림이 당신의 목을 노린다고 생각하나요?" 나는 천천히 물었다.

"글쎄요, 잘 알다시피 9/11 테러를 보면 무슬림이 어떤 사람들인지 충분히 알 수 있지 않나요."

좀 더 집요하게 파고들어 모든 무슬림이 폭력적인 과격주의자들이라고 생각하는지 묻자 그녀는 그렇다고, 진심으로 그렇게 생각한다고 강조했다. 그게 거대한 어떤 집단 자체를 증오하는 데서 나오는 생각은 아니냐고 물었더니, 그녀는 "증오하는 게 아니라 그저 솔직한 거"라고 대답했다. 그리고 행여 무슬림에 대한 자신의 생각이 좀 지나치다고 해도 그들이 뿜어내는 엄청난 증오심에 비하면 그 정도는 충분히 정당화할 수 있는 수준이라고 대답했다. "난 온건한 무슬림은 없다고 생각해요"라고 그녀가 덧붙였다. 그러나 분명히 말해서, 전 세계적으로 18억 명에 달하는 무슬림들에 대한 @LindaLikesBacon의 맹목적 일반화는 악의적일 뿐만 아니라 완전히 그리고 전적으로 잘못된 생각이다.

린다는 이른바 '귀인 오류attribution errors'의 일반적인 사례라고 할 수 있다. 여기서 '귀인歸因'이란 자신이나 다른 사람들의 행동에 대한 원인을 밝혀나가는 것이다. 내가 대학에서 심리학을 전공한 가장 큰 이유도 이와 같이 인간의 정신세계가 가진 기이함이 대단히 흥미로웠기 때문이었다. '기본적 귀인 오류'란 누군가 어떤 안 좋은 일을 저지르면 선뜻 그 사람이 천성적으로 나쁜 성향을 가지고 있어서 그렇다고 단정 짓는 경향을 말한다. 그러나 막상 우리 자신이 비슷하게 나쁜 일을 저지르면 그럴 만한 상황이나 이유가 있었기 때문이라고 정당화하기 십상이다. 그러니까 예를 들면, 누군가가 온라인상에 어떤 악의적인 글을 올리면 그가 근본적으로 비열한 기질을 가지고 있는 사람이라서 그 기질이 그대로 반영된 글을 썼다고 여긴다. 하지만 우리 자신이 어떤 악의적인 글을 올릴 때는 그들이 우리를 자극했기 때문이라거나, 어쩌다가 온라인 소용돌이에 휩쓸렸기 때문이라고 둘러댄다. 우리가 정말 나쁜 사람이라서가 아니라 상황이 우리를 나쁘게 만들었다고 주장하는 것이다. 그래서 린다도 무슬림들은 선천적으로 증오심을 품고 있는 사람들이지만 그녀 자신은 그런 사람이 아니고, 다만 무슬림들이 저지른다는 과격한 행동에 대해 자신은 이성적으로 대응하고 있다고 생각하는 것이다.

내가 연락을 취했던 악플러들 가운데 한명은 나와 대화하기 싫은 이유를 설명했는데 그것 역시 '기본적 귀인 오류'의 사전적 정의라고 할 수 있다. 상위권 악플러에 포함된 ID 중 하나인 '@JeffMcIrish'는 나에게 보낸 메시지에서 "나는 당신이 인종차별적인 공격을 하며 선동을 일삼는다고 비난했고, 왜 그렇게 생각하는지 이유를 들어 설명했다. 내가 볼 때 그것이 직설적이고 투박한 표현 같지만 거짓은 아니므로 무례하다고 생각하지 않는다. 당신은 당신과 다른 시각으로 세상을 본다는 이유로 멀쩡한 사람들에 대해 뻔 한 거짓말을 올렸다. 나는 그것이 가장 무례한 행동이라고 생각한다"고 했다. 그리고 그는 덤으로 자신에 대해 이렇게 덧붙였다. "나는 친절한 사람들에게는 친절하게 대한다." 그러니까 달리 말하면 내가 비열하게 행동하는 건 원래 내 자신의 근본이 그런 사람이라서 그렇고, '그가' 비열하게 행동하는 건 그런 안 좋은 상황으로 엮여서 말려들었기 때문이며 '내가' 원인 제공을 했다는 의미이다.

'귀인 오류'라는 개념은 1967년도에 정치적 태도에 관해 실시된 연구에서 처음으로 등장했다. 쿠바의 미사일 위기가 발생한 지 얼마 되지 않았을 때였고, 당시 미국에는 반 카스트로 감정이 지금보다 훨씬 더 심했다. 듀크 대학교의 에드워드 존스와 빅터 해리스는 실험 대상들에게 '카스트로의 쿠바'라는 똑같은 제목에 내용은 다른 에세이 두 편 중 하나를 읽게 했다. 한 편은 카스트로를 지지하는 에세이였고, 다른 한 편은 카스트로에 반대하는 에세이였다. 실험 대상자들에게는 에세이를 쓴 사람이 에세이의 관점을 '직접 선택'했거나, 혹은 '강제로 배정받았다'고 얘기했다. 그러고 나서 대상자들에게 작가의 솔직한 시각이 에세이에 얼마나 많이 반영되어 있다고 생각하는지 물었다. 보통은 작가가 직접 주제를 선택했다고 할 때 작가의 시각이 에세이 내용에 잘 반영된다고 믿기 마련이다. 그러나 뜻밖에도 실험대상자들은 작가의 의지와 상관없이 강요받아 카스트로 지지 에세이를 쓴 작가가 강요 없이 '반 카스트로 에세이'를 쓴 작가보다 더 진정성 있는 지지자라고 생각한다는 반응을 보였다. 즉 실험 대상자들은 작가가 '직접 선택'했든 '강요받고 선택했든' 상황적인 요인에 관계없이 에세이 그 자체에 작가의 진정성을 느낀다고 보고 있었다.

그 이후로 그런 효과는 많은 실험을 통해 여러 차례 입증됐다. 예를 들어보자. 1977년에 심리학 교수 리 로스와 동료들은 실험을 실시했는데, 스탠퍼드 대학교 학생들을 실험 대상으로 해서 무작위로 질문자와 출연자, 관객으로 나누어 가짜 퀴즈쇼에 참가하게 했다. 질문자 역을 맡은 학생들은 자기가 알고 있는 지식을 바탕으로 10개의 예상 문제를 만들어가야 했고, 출연자들은 그 문제를 맞히기 위해 노력해야 했다. 관객 역을 맡은 학생들을 비롯해 모든 대상자들이 사전에 미리 짜 놓은 것임을 알고 있었다. 다시 말해서, 실험에 참가한 학생 모두가 질문을 하는 학생들이 그 질문에 답해야 하는 학생들보다 정답을 더 잘 알 것이라는 것은 당연히 알고 있었다. 그럼에도 실험이 끝난 후 관객으로 참가한 학생들은 정답을 맞춰야하는 출연자보다 질문하는 질문자가 더 똑똑하다는 생각이 들었다고 평가했다. 그들은 매우 명백하게 연출된 상황이라는 점은 고려하지 않았다. 더욱 놀라운 것은, 출연자 역할을 한 학생들조차 질문자들이 더 똑똑하다고 평가했다는 점이다. 이와 같이 인식의 왜곡을 일으키는 정신적인 능력은 상상을 초월할 정도였다. 리 로스는 이 실험 결과를 작성하면서 '기본적 귀인 오류fundamental attribution error'라는 말을 고안했다. 이런 집단 간 편견과 결부되어 나타나는 기본적 귀인 오류를 근간으로 2년 뒤 1979년에는 심리학자 토마스 페티그루가 '궁극적 귀인 오류ultimate attribution error'라고 하는 개념을 발표하며 그 의미를 한층 더 발전시켰다. 페티그루의 설명에 따르면, 다른 사람들의 부정적인 행동에 대한 이유를 그들의 본질적이고 내재적인 특성에서 찾는다면, 그와 똑같은 효과가 다른 집단에 대한 우리의 편견을 더욱 강화시킬 거라고 주장했다. 우리 모두는 내집단in-groups과 외집단out-groups에 속해 있다. 가족은 내집단이고 가까운 동네 이웃도 내집단이며, 같은 동네지만 건너편에 사는 이웃들은 외집단이다. 그러나 이러한 집단의 회원 자격은 상대적인 것이다. 예를 들어 스포츠 경기에서 우리 동네 전체 대 다른 동네로 구분해야 하는 경우에는 동네 건너편에 사는 이웃들도 우리 동네 전체에 포함하므로 내집단의 일부가 된다.

그렇지만 내집단과 외집단을 구분하는 경계들 중에는 이미 우리 사회의 집단의식 속에 단단하게 굳어진 것들이 있다. 예를 들면 현재 미국에서는 인종, 성별, 이민자 신분, 경제적인 수준, 성적인 취향이 정체성의 범주를 형성하며 '우리 집단'에 속하는 사람들을 '남들'과 다소 구별해서 생각한다. 뿐만 아니라 사회는 거대한 생명체처럼 어떤 집단이 사회의 내집단에 속하고, 어떤 집단이 떨어져 나갈지에 관해 역사적이고 집단적인 통찰력을 가지고 있다. 바로 여기서 '특권' 개념이 등장하는데 이는 복잡하고 때로는 거슬리지만 매우 중요한 개념이다. 특권은 우리 사회의 더욱 광범위한 규범과 시스템 속에서 특정한 신분들과 거기 연관된 특정 집단들이 본질적으로 편애를 받고 이득을 본다는 개념이다. 그래서 결과적으로 여성이 미국 전체 인구의 반 이상을 차지하고 미국 전체 투표인구의 반 이상을 차지하고 있음에도 국회의원으로 선출되는 사람의 80% 이상이 남자라는 역학관계가 발생한다. 우리 모두는 이러한 사회의 내집단과 외집단의 편견을 받아들이고 그대로 모방하고 있는 것이다.

그래서 페티그루의 '궁극적 귀인 오류'는 집단적인 내집단과 외집단의 편견이 우리가 상대방의 행동을 인식하는 방식에 영향을 준다는 의미를 담고 있다.

대표적으로 경찰의 치안 활동을 생각해보자. 2016년에 실시된 조사에 의하면 경찰에 연루되는 상황에서 백인들에 비해 훨씬 부당한 대우를 받는다고 생각하는 흑인이 84%나 됐다. 그러나 같은 대답을 한 백인들은 겨우 50%에 그쳤으며, 이는 나머지 50%의 백인들은 경찰들이 흑인을 대하는 방식이 정당하거나 그럴만한 사유가 있기 때문이라고 생각한다는 뜻이다.

그리고 2015년에 실시한 여론 조사에서는 20%의 흑인들이 "지난 30일 동안 경찰과 연루된 상황에서 부당한 대우를 받았다"고 답했으며, 그런

왜 반대편을 증오하는가

부당한 대우를 받은 이유로 인종 혹은 민족적 배경을 꼽았다. 반면 똑같은 경험을 했다고 말한 백인은 단 3%뿐이었다. 수십 년 동안 수집된 확실한 데이터를 살펴보면 미국의 흑인들은 체계적으로 부당하게 과잉 규제를 당하고 있음을 알 수 있다. 일반적으로 보면, 실제로는 백인에 비해 범죄 행위를 저지르는 흑인의 숫자가 더 적은데도, 갑자기 차를 세우고 불심검문을 당하거나 체포당하는 흑인의 숫자가 백인보다 훨씬 더 많다. 그럼에도 백인들의 입장에서는 경찰이 아무나 부당하게 붙잡아놓고 검문한다고 상상하기가 어렵다. 살면서 그런 일을 당해 본 적이 없을뿐더러, 어떤 상황이나 전후 맥락의 문제가 아니라 흑인들의 행동이나 본질적인 성격 탓에 더 자주 검문을 당한다고 생각한다. 궁극적 귀인 오류가 작용했기 때문이다.

이러한 편견을 실험하기 위해 심리학자인 레베카 헤티와 제니퍼 에버하트는 한 무리의 백인 뉴욕 시민들에게 뉴욕시 교도소 수감자들의 인종 분포 데이터를 보여주었는데 60.3%가 흑인이고 11.8%가 백인이었다. 이는 대부분 인종차별적인 과잉 단속 때문이었다. 그리고 실험 대상자의 절반에게는 가짜 데이터를 보여주며 뉴욕시 교도소의 인구 분포를 실제보다 '흑인의 숫자가 줄어든' 수치로 조정했는데 40.3%가 흑인, 31.8%가 백인인 데이터였다. 이 가짜 데이터는 실제로 미국 전역에 있는 모든 교도소의 평균적인 인구분포에 가까운 수치였다. 그리고 나서 실험 대상자 전체에게 뉴욕시의 '불심 검문' 방침을 어떻게 생각하는지 물었다. 이는 경찰이 거리에서 무작위로 사람들을 붙잡아놓고 검문과 수색을 할 수 있는 권리이며 어떤 실제적인 범죄의혹과 연결된 경우는 매우 적었다. 그리고 오랫동안 주로 흑인과 인도계 거주자 지역들 위주로 실시되었으며 그들이 꼭 뭔가를 잘못해서가 아니라 단지 그들의 존재 자체에 의심을 품은 경우가 많았다. 그러다 2013년에는 한 판사가 불심 검문이 헌법에 위배되는 인종차별적 관행이라는 판결을 내렸다.

헤티와 에버하트는 실험 대상자들에게 그러한 법원 판결에 관한 신문 기사를 읽게 하고 나서 몇 가지 질문을 던졌다. 모두가 백인으로 이루어진 실험 대상자 대부분이 불심 검문이 너무 가혹하다고 생각한다는 대답을 했다. 불심 검문에 반대하는 항의서에 서명할 기회를 제공했을 때는 인종에 관해서는 아무 얘기도 언급하지 않았는데도, '흑인의 숫자를 줄인' 교도소의 인구 분포 자료를 봤던 대상자들이 세 배나 더 많이 서명할 의사를 보였다. 한편 '흑인의 숫자가 더 많은' 교도소의 인구 분포 자료를 본 대상자들은 불심 검문을 없애면 오히려 범죄율이 더 증가하지 않을까 하는 우려를 표했다. 헌법에 위배되는 인종차별적 관행 때문에 부당하게 교도소에 갇힌 사람이 얼마나 많은 지에 관한 기사를 읽었음에도 그런 반응을 보였다.

"이 실험이 '검다는 것'에 인종적 오명이 담겨 있다는 사실을 보여준다고 생각해요. 노골적인 반 흑인 사고방식이 지배하던 시대가 이미 오래 전에 지났는데도 말이죠"라고 뉴욕타임스 기자인 자밀 부이Jamelle Bouie가 말했다. 예를 들어 보자. 일반적으로 백인 공화당원 5명중 3명, 그리고 백인 민주당원 5명중 1명 정도는 흑인이 백인보다 게으르다고 대놓고 얘기하며, 공화당원 26%와 민주당원 18%는 흑인이 백인보다 지능이 떨어진다고 말한다. 한 연구 조사에 의하면 생활 보호 대상자의 대부분이 흑인들이라고 잘못 알고 있는 백인들은 정부의 식품구매권과 생활 보조에 의지해 연명하는 사람들을 게으르다고 생각하는 것으로 나타났다. 그러나 실제로 대부분의 생활 보호 대상자가 백인이라는 사실을 정확히 알고 있는 사람들은 이런 지원을 받는 사람들이 단지 힘든 시기를 겪고 있는 것뿐이라고 생각했다. 이런 사례들을 통해 백인들은 흑인 커뮤니티가 겪는 여러 문제들이 사회 구조와 편견 때문이 아니라 흑인들이 자체적으로 가지고 있는 본질적인 문제 때문이라고 생각한다는 사실을 알 수 있다. 이것이 바로 현실에서 나타나는 '궁극적 귀인 오류'이다.

토마스 페티그루는 또한 궁극적 귀인 오류 때문에 특권을 가진 내부집단의 구성원이 어떤 좋은 일을 하면 선천적으로 좋은 자질을 타고난 사람이라고 추측하고, 차별 대우를 받는 외집단에 속한 누군가가 좋은 일을 하면 특정한 상황에 의해 이루어진 일종의 '예외적 현상'이라고 치부한다는 것을 보여주었다. 철학자 데이비드 리빙스턴 스미스는 이런 내용과 관련해서 "본질은 어떤 유형과 관련해 틀에 박힌 고정관념을 만들어낸다. 그래서 고정관념에서 벗어난 행위는 그 본질이 드러나는 것을 막거나 왜곡시키는 무언가가 있다는 것을 의미한다"고 표현했다. 사회학자들은 이를 '코스비 효과Cosby effect'라고 불렀는데, 코스비 쇼라는 텔레비전 시트콤을 애청하던 백인들은 모든 흑인에게 똑같이 긍정적인 일반화를 적용하지 않았지만 직업적으로나 경제적으로 성공한 시트콤 속 주인공 헉스터블 가족들만을 예외로 대했기 때문이다. 불행하게도 현재 코스비는 더 이상 어떤 측면에서도 긍정적인 사례로 거론되지 않는다.

다시 @LindaLikesBacon이라는 ID 사용자로 돌아가 생각해보면, 우리는 무슬림에 대한 그녀의 인식에 귀인 오류가 작용하고 있음을 알 수 있다. 대중매체와 정치적 담화가 상대적으로 몇 안 되는 과격한 극단주의자들의 잔인한 행동에 초점을 맞추기 때문이기도 하고, 너무 많은 미국인들이 무슬림이라고 하면 무조건 비 무슬림들에게 적대감을 품은 수상 쩍은 존재로 몰아가는 탓이기도 하다. 궁극적 귀인 오류 때문에 전 세계적으로 상대적인 소수에 지나지 않는 일부 무슬림 극단주의자들이 저지르는 잔인하고 폭력적인 행위를 외집단 전체의 탓으로 돌리고 있으며, @LindaLikesBacon처럼 미국인을 포함한 상당수의 서구인들은 미국인들의 목을 치고 싶어 하는 무슬림이 있다는 건 모든 무슬림들이 같은 생각을 하는 방증이라고 받아들인다. 그녀가 좀 더 관대해져서 무슬림 모두에게 해당되는 것은 아니라고 말한다 할지라도 그러나 본질은 여전히 무슬림 대부분이 그럴 거라고 생각할 것이다. @LindaLikesBacon은 본질적으로 무슬림은 그런 사람들이라고 믿고 있었다.

말이 나서 하는 말이지만, 현재 미국에는 약 330만 명의 무슬림이 살고 있다. 만약 그들 중 비 무슬림의 목을 베고 싶어 하는 사람들이 단 5%만 된다고 해도 우리가 어떻게 모를 수가 있겠는가. 닥치는 대로 목을 베는 전사의 무리가 도심 거리를 휩쓸고 돌아다닐 테니까. 그러나 그런 일은 없다. 대다수의 무슬림은 온건하고 평화적이며, 미국에 살고 있는 모든 기독교인이나 유대인, 무신론자들과 마찬가지로 최대한 좋은 삶을 영위하고 싶어 할 뿐이다. 그리고 대다수의 기독교인과 유대인과 무신론자들과 마찬가지로 거의 모든 무슬림들이 테러리즘에 반대한다.

그러니까 우리가 살고 있는 사회와 세계가 특정 집단을 선호하는 내집단과 외집단의 구도를 갖는 경향이 있지만, 궁극적 귀인 오류는 양방향인 것이다. 즉 실제로 진짜 테러리스트들도 자신들이 악의적이라고 생각하지 않는다. 그들은 특정한 세력들이 특히 본질적으로 악하다고 생각하

왜 반대편을 증오하는가

며 대표적으로 이스라엘 사람들과 미국 사람들이 천성적으로 억압적이고 파괴적이라고 생각한다. 2004년에 지금의 IS와 같은 테러 집단이 이라크에서 미국 시민을 참수했을 때 그 단체가 발표한 성명서 중에 이런 내용이 있었다. "미국이 이라크 국민들에게 초래한 불명예의 대가를 이슬람 전사 무자히딘이 되갚아줄 것이다."

나는 아프가니스탄에서 미군을 위해 테러리스트 전문가로 근무하는 일라나 더피에게 그녀가 만나는 테러리스트들로부터 어떤 인상을 받았는지 얘기를 나눈 적이 있다. 그녀는 테러리스트들에게 다양한 생각과 동기가 있다는 걸 알게 됐다고 말했다. 때로는 이념에서 파생된 증오심을 품고 있는 사람들도 있었지만, 어떤 특정 상황에 영향을 받은 경우가 훨씬 더 많았다고 했다. 그들은 가난했고 얼마 안 되는 돈을 받기 위해 구멍을 파고 폭탄을 떨어뜨렸거나, 그렇게 하도록 순순히 말을 듣지 않으면 가족들을 해치겠다는 위협을 받은 경우도 있었다.

"누구나 자신의 기본적인 동기는 선하다고 생각했어요." 더피가 말했다. "단순하게 '내 가족이, 내 자식들이 위협받으면서 자라는 걸 원치 않는다. 내 아이들을 위해 당신들과 맞서 싸우겠다'는 게 동기일 때도 있었어요." 실제로 IS는 사람들에게 서구의 폭격에 의해 목숨을 잃은 아이들이라고 주장하며 숨진 어린이들의 모습을 담은 비디오를 보여주면서 가입을 부추긴다고 한다.

'폭력적 극단주의 연구를 위한 국제 센터'의 부회장인 아멧 야일라Ahmet Yayla는 IS에서 탈출한 사람들을 인터뷰하는 프로젝트를 주도했다. "그들과 한 사람씩 개별적으로 만나서 의견을 나누고 대화하다 보면 세상에서 제일 착한 사람들이라고 느낄 거예요." 야일라가 말했다. "그들은 아버지이자 남편이고, 일상적인 문제에 관해 대화를 나누다 보면 그저 우리와 다를 바 없는 보통 사람이라는 걸 느끼게 되니까요."

극단적인 테러리스트들의 사례를 보면 알 수 있듯이 정말 악랄한 짓을 저지르는 사람들조차 자신은 악마와 같은 사람이 아니라고 스스로를 확신시킬 수 있는 놀라운 능력이 있음을 알 수 있다. 이것은 확정 편향적 사고이다. 확증 편향은 자신의 사고와 일치하는 것만 받아들이고 일치하지 않는 정보는 무시하는 사고방식이다. 그들은 자기들이 증오하고 폭력을 저지르는 그 대상이야말로 정말 나쁜 사람들이고 고통을 받아 마땅하다고 생각한다. 그러니 한낱 인터넷 악플러들이 자기 자신을 합리화하고 용서하는 건 식은 죽 먹기일 것이다. 그리고 자신의 신념과 일치하는 것만 받아들이는 이러한 확정 편향적인 능력은 예외 없이 우리 모두에게도 존재한다.

'궁극적 귀인 오류'는 증오심의 근본적이고 심리적인 또 다른 습성인 본질주의의 강력한 도움을 받는다. 본질주의는 '사람들을 극단적으로 일반화하려는 경향'이다. 특히 우리가 뭉뚱그려 외집단으로 묶는 사람들에 대해 그것을 폭넓게 적용하려는 경향이 있다. 본질주의는 한 집단에 속한 사람들은 모두 동일한 특징이나 자질을 가지고 있으며, 특히 우리가 적용하는 외집단들에게 일반화시켜 적용하려는 경향이 강하다.

데이비드 리빙스턴 스미스David Livingstone Smith는 그의 저서《하위 인간Less Than Human》에서 "본질은 자연 발생적인 존재들 사이에 서로 공유되어 있다고 생각한다. 자연 발생적인 존재들이란 만들어진 것이 아니라 발견된 것이고, 단순한 상상이 아니라 실제이며, 자연에 뿌리박고 있는 존재들을 의미한다." 하지만 그건 낭설에 불과하다. 사람들 사이에 존재하는 차이는 거의 대부분 '자연적인' 것이 아니라 '인위적인' 것이다. 우리는 대체로 사회의 편견들에 근거해 '다른 사람들'을 규정하고 비하하며, 그 모든 것이 부정적이고 고집스런 판단으로 굳어져서 나머지 의식의 틀을 형성하는 데 영향을 미친다. 그리고 나는 바로 이것이 편견과 차별의 핵심이라는 걸 깨달았다.

예를 들면, 성차별은 본질주의에 호소하여 합리화되는 경우가 많은데, '본질적으로 여성적인' 행동과 특징, '본질적으로 남성적인' 행동과 특징이 있다는 것이다. 생물학적인 차이라는 점에서는 어느 정도 맞는 말이기도 하다. 그러나 우리는 또 대단히 많은 차이들을 합리화하려 할 때 생물학을 들먹이며 그게 '자연스러운' 것인 양 말하는데, 여자들은 지나치게 감정적이라거나 남자아이들은 트럭을 가지고 노는 걸 더 좋아하고, 과학에 더 소질이 많다는 생각 등이 그것이다. 그러나 이런 것들은 선천적인 특징이 아니라 사회적으로 만들어진 규범이며, 귀인 오류와 사회적인 편견과 맞물려서 '본질적으로 남성적'이라 불리는 자질들이 '천성적으로' 우월하다고 해석되고 있다. 그로 말미암아 불균형적으로 힘과 권력을 가질 수 있는 자격이 부여되는 것이다.

본질주의는 단순히 성차별주의와 인종차별, 민족주의로만 나타나는 것이 아니라 당파성으로도 나타난다. 민주당원은 보수당원을 일반화시킨다. 2008년 대통령 선거운동 당시 버락 오바마는 '적의를 품은' 공화당 지지자들을 가리켜 '총이나 종교에 매달리는' 사람들이라며 비난했다. 또 2016년 대통령 선거에서는 힐러리 클린턴이 트럼프 지지자들을 '한 바구니의 개탄스러운 인간들'라고 칭하며 이들을 똑같은 범주의 한 덩어리로 몰고, 아니 이 경우에는 바구니라는 물건으로 몰아갔다. 게다가 인간성을 모독한 것은 말할 것도 없다!(사람을 바구니에 담지 않으니까!)

그와 동시에 보수주의자들, 특히 백인 남성 보수주의자들은 현대사회에서 자신들이 하찮은 존재로 취급받거나 심지어 억압받고 있다고 불평하는데, 이는 엄청난 모순이다. 인종차별주의와 성차별주의 때문에 사회에서 여러 집단이 차별 대우를 받는다는 주장이 나올 때마다 한낱 '정체성 정치학identity politics[14]'이라고 치부하며 반대 입장을 표명하던 사람들이 거꾸로 일정부분 공유하는 정체성 때문에 자기 집단이 유독 부당한 대우를 받는다고 주장한다는 게 가당키나 한가?

유색 인종들이 과도한 경찰 단속이나 강간당한 여성을 비판하는 문화적 편견을 지적하면 보수주의자들은 또 인종문제를 들먹이고 푸념을 늘어놓는다며 비꼬거나 비난한다. 그리고 뒤돌아서서는 자신들이야말로 백인 남자라는 이유로 역차별 당한다고 주장한다. 그들이 인지하고 있든 아니든, 그들 스스로가 '정체성 정치학'과 본질주의의 개념을 제대로 보여주고 있는 셈이다. 우리가 피부색 때문에 서로 다른 경험을 하고 서로 다른 정체성을 갖는다 해도 우리 모두가 겪는 '매우 다른 고통'에 주목해야 하지 않을까?

한편 악플러들이 나를 비열하게 공격하는 이유도 크게 보면 그들이 나를 일반화시키기 때문이다. 그들은 내가 주장하는 이념과 정체성, 즉 진보주의자에 레즈비언이며, 뉴요커이고 간헐적 재활용주의자이며 탄수화물을 섭취하지 않고 다이어트 하는 사람이라는 정보를 바탕으로 나란 사

---

14 정치적 입장에서 사회 집단의 이익과 권익을 추구하는 것을 일컫는다. 사회 집단 대상으로는 민족, 인종, 종교, 성적 지향, 문화, 지역, 언어, 등이 있다. – 주

람을 아주 심하게 단순화시켜 생각하는 것이다. 우리 모두는 사람들을 이렇게 다양한 외집단으로 뭉뚱그려서 몰아넣은 후 포괄적인 결론을 내리는 경향이 있다. 증오에 관한 연구를 처음 시작한 심리학자 고든 앨포트Gordon Allport는 "편견"을 "어떤 사람이 어떤 특정 단체에 속해 있다는 사실만으로 그 사람을 혐오하고 적대적으로 대하는 태도이며, 그 집단에 속해 있으므로 그 사람에게 못마땅한 특질이 있다고 추정하는 것이다"고 정의했다. 또한 심리학자 랄프 로스나우Ralph Rosnow는 "우리와 다른 사람들과는 교류하지 않고, 다른 사람들을 미리 본질화해 버린 채 그들을 개인적으로 만나 볼 기회를 갖지 못하면 우리 머릿속에 있는 카테고리는 '합리적인 영향력에 대해서도 비정상적으로 저항'하게 된다"고 경고했다. 심리학자들은 이것이 결국 편견과 증오로 굳어지게 된다고 말한다. 나와 직접 얘기를 나눈 것이 내 트롤들에게 도움이 됐던 이유도 부분적으로는 나를 단순히 어떤 부류가 아니라 한 인간으로 대할 수 있었기 때문이다. 물론 나 역시 내 트롤들과 직접 대화를 함으로써 그들을 그저 트롤이라는 카테고리로 나누지 않고 한 개인으로도 볼 수 있었다. 귀인 오류와 본질주의는 눈가리개와 같아서 다른 사람을 정확히 파악하지 못하게 할 뿐만 아니라 우리 자신에 대해서도 점검하지 못하게 한다.

'친밀함을 악용한 사기사건'이 일어나는 현상을 생각해보자. 아미시 커뮤니티[15]와 모르몬 커뮤니티(미국에서 창시된 근본주의 기독교 단체)의 구성원들은 자신들과 같은 종교단체에 속해 있다는 이유로 제대로 확인도 의심도 없이 믿었던 사람들에게 사기를 당했다. 또 다른 사례로는 테

---

15 Amish community 현대 기술 문명을 거부하고 소박한 농경생활을 하는 미국의 한 종교집단 – 주

러리스트들이 새 회원을 모집하는 데 이용하는 다섯 단계의 집단 조건화를 들 수 있다. 그중의 하나인 '개인의 몰 개성화'는 개인의 독특한 정체성을 말살시키는 것이고, 또 하나인 '타인의 몰 개성화'는 다른 사람들의 개인적인 정체성을 말살시켜 일반화하고 한데 모아서 똑같은 적으로 만드는 것이다. 이는 신병을 모집하는 테러리스트들이 증오심을 주입시킬 때도 사용하는 방법이다. 그래서 본질주의는 외집단뿐만이 아니라 내집단에도 위험을 불러오게 한다.

소속감을 갖는 것은 좋지만 우리 자신과 다른 사람들의 독특한 특성을 무시하고 하나의 혼합물처럼 취급한다면 독자적으로 생각하는 능력을 상실하게 된다. 증오와 맞서 싸우기 위해서는 독자적으로 생각하고 우리 자신을 명확하게, 제대로 볼 수 있어야 한다. 그런데 나 역시 내 악성 팔로우 중 하나인 @JacksBack100과 얘기를 나누는 과정에서 말 그대로 귀를 틀어막고 책상 밑으로 기어들어가 숨고 싶은 순간과 맞닥뜨렸다.

@JacksBack100과의 대화는 순수하게 시작됐다. 2016년 8월, 내가 CNN의 어떤 프로그램을 마치고 난 후 @JacksBack100은 "그가 게이였다"라는 사실을 몰랐다는 내용의 트윗을 올렸다. 물론 여기서의 '그'는 나를 뜻했다.

나는 그걸 리트윗 하며 이렇게 의견을 달았다. "하하, 당신이 나름 머리를 써서 말했다는 건 알겠지만 내가 남자였다면 난 분명 이성애자였을 거예요. 그게 중요한 건 아니지만, 뭐 어쨌든."[16]

그러고 나서 그 트윗은 잊어버리고 있었는데 그보다 훨씬 더 자극적인

---

16 본인이 남자이건 여자이건 상관없이 여자를 좋아한다는 의미 – 주

왜 반대편을 증오하는가

성적 내용들이 트위터에 댓글로 넘쳐났고, 트위터 외의 다른 경로를 통해서도 쏟아지는 악의적인 반응들에 집중하느라 정신이 없었다.

그런데 그 후로 전에는 한 번도 없었던 일이 벌어졌다. @JacksBack100이 내게 사과를 한 것이다. 즉각적으로, 그리고 상당히 설득력 있게.

@JacksBack100은 트위트를 통해 미안하다고 사과했고 어리석고 멍청한 농담이었으며 악의는 없었다고 변명했다. 난 괜찮다고 답했다. 하지만 이유가 뭐였을까? 나는 공개적으로 악의적인 내용을 올렸다가 그렇게 빨리 취소하는 사람의 의도가 궁금했다. 애초에 우발적인 트윗이었거나 실수였나 싶을 정도였다. 마치 길을 가다가 실수로 그가 내 발을 밟은 것처럼.

나는 전화로 @JacksBack100에게 그 일에 대해 물었다. 그는 천천히, 느릿느릿, 한마디 한마디를 끊어가며 대답했다. "맞아요, 그때 일에 대해서… 이렇게 말할 수 있겠네요. 그러니까… 예전에… 이런 바보 같은 짓을 저지르기 전에… CNN 방송에서… 당신을 여러 번 봤어요… 좀 더 세련되게 얘기하고 싶은데… 그러니까 난… 나는… 당신이 아주 매력적이라고 생각했어요."

그가 상상조차 못한 얘기를 꺼내놓는 동안 나는 어안이 벙벙해서 간신히 들릴 듯 말 듯 작은 소리로 짧게 대꾸하며 그가 계속 얘기하도록 부추겼다.

"당신한테 끌렸어요… 신체적인 외모에 끌렸죠." @JacksBack100이 더 듬거리며 계속 말을 이었다. "당신의 얘기에 끌렸고 지성에 끌렸어요. 날카로운 판단력과 자신을 표현하는 방법이 무척 매력적이었어요. 예전에도 그랬고 지금도 당신을 매우 존경해요. 그리고 여러 번 당신을 보기 전까지는 몰랐지만… 얼마나 많이 봤는지 정확히는 모르겠는데 상당히 많이 보고 난 후에야… 당신이 이성애자가 아니라는 생각이 들었어요."

그가 크게 한숨을 내쉬었다. "설명이 잘 됐나요?" 마치 마음속에 담아 두었던 걸 마침내 다 털어버려서 시원한 듯한 목소리였다.

그와 반대로 나는 시원하기는커녕 놀라 자빠질 지경이었다. 온라인에서 내게 비열한 공격을 퍼부은 사람을 인터뷰하는 도중에 난데없이 나를 좋아한다는 고백을 받으면 어떻게 대처해야 하는가. 이런 일에 대한 지침서 같은 것도 없는 데다 특히 남자의 고백을 받은 경험도 거의 없으니 당황하는 게 당연했다. 나는 적당히 대꾸할 말을 찾지 못해 멍해졌다. 말로 먹고 사는 내가!

결국 여태까지 내가 만났던 여러 심리치료사들을 흉내 내며 그가 계속 얘기를 이어가도록 "네, 네"하며 짧게 맞장구 칠 수밖에 없었다.

"그런 트윗을 올리자마자," @JacksBack100이 계속 말했다. "'이런 세상에, 내가 좋아하고 텔레비전에 자주 나와 주기를 고대하는 사람들 중 한 명인데 그런 사람에게 비난을 퍼부었잖아.' 하는 생각이 들었어요. 그리고… 나 자신에게 어찌나 화가 나던지 그렇게 사과하는 것 외에 다른 방법이 없었어요."

자, 여기서 이 상황에 대해 설명하자면, 그가 올린 트윗에 대해서 내가 먼저 그에게 연락을 취하고 난 후에 일어난 일이라는 걸 상기하자. 그리고 내가 그와 대화하는 도중에 정신을 차리고 원래의 내 모습을 되찾았더라면 분명히 그런 황당한 말에 대해 지적했을 것이다.

@JacksBack100은 계속해서 내게 자기의 레즈비언 친구 얘기를 들려주었는데, 이는 대다수의 이성애자들이 자기가 동성애 혐오주의자가 아니

라는 사실을 증명하려고 할 때 주로 쓰는 방법이기도 하다.

전화를 끊고 나자 영화 《빅Big》에 나오는 한 장면이 떠올랐다. 영화를 보면 주인공 톰 행크스가 만화책을 둥글게 말아 쥐고 상대역인 엘리자베스 퍼킨스를 장난으로 때리는 장면이 나온다. 이는 몸은 어른이지만 정신은 어린 소년에 머물러 있는 그의 입장에서 그녀를 좋아하고 있다는 걸 표시하는 유일한 방법이었다. 그럼 @JacksBack100은 만화책을 말아 쥐는 대신 트위터로 나를 공격한 건가?

로버트 스턴버그Robert Sternberg는 자신의 저서 《증오의 심리학The Psychology of Hate》에서 "증오는 사랑의 반대도 아니고 사랑의 부재도 아니다"고 말했다. '사랑과 증오는 종이 한 장 차이'라는 노래도 있듯이 나는 악성 댓글이 상대와 썸을 타는 방법이 될 수도 있다고 생각해 본적은 없었는데 갑자기 인터넷뿐 아니라 온 세상이 매우 이상한 곳이 될 수도 있다는 생각이 들었다.

폭스 뉴스에서 근무하는 동안 나는 또 다른 면에서 특이한 경험을 했다. 폭스 뉴스에서 근무하는 사람들뿐만 아니라 집에서 뉴스를 시청하는 시청자들에게도 내가 얼마나 내 관점에서 상대를 업신여겨 왔는지를 깨닫게 되었다. 남을 비하하는 건 오만한 형태의 편견이며, 우리는 본질적으로 우리보다 못하다고 느끼는 사람들에게만 그렇게 대한다. 나는 점차 과민한 진보주의자의 거품에서 벗어나면서 어리석지도 않고 악의도 없는 다른 보수주의자들을 더 많이 만날 수 있었으며, 그들은 적어도 나만큼 의도적으로 증오하지 않는 다는 것을 느꼈다. 그런 경험들이 내가 가진 편견과 억측으로부터 진정한 변화를 가져왔다. 그렇다고 폭스 뉴스의 진행자 션 해니티가 세상에서 가장 친절한 사람이라는 얘기는 아니다.

그의 정치적인 견해는 도저히 내가 좋게 말할 수 있는 그 어느 곳에도 미치지 못하니까. 다만 내가 말하고 싶은 건 한때 내가 머리부터 발끝까지 철저하게 잔인하다고 생각 했던 사람, 끔찍한 우익 괴물이라고 생각했던 사람이 사실은 자상하고 친절하며 좋은 아빠이자 좋은 친구라는 사실을 깨달았다는 것이다. 그리고 내게도 좋은 힘이 되는 친구이기도 하다. 그런 깨달음은 아직도 내 인생에 파급효과를 미치고 있다. 혹시라도 내 악플러들 중 누군가가 나에 대해 그와 비슷한 깨달음을 얻게 되기를 기대하는 마음 간절하다.

어쨌든 보수주의자들을 좀 더 잘 알게 되고 호감을 갖게 되었지만 그와 동시에 보수주의자들의 항의 메일은 점점 더 많이 쏟아졌다. 그 사이에서 나는 선택의 기로에 섰다. 지금부터 대다수의 보수주의자들을 폭스뉴스에서 함께 일했던 동료들과 다를 바 없다고 생각할 것인가, 아니면 온라인상에서 내게 잔인한 메시지를 보내는 사람들과 똑같은 부류라고 생각할 것인가? 어느 쪽이 예외적인 상황이고, 어느 쪽이 일반적인 경우일까? 솔직히 나는 어느 쪽이라도 그럴만한 이유를 들어 정당성을 주장할 수 있을 것 같았다. 이 결정은 내가 정한 핵심적인 원칙을 시험에 들게 했다. 나는 대부분의 보수주의자들을 싫어할 수도 있고 그렇지 않을 수도 있다. 그리고 여기에 대한 나의 해답을 나는 루시 이모에게서 찾았다.

여러 면에서 루시 이모는 @LindaLikesBacon을 생각나게 했다. 그렇다고 루시 이모가 내게 악의적인 메일을 보냈을 거라고는 생각하지 않는다. 그녀는 친구들과 가족들을 끔찍이 사랑하고 탁월한 유머감각의 소유자이며 웃을 때마다 간지럼을 타는 듯한 소리를 낸다. 루시라는 가명의 이모는 중부에 살고 있고 보수적인 공화당원이면서 나와 내 파트너, 우리 딸을 매우 사랑하고 어쩌다 우리가 가족행사에 참석할 때면 두 팔을 활짝 벌려 반갑게 맞아준다. 몇 번인가 조심스럽게 정치 얘기를 나눌 기회가 있었을 때 루시 이모는 궁금한 게 많았고 친절했다. 궁극적으로는 폭스 뉴스의 애청자인 루시 이모 덕분에 대부분의 폭스 시청자들이 아마 그녀와 비슷할 거라고 생각하게 된 것 같다. 예의를 차리고, 품위 있고, 뉴스를 궁금해 하고, 거기서 얻은 정보를 통해 뭔가 배우고 좋은 일을 하고 싶어 하는 사람들이라고 말이다. 나는 폭스 사에서 방송을 할 때마다 루시 이모를 떠올렸고, CNN에서도 그랬고, 트위터에서 사람들에게 댓글을 달 때도 그랬다. 증오가 아닌 친절함을 바탕으로 생각하고, 말하고, 행동하는 게 훨씬 더 수월했으며, 스크린 너머에 있는 보이지 않는 사람들을 본질화해서 생각하는 대신 루시 이모처럼 내가 사랑하고 존경하는 사람이라고 생각하는 게 훨씬 편했다.

내 경우에는 보수주의자들을 악플러 무리로 취급하거나 '한 바구니 속의 개탄스런 인간들'이라고 생각하는 것보다 루시 이모 같은 사람들이라고 생각하는 편이 더 효과적이었고, 훨씬 더 힘이 되었다. 만약 내가 그들을 보기 흉한 난쟁이 괴물이라고 생각하거나 손쉽게 치워버릴 수 있는 쓰레기더미 취급한다고 생각한다면, 우리 사이에 건설적인 대화는 이루어질 수 없다. 더불어 루시 이모를 생각하는 게 본질주의적으로 사고하는 방식에서 벗어나는데 도움이 되었다.

사람들은 종종 추수감사절과 같은 명절에 가족들이 다 모인 자리에서 보수주의자인 친척을 어떻게 대하면 좋겠냐고 내게 조언을 구하곤 하는데, 실제로 그럴 때 내가 요긴하게 사용하는 방법이 있다. 《어떤 사람이 최고의 자리에 오르는가Compelling People》라는 책의 공동 저자인 매트 코헛

Matt Kohut과 존 네핑거John Neffinger, 그리고 그들의 동료인 세스 펜들턴에게 배운 방법인데 펜들턴과는 미디어 훈련과 대중 연설 워크숍을 함께 이끌었던 적이 있다.

예를 들어 루시 이모가 이런 애기를 한다고 가정해보자. 그녀가 이민 정책 자체를 반대하는 건 아니지만 지금 우리나라의 경제 상황이 무척 안 좋고 이 나라에 살고 있는 사람들도 일자리를 찾기 힘든 상황이라고 부정적인 견해를 제시한다면 나는 본능적으로 "아녜요, 이모가 틀렸어요. 왜 틀렸는지 세 가지 이유를 설명해드리죠!"라며 당장 반박하려 들 것이다. 그러나 신경과학적인 관점에서 설명하자면 이런 방법은 통하지 않는다. 우리 모두가 이성적인 토론에 참여하고 열린 마음을 갖고 설득에 임하려면 전두엽을 사용해야 하겠지만, 어떤 논쟁이 일어날 것임을 인지하는 순간 전두엽은 작동을 멈추고 그 대신 공격이나 도피 반응을 결정하는 뇌의 다른 부위(나중에도 나오겠지만 이 부분은 우리의 편견과 고정관념을 담당하는 부분이기도 하다)가 작동하기 시작한다. 만약 설득의 가능성을 열어놓고 싶다면 계속 대화를 이어가야 한다. 또 루시 이모는 자신의 의견을 피력할 때, 있는 그대로의 어려운 현실을 설명하기보다는 자신이 이해하고 있는 현실에 대한 감정을 표현한다. 지금까지 내가 만난 유능한 커플 상담사 몇 사람의 조언에 기초하더라도 감정상으로는 도저히 언쟁을 할 수 없다. 내 파트너가 나 때문에 감정이 상했다고 말할 때 나는 "아니, 난 그런 적 없어!"라고 반응하는 건 아무 소용이 없다. 왜냐하면 그건 그녀의 감정이고, 그녀가 그렇게 느낀다면 본질적으로 타당한 것이기 때문이다.

그래서 곧장 언쟁으로 번지지 않도록 막아주는 요령을 짧게 ABC로 요

왜 반대편을 증오하는가

약해서 알려주고자 한다. 먼저 A는 '동의Affirm'를 의미하며, 상대의 얘기에서 진심으로 동의할 수 있는 지점을 찾는 것이다. 루시 이모와의 가상 대화에서 나는 "저도 요즘 경제가 정말 걱정스러워요"라거나 "당연히 누구나 일자리를 찾을 수 있어야죠. 저도 그 점은 전적으로 동의해요"라고 말할 수 있다. 이때 거짓 긍정으로 꾸며내지 않는 게 중요하다. 그런 척 하는 연기가 아니라 진심이어야 한다. 루시 이모의 얘기에서 진정으로 분명하게 동의할 수 있는 부분을 찾고 그것부터 시작한다.

다음은 B, 이것은 '다리Bridge' 즉 연결을 의미한다. "그러나but"가 아니고, 같은 의미의 고상한 표현인 "하지만however"도 아니며 "그리고and"라는 말로 시작해 다리를 놓는 것을 뜻한다. 사실 "그리고", "그래서that's why"나 "사실은actually", "문제는the thing is", "그래도 좋은 소식은the good news is" 이라고 말해도 상관없다. "그러나"만 아니면 어떤 말도 괜찮다. "그러나"는 기본적으로 그 앞에 한 얘기가 틀렸다는 걸 단정하는 말이다. 내가 내 파트너에게 "미안해, 그러나…"라고 말하는 것과 마찬가지다. 앞서 언급한 커플 상담사들의 말에 의하면 그런 말은 내가 조금도 미안하게 생각하지 않는다는 뜻이라고 한다. 그리고 내 파트너 역시 같은 생각인 것 같았다.

마지막은 C, '확신Convince'이다. 내가 처음부터 말하고자 하는 얘기가 나와야 할 시점이 바로 여기다. 포괄적인 이민정책의 개혁이 실제로 급여를 올리고 이민자들 그리고 자국민들의 근로 기준을 개선할 수 있다는 얘기, 혹은 어떤 내용이든 내가 정작 하고 싶은 말을 이때 꺼내는 것이다.

내 경험상 막상 그런 순간에 맞닥뜨리면 ABC를 지키는 게 쉽지 않다는 건 잘 안다. 그러나 제대로 따랐을 때는 분명 놀라운 효과를 얻을 수 있고, 내가 '연결 화법'이라고 부르는 대화법으로 이어갈 수 있는 강력한 방법이 된다. 내가 얘기하고 싶은 부분을 정확히 표현할 수 있을 뿐 아니라 친근하고 공손한 방식으로 전달하여 상대방이 귀 기울여 듣게 할 수 있다.

ABC 방법 외에도, 사람들이 루시 이모와 같은 친척에게 정치 얘기를 어떻게 해야 좋을지 물으면 종종 나는 정치가 아닌 다른 주제에 관해서는 그들과 어떻게 대화를 하는지 되묻는다. 자신들이 좋아하는 영화를 루시 이모가 좋아하지 않는다고 해서 이모에게 소리 치고 고함을 지르나? 당연히 그렇지 않다. 어쩌다 흥분해서 "정말이세요? 정말《더티 댄싱Dirty Dancing》이 최고의 사랑 영화라고 생각하지 않는다고요?"라는 식으로 반문할 수는 있다. 그러나 기본적으로 대화란 예의를 지켜야 하며, 가족을 아끼고 사랑하는 마음 앞에서는 어떤 분노도 부수적인 것에 지나지 않는다. 루시 이모가 더티 댄싱을 좋아하지 않는다고 해서 이모와 인연을 끊을 생각은 눈곱만큼도 없으니까.

물론 정치적인 문제는 훨씬 더 중요하다. 그래도 나는 도널드 트럼프를 싫어하는 감정과는 비교도 할 수 없을 만큼 훨씬 더 많이 루시 이모를 사랑한다. 그 사실을 되새기면 도움이 될 것이다. 그리고 솔직히 100% 의견이 일치하지 않더라도 전반적으로 '내 편'이라고 생각하는 친구들도 많이 있다. 내가 그 친구들의 의견에 90%만 동의한들 무슨 상관인가? 아니면 60%? 아니 40%? '의견이 다르다'는 걸 받아들일 수 있는 범위와 상대를 괴물 같은 적으로 규정하는 범위는 엄연히 다르다. 우리는 어디에 선을 그어야 할까? 실제로 나는 '내 편'에 있는 '내 사람들'의 말을 믿는다. 그런데 루시 이모에게도 똑같이 대하지 않을 이유가 뭐가 있을까? 그럼 그런 의미에서 내 악플러들에게도 그렇게 대할까? 물론 악플러들은 루시 이모와는 다르지만 그렇다고 도널드 트럼프도 아니다. 우리는 어떤 정해진 '편'에 속한 사람들 모두가 그 편에서 가장 극단적인 인물들이 저지르는 최악의 행동들을 대표한다고 자동적으로 간주하고 행동하는 경우가 많다. 이와 같은 과도한 당파심은 귀인 오류와 본질주의의 또 다른 형태에 지나지 않는다.

사실 내 악플러들에 대해 알게 된 것들 중에서 가장 놀라운 사실은 그들 대부분은 자기 자신이 악플러라고 생각조차 하지 않는다는 것이다. 알고 보니 자신들이 하는 행동에 대해 깊이 생각하지도 않고 그저 다른 사람들에게 무작위로 오물을 투척하며 시간을 보내는 경우가 대부분이었다. 그들은 그저 지루했었던 것뿐인데 나는 그들이 고의적이고 심지어는 전략적으로 내게 앙심을 품고 행동하고 있다고 생각했던 것이다.

"당신이 올리는 트윗이 어떤 영향을 미치는지 생각해 봤나요?" 나를 괴롭히는 상위권 악플러들 중의 하나인 버지니아 주 출신 41세 변호사 @ArlingtonSteve에게 물었다. 그는 내게 여러 번 트윗을 보냈는데 언젠가 경찰들이 살해됐을 때 이런 내용을 보낸 적이 있다. "당신 손에도 그 경찰들의 피가 묻어 있다." 그 이유는 내가 조직적인 경찰의 폭력성을 비판했기 때문인데 그러고 나서 나쁜 년이라는 말도 빼놓지 않았다.

"음, 솔직히 말하면 그런 트윗을 읽거나 크게 신경 쓰는 사람은 없다고 생각해요." @ArlingtonSteve가 이렇게 대답하고는 "뭐 그냥, 그러고 싶어서 한 거죠"라고 덧붙였다.

"내가 괜한 화풀이를 하거나 사람들에게 못되게 굴었던 적도 있다는 걸 인정해요. 그건 나도 후회해요. 그냥 그 정도의 일인 거죠."

나중에 그는 자기를 팔로우 하는 유명인들도 있다며 일종의 자랑처럼 애기를 늘어놓았다. 나는 그 애기를 들으면서 그들에게도 나쁜 년이라고 하는지 묻고 싶었지만 포기했다.

"트위터를 왜 하죠?" 나의 또 다른 악플러들 중 한명인 @bmenyhert에게 문자를 보냈다. @bmenyhert는 나와 직접 통화하는 건 거절했지만 트위터의 개인 메시지를 이용해 몇 차례 애기가 오고 갔다.

"스트레스를 해소하는 방법이죠. 수업시간 중이거나 수업이 없는 빈강의 시간에, 차가 연착했을 때나 화장실에 있을 때 시간 때우기 좋으니까요." @bmenyhert가 답했다. 그러면서 "난 트위터가 내일 당장 없어진대도 별 상관없어요" 라고 말했다.

나는 @bmenyhert에게 또 다른 질문을 했다. "당신은 실생활과 트위터 중 어디에서 더 다정한 사람이라고 생각하나요?"

"모든 사람이 실생활에서 더 좋은 사람이길 바라지 않나요." @bmenyhert가 대답했다.

우리는 좀 더 대화를 주고받았다. @bmenyhert는 모두가 트위터 상에서 비열하게 굴기 때문에 자기도 그러는 것뿐이라며 "로마에서는 로마법을 따르는 거잖아요, 부인." 이라는 설명을 덧붙였다.

그래서 내가 물었다. "당신이 온라인상에서 하는 행동에 증오심을 품고 있다고 생각하나요?"

"가끔 무례하거나, 경솔하거나, 심술궂을 때는 있죠." @bmenyhert가 답했다. "하지만 증오라뇨? 그건 아니죠."

그렇지만 나는 지루하면 책을 읽거나 산책을 하거나 탄수화물을 먹지 온라인에서 무작위로 사람들을 괴롭히진 않는다. 그러나 @bmenyhert와

왜 반대편을 증오하는가

메시지를 주고받고 @ArlingtonSteve와 얘기하면서 '어떤 종류의 사람' 혹은 '어떤 종류의 사람들'이 이런 짓을 하는지 곰곰이 생각하다 보니 본질주의가 생각났고, 슬슬 분노가 치밀어 오르는 게 느껴졌다. 그래도 두 사람 모두 나와 의견을 주고받는 과정에서 내게 사과를 했다. 동전에는 양면이 있는 법인데 알고 보니 사람들도 마찬가지였다.

나를 괴롭히는 악플러들과의 대화를 통해 그동안 내가 그들을 한통속으로 묶어서 덤퍼키스탄(앞 주 참조) 주민들과 다름없는 멍청이로 분류하고 있었다는 사실을 깨달았다. 우파에 대한 고정관념에 입각해서 그들을 본질화 하고 인간적인 복잡성을 무시함으로서 한마디로 그들의 인간성을 말살했던 것이다. 어쨌거나 원래 트롤들은 다리 밑에 사는 괴물들이지 사람이 아니니까.

그러나 악플러들과 직접 얘기를 하면 할수록 그들의 복잡하고 구체적인 인간미는 더욱 뚜렷해졌다. @LindaLikesBacon은 24살 된 아들이 있는데 우리가 통화하던 당시에 마약중독으로 재활시설에 들어가 있다고 말했다. "얼마 전에 아들을 면회하고 왔어요." 그녀가 말했다. "잘 지내고 있는 것 같았어요. 들어간 지 몇 달 안됐는데 다시는 마약에 손대지 않겠다고 단호하게 말하더군요. 이번엔 제발 효과가 있었으면 좋겠어요."

@LindaLikesBacon이 이런 얘기를 털어놓자 그녀에게 공격받아서 기분이 상했던 감정은 없어지고 갑자기 그녀가 안쓰럽게 느껴졌다. 나는 이 여자가 내게 약간의 고통을 준 것에 대해 화를 내고 있었는데, 현실의 그녀는 훨씬 더 큰 고통을 겪고 있었다. 어떻게 생각하면 무척 모순된 일이지만 슬픈 감정이 더 컸다. 온라인에서 내게 무례하게 군 사람들이 알고 보니 평범한 보통 사람들이라는 사실을 깨달은 건 놀라우리만큼 심오

한 경험이었다. 그들도 나처럼 낄낄거리며 웃고, 말을 더듬고, '어,'라는 소리를 내며 시간을 끌었고, 나처럼 유명 인사들이 자기들을 팔로우 한다며 은근히 자랑을 했다. 그들은 나와 공통점이 꽤 많은 불완전하고, 지저분하고, 복잡한 보통 사람에 불과했다. 나는 여전히 크루즈 나이트를 싫어하지만 더 이상 내 악성 팔로우들을 싫어하지 않는다. 그러나 더 알면 알수록 트위터는 점점 더 싫어지기 시작했다.

인터넷 그 자체는 악성 댓글 현상에 얼마나 큰 책임이 있을까? 인터넷이 처음 발명되었을 때 많은 사람들은 단순히 다양한 언어의 음란물 사이트에 기웃거리고 전 세계 어느 나라에서나 운동화를 주문할 수 있는 정도가 아니라, 기술의 근본적인 변화를 통해 보다 인간답고 인도적인 수준으로 세상을 연결해줄 거라고 믿었다. 아프리카 말리에서 농부들이 어떻게 농작물을 관리하는 지, 방글라데시의 공장에서 어린이들이 어떤 일을 하는지 보면서 지식을 넓히고 동정심의 고리를 확장시켜 진정으로 세계를 이해하는 데 도움이 될 거라고 생각했다. 실제로 어느 정도는 그것은 사실이었다. 여전히 나를 괴롭히는 악플러들이 있어도 내가 아직 트위터를 그만두지 않은 이유는 그 안에서 배운 것들과 전 세계적으로 사귄 많은 친구들 때문이다. 그렇지만 기술의 본질적인 특성이 몰개성화인 만큼 인간성을 상실할 가능성도 크다. 전체 미국인의 절반이 넘는 숫자가 앞으로 더욱 무례함은 악화될 거라고 예상했고, 10명중 7명은 현재 우리 문화에 존재하는 비열함이 인터넷과 소셜 미디어 때문이라고 지적한다. 그들의 생각이 맞는 걸까?

2016년에 실시한 연구에서 스탠퍼드 대학교의 저스틴 챙Justin Cheng과

컴퓨터 공학자들로 구성된 팀은 667명을 대상으로 시험을 치르게 했다. 대상자의 반은 쉬운 시험지를 받았고, 나머지 반은 정말 어렵고 힘든 수준의 시험지를 받았다. 시험이 끝나고 실험 대상자들 모두 기분을 묻는 설문 조사를 작성했다. 당연히 어려운 시험을 치른 대상자들은 기분이 좋을 리 없었다.

그러고 나서 챙과 실험 팀은 대상자들에게 기사 하나를 읽게 했다. 2016년 민주당 대통령 후보 경선에서 여성 투표자들은 모두 버니 샌더스 대신 힐러리 클린턴에게 투표해야 한다고 주장하는 칼럼을 요약한 내용이었다. 실험 대상자들은 기사 아래쪽에 마련된 공간에 최소한 한 가지 이상 의견을 올리라는 당부를 받았고, 각자가 올린 의견은 다른 사람들도 볼 수 있다고 미리 알려주었다. 그리고 모든 실험 대상자들은 이미 올라와 있는 세 가지 의견을 읽을 수 있었는데 중립적인 내용의 의견도 있고 악성 댓글 같은 공격적인 내용도 있었다.

쉬운 시험을 보고 중립적인 의견을 읽은 대상자들이 공격적인 내용의 의견을 올린 경우는 35% 정도, 어려운 시험을 봤거나 혹은 공격적인 의견을 읽은 대상자들 중에서 악플러처럼 화를 부추기는 내용을 올린 대상자가 50%였다. 그러나 어려운 시험도 보고 공격적인 의견도 읽은 대상자들은 전체의 68%가 완전한 악플러로 변신했다. 다시 말해서 중립적인 의견을 읽은 대상자들에 비해서 악플러처럼 행동할 가능성이 두 배나 높았다는 뜻이다.

또 다른 실험을 통해서는 쌍방향 비디오 게임에서 패배한 남자들이 그 게임에 참가했던 여성들을 공격하는 여성혐오적인 악플러로 변할 가능성이 훨씬 높은 것으로 나타났다. 그 외에도 사회적인 정체성 부분에서 자존감이 낮은 사람들이 외집단을 비하하는 견해를 가진 경우가 많고, 증오 범죄를 저지르는 가해자들은 실제로 그 순간에 일시적인 자존감 상승을 경험했다는 사실을 밝혀낸 실험도 있었다. 그렇다면 정말 기술적인 요인이 우리 자신과 다른 사람들을 경험하는 방식에 독특한 영향을 미쳐 이러한 효과를 극대화시키는 것일까?

뉴저지 주 라이더 대학교 심리학 교수인 존 술러John Suler는 분명히 그렇다고 주장한다. 술러는 "온라인 탈 억제효과[17]"라는 개념을 처음 제시했는데, 이는 소셜 미디어를 포함한 현대의 기술이 사람들로 하여금 온라인상에서 "훨씬 더 속마음을 잘 드러내고, 더 자주 활발하게 참여하며 실제로 만났을 때보다 훨씬 더 격하게 반응하도록 고안되었다"는 것이다. 술러 교수는 온라인상에서 우리 자신을 어떻게 드러내고 표현하는지에 관해 처음으로 연구하기 시작한 학자들 중 한명이다. 소셜 웹의 초창기에 겪은 자신의 경험을 바탕으로 한 그의 온라인 탈 억제 효과 이론은 온라인 행동을 연구한 가장 영향력 있는 분석들 가운데 하나다.

술러는 20여 년 전 인터넷 초창기에 어떤 사람들은 온라인상에서 왜 비열하게 행동하는지 의문을 품기 시작했다. 1990년대 후반에 그는 인터넷상에서 '더 팔레스The Palace'라는 사이트를 접하게 됐는데 그곳은 그래픽을 기반으로 한 일종의 채팅방이었다. 당시 고등학생이었던 나도 가끔씩 팔레스에 접속해 시간을 보내기도 했다. 그때 나는 내 자신의 정체성을 찾으려고 레즈비언을 주제로 한 채팅방을 찾아 들어가 젊잖게 미소 띤 이들에게 몇 가지 순진한 질문들을 늘어놓았다. 그래서인지 내 머릿속에

---

17 online disinhibition effect-현실에서 보다는 인터넷과 사이버 공간에서 쉽게 공격적이 되거나 분노를 스스럼없이 표출하는 경우를 나타내는 용어. - 주

왜 반대편을 증오하는가

서 팔레스는 인터넷의 최고 장점인 정보와 연결성을 대표하는 공간으로 남아 있었다.

그러나 슐러는 팔레스 안에서 사람들이 실제 모습과 다르게 행동하고 말한다고 느꼈다. 심지어 인터넷이 아니었다면 절대 고려하지 않았을 행동도 이 가상의 공간에서는 거침없이 '하고' 있다는 걸 발견했다. 또 슐러 자신도 그런 영향을 받는 걸 느꼈다고 했다. 어느 날 오후 슐러는 나와 전화 통화를 하며 "직접 누군가를 만났을 때보다 온라인상에서 훨씬 더 말이 많아 졌어요"라고 말했다. "임상심리학자이기도 하고 매우 내성적인 성격이라서 늘 나 자신을 꼼꼼히 검열하는 편이에요. 특히 임상실험에 관해서 내가 뭘 하고 있는지 늘 자각하고 있지요." 하지만 팔레스에서는 좀 달랐다고 했다.

실제로 슐러는 스스로 "가벼운 일탈적인 행동"이라고 표현한 상황에도 가담했다. 디지털 커뮤니티에 처음 들어온 신출내기들에게 장난을 치는 행위들이었는데, 그는 마치 온라인상에서 완전히 다른 사람이 된 것처럼 행동했다. 슐러는 "사람들이 온라인상에서, 특히 자신의 정체성을 대표하는 아바타를 앞세워 이런 상상속의 세상에서 서로 어울리며 사교활동을 하는 걸 보고 매료됐다"고 말했다.

슐러가 제시한 온라인 탈 억제 효과에는 몇 가지가 특징이 있다. 온라인상에서는 우리의 진짜 모습을 감출 수 있기 때문에 자의식을 잊어버린다.(그는 이것을 '분리된 익명성dissociative anonymity'이라고 했다.) 우리가 대화하는 상대방을 실제로 보고 있지 않기 때문에 얼굴을 마주 보고 교류할 때 얻을 수 있는 일반적인 신호들을 잃게 된다(불가시성invisibility). 그리고 우리가 어떤 내용을 입력할 때와 상대방이 그것을 읽을 때 사이에 지체하는 순간이 발생하는데(비동시성asynchronicity), 이는 또한 온라인상의 의사소통이 현실과 다른 느낌을 받게 한다. 더불어 온라인상에서는 모두가 동등하다고 여기는데, 바꿔 말하면 이 말은 모두가 똑같이 잠재적인 목표물이 될 수 있다는 의미이기도 하다(신분과 권한의 최소화). 면전에서 직장 동료를 멍청이라고 부르진 않는다. 그랬다가는 당장에 해고당하거나 동료들에게 배척당할 테니까. 그러나 온라인상에서는 보호해야 할 신분도 없고, 나를 감시할 권한을 가진 사람도 없다.

이처럼 온라인 세상은 실제 세상과 너무 달라서 우리가 의식적으로든 무의식적으로든 '실제' 모습이 아니라고 믿듯이 다른 사람들도 마찬가지일 것이라고 믿는다. 인터넷을 거의 허구의 공간이라고 생각한다. 이 모든 것이 페이스 북이나 인스타그램 같은 플랫폼에 비해 가족과 친구, 혹은 동료들과의 연결 고리가 잘 눈에 띄지 않는 트위터와 같은 공간에서 악플러들의 괴롭힘이 활개를 치는 이유를 설명해 준다.

"아마도 모든 게 익명성 때문인 것 같아요. 아무도 내가 누군지 모르니까." 내가 어쩌면 그렇게 잔인한 트윗을 올릴 수 있느냐고 묻자 @LindaLikesBacon이 이렇게 대답했다. "우리가 직접 만났다면 모르는 사람에게 그런 말을 퍼부어대진 않았겠죠. 난 그런 사람은 아니에요." 하지만 트위터에서는 그럴 수 있다는 거였다. "마치 익명의 벽 뒤에 숨어 있는 것 같다고나 할까요." 그녀가 말했다.

내가 술러에게 @LindaLikesBacon의 얘기를 들려주자 그는 이렇게 말했다. "혼잣말을 하고 있다고 생각하는 거예요. 혼잣말을 할 때는 누구나 무슨 말이든 스스럼없이 다 쏟아내잖아요."

술러는 우리가 혼잣말을 하고 있다고 믿는 경향을 "유아독존적인 내면

투사"라고 했으며, 그의 이론 중에서 가장 내 마음에 드는 내용이었다. 이것 또한 내 흥미를 끄는 정신적인 왜곡현상이다. 온라인에서 다른 사람이 쓴 글을 읽을 때 우리는 머릿속으로 '그 사람'이 말을 하고 있다고 생각하지 않는다. 특히 우리가 모르는 사람일 때는 더욱 그렇다. 대신 우리는 그들의 메시지를 우리의 머릿속에 있는 하나의 목소리로 경험하며 '마치 그 사람의 심리적 존재감과 영향력이 우리 마음으로 동화되거나 투사된 것처럼' 느낀다는 것이다. 그래서 술러에 의하면 우리 자신을 상대방에게 투사하고, 그 상황에서 어떤 감정을 느낄지, 혹은 상대방이 우리의 글을 읽고 어떤 감정을 느껴야 한다고 생각하는지에 대한 감정의 투영도를 반영하게 된다고 한다. 요컨대 우리는 그들의 감정은 고려하지 않고 '우리 자신의' 감정만 생각하고 있다는 것이다.

술러는 이런 현상을 머릿속에서 자기가 쓰고 있는 작품 속 여주인공의 얘기를 듣고 직접 들은 대로 대화를 써 내려가는 작가에 비유해 설명했다. 등장인물들 자체는 허구이고, 작가의 머릿속에만 존재하는 대상이다. 문제는 소셜 미디어에서 우리가 소통하는 대상은 허구가 아닌 실제 사람들임에도 여전히 우리 자신의 한 버전 정도로 인식한다는 것이다.

"실제로 만나면 단순히 못되게 굴고 싶다거나 재미를 이유로 상대에게 무례하게 대하지는 않을 거예요." @LindaLikesBacon이 말했다. 하지만 온라인에서는 그럴 수 있다는 것이다.

물론 우리는 단순히 기술적 요인을 탓할 수는 없다. 그렇지만 기술이 문제를 악화시키고 있다는 것은 인정해야 한다.

그럼 해결책은 무엇일까? 술러는 모든 사람이 "온라인에서 자신을 다른 사람의 입장에 놓고 생각해야 한다"고 말했다. "하지만 상대방을 직접 볼 수 없고 목소리를 들을 수 없기 때문에 이는 쉬운 일이 아니다. 또 상대의 배경이나 정체성에 대해 아무것도 아는 게 없을 수도 있다. 온라인에 접속하고 인터넷으로 연결된 상대가 진짜 사람이라는 사실을 깨달으려면 잘 준비되고 조율된 공감능력을 갖추어야 한다"고 덧붙였다.

이를 위해서는 섬세하고 의식적인 접근이 필요하다. 집단 학살을 부추기는 선동에서부터 트위터에 올라오는 증오심 담긴 발언에 이르기까지 '위험한 화법'에 대해 연구한 인권 변호사 수잔 베네쉬Susan Benesch는 문제 해결을 위해 '대응화법counterspeech'이라는 접근 방법을 제시했다. 그러나 나는 이 방법을 반드시 이 문제에 관한 해결책으로만 규정짓고 싶지 않기 때문에 '연결의 화법connection-speech'이라 부른다. 베네쉬는 이 접근법을 통해 온라인상에서나 실제 생활에서 증오가 아니라 좀 더 깊은 연관성에 공감하고 공통의 인간애를 촉진할 수 있는 대화법을 찾을 수 있다고 말했다.

우리는 인터넷상에서 증오가 깔린 편파적인 발언을 맞닥뜨리면 대부분 무시하거나 더 강한 증오심으로 무장하고 반격한다. 둘 다 이해할만한 충동 혹은 본능이다. 그러나 베네쉬는 증오가 아닌 공감의 표현으로 대응하면 증오 발언의 사이클을 끊을 수 있을 뿐 아니라 긍정적인 상호 교류로 변화시킬 수 있고, 나아가 사람들의 확신도 바꿀 수 있다고 주장했다. 이는 증오심을 불러일으키는 설교가로 유명한 프레드 펠프스Fred Phelps 목사의 손녀인 메건 펠프스–로퍼Megan Phelps-Roper가 직접 경험한 변화이기도 하다. 프레드 펠프스는 현대 미국 역사상 노골적인 증오심으로 똘똘 뭉친 사람들 중 하나로 악명 높은 인물이다.

프레드 펠프스는 웨스트버러 침례교회를 설립한 장본인이다. 아마 들어봤을지도 모르겠다. 이들은 극단적인 소규모 우익 기독교인들로 구성된 증오 단체로 미군 전사자들의 장례식에까지 찾아가서 항의 시위를 벌이기도 했다. 웨스트버러 교인들은 군인들의 죽음에 대해 미국이 동성애자들의 권리를 묵인하는 것에 대한 하나님의 벌이라고 믿기 때문이다. 웨스트버러는 "하나님은 동성애자들을 증오한다"라는 슬로건으로 가장 잘 알려져 있을 것이다.

《뉴요커New Yorker》지에 실린 아드리안 첸의 기사에 의하면 손녀 메건은 2008년에 트위터에 가입해 계정을 만들었고, 2009년에는 웨스트버러의 증오 메시지를 꾸준히 올리고 있었다. 세계 에이즈의 날에 "에이즈를 내려주신 하나님께 감사"라고 포스팅하는 등 증오심이 깔린 메시지가 대부분이었다. 이처럼 웨스트버러 교인들은 보통 사람이라면 안쓰러워서 하지 못할 사람에게도 콕 집어서 증오를 마구 쏟아내는 것으로 유명했고, 메건도 다르지 않았다. 어느 날 메건은 예루살렘에 근거지를 두고 활동하는 블로거 데이비드 아빗볼의 트위터 계정인 @Jewlicious를 공격 대상으로 삼았다. 그녀는 "좋은 유대인이란 자신이 유대인이라는 사실을 스스로 회개하는 유대인!"라는 트윗을 올리고 그가 꼭 볼 수 있게 @Jewlicious를 태그했다. 아빗볼은 거기에 이렇게 응답했다. "고마워요, 메건! 마침 욤 키푸르Yom Kippur가 다가오는데 알려줘서!" 무슨 말인지 이해할 수 있나? 욤 키푸르는 유대인이 하나님에게 죄를 속죄하는 속죄일로 이스라엘의 종교 축제일 가운데 가장 중요한 날이다! 마침 유대인들이 죄를 속죄하는 날이 다가오는데 잊어버리지 않게 해줘서 고맙다는 농담이었다. 메건은 이에 대해 다시 특유의 과격한 표현으로 적개심을 담은 트윗을 올리자 아빗볼은 이번에도 "하나님은 새우를 싫어하신다"라고 적힌 피켓을 들고 시위하고 있는 메건의 모습을 친근감 있게 올려주는 것

으로 재치 있게 대응했다.[18]

메건은 분명하고 확실하게 @Jewlicious를 공격했고, 컴퓨터 자판을 두드리며 그를 겨냥해 증오를 쏟아냈다. 만약 아빗볼이 그녀와 똑같은 방식으로 맞대응했어도 그를 비난할 사람은 없었을 것이다. 그러나 그는 그렇게 하는 대신 올바른 방식을 택했고 결국에는 메건을 자신의 편으로 이끌었다.

데이비드 아빗볼은 뉴요커지에서 메건과 그녀가 속한 악의적인 집단이 유대인도 인간이라는 사실을 깨닫게 하는 게 자신의 목표였다고 말했다. "웃으면서 아주 친절하게 대응해서 도저히 나를 미워하려야 미워할 수 없게 만들고 싶었어요." 아빗볼이 말했다.

메건은 당시 자신의 입장에 대해 이렇게 회상했다. "나는 그를 악마로 여기고 있었어요. 하지만 그는 매우 친절했지요." 그렇게 '하지만'이 만들어낸 공간 어딘가에서 일종의 우정이 싹트기 시작했다.

그 뉴요커지는 다른 사람들도 그녀가 마음을 바꾸는 데 도움을 주었다고 했다. 캐나다 출신 대학생 그래엄 휴스는 논문을 위해 메건을 인터뷰했고 트위터를 통해 그녀와 연락을 주고받기 시작했다. 그들은 정치와 관련된 것은 물론 음악에 대해서도 얘기를 나눴다. "그 당시에 나는 '훌륭한 음악을 감상할 줄 아는 사람이 어떻게 그렇게 혐오스러운 것들을 믿을 수 있을까?'라고 생각했던 게 기억나요"라고 그래엄이 말했다. 그리고 그래엄이 뇌 관련 질환으로 병원에 입원했을 때 메건은 그래엄의 실제 친구들보다 훨씬 더 친구처럼 챙겼다. "우리 사이에 진정한 교류가 이

---

18 성경(레위기)에 따르면, 새우를 포함한 그 해양 동물을 먹는 것은 동성애만큼이나 죄가 된다고 한다. - 주

왜 반대편을 증오하는가

루어졌다는 걸 느낄 수 있었어요." 그래엄이 뉴요커지에서 말했다.

메건은 트위터를 통해 시작된 우정에 대해 이렇게 얘기했다. "마치 내가 어떤 커뮤니티에 소속된 구성원이 된 것 같은 기분이 들었어요. 그들을 사람으로 보기 시작한거죠."

메건이 트위터를 통해 만난 사람들은 그동안 그녀가 증오의 대상이라고 배웠던 이들에게 인간성을 부여함으로써 그녀의 믿음을 흔들었다. 마침내 2012년 가을에 메건은 웨스트버러를 떠났고, 결과적으로 대부분의 가족들과도 인연을 끊게 되었다.

그 후 그녀가 처음으로 방문한 여러 곳들 중 하나가 데이비드 아빗볼이 주최한 '쥴리셔스Jewlicious 축제'였다. 메건이 완전히 새로운 사고방식에 눈을 뜨고 궁극적으로 증오의 반대편에 있는 새로운 세상으로 나아가게끔 이끌어준 것은 아빗볼의 친절함과 유머였다. 한때 "하나님은 동성애자를 싫어한다"고 외치던 전직 반 유대주의자가 유대인이 주최하는 대규모 파티에 참석해 처음으로 진보적인 유대인들과 어울리는 모습을 생각해보라. 이 모든 것이 주로 증오가 판치는 트위터에서 선한 메시지를 주고받은 대화 덕분이라는 것을!

우리 모두가 이런 연결의 화법을 배우려면 어떻게 해야 할까? 베네쉬는 자신이 주도한 위험한 화법 프로젝트를 위한 글에서 몇 가지 훌륭한 지침을 제시하고 있다. 메건이 자신의 믿음에 의문을 품기 시작한 계기가 된 트위터상의 대화가 베네쉬가 말하는 '황금 대화golden conversations'의 예이다. 황금 대화라는 말만 들으면 엉뚱한 생각이 나긴 하지만 이것은 치유의 힘을 가진 대화를 이끌어내는 해법으로 그녀가 제시하는 요점은 내 마음에 쏙 든다. 베네쉬에 따르면 온라인상에서 벌어지는 '황금 대화'

는 악의적인 대화를 변화시키고 때로는 개인의 믿음에도 변화를 주며, 증오심 넘치는 살벌한 대화를 주고받는 당사자뿐만 아니라 그런 대화를 지켜보는 구경꾼들에게도 영향을 미친다고 한다. 물론 실생활에서도 마찬가지다. 증오 연설에 대해 억제하거나 침해하는 연설로 맞받아치는 것이 아니라 더 많은 이야기를 이끌어내는 것이 진정한 해법이며, 특히 그런 의미에서 직접 증오에 맞서 이를 약화시킬 수 있는 건설적인 연설이 중요하다는 시민적 자유주의자의 입장과도 맞물린다.

베네쉬는 그 방법을 실행에 옮겼을 때 얼마나 강력한 효과를 얻을 수 있는지 보여주는 감동적인 사례를 들었다. 2015년에 마틴 루터 킹 기념일을 맞아 @mrscrotum21이라는 ID사용자는 트위터에 이런 글을 올렸다. "마틴 루터 킹 기념일을 축하하는 의미로 오늘 하루 동안 '깜둥이'라는 말을 최대한 많이, 최대한 부적절하게 사용할 것을 맹세한다." 여기에 아이저마 올루오Ijeoma Oluo라는 이름의 한 흑인 작가가 마틴 루터 킹 주니어의 말을 인용해 응답했다. "누군가를 증오해서 나락으로 떨어뜨리는 일은 없어야 합니다."

그러자 @mrscrotum21은 점점 더 지독한 인종 차별적 발언으로 계속 아이저마를 공격했고, 그녀는 그때마다 킹 박사의 말을 인용해 대응했다. 그들의 대화는 한동안 이런 식으로 오고갔다.

마침내 @mrscrotum21가 킹 박사의 인용문인 것처럼 꾸며 "나도 조만간 총이나 맞았으면 좋겠네"라고 비꼬는 트윗을 올렸다.

아이저마는 이렇게 답했다. "당신의 마음을 괴롭히는 증오로부터 탈출하고 마음속에 평화와 사랑이 가득하길 빕니다."

"그건 누구 인용문입니까?" @mrscrotum21이 트윗을 보냈다.

"내 말입니다." 아이저마가 답했다. "당신에게 사랑과 희망을 보냅니다."

그러자 @mrscrotum21는 과거부터 현재에 이르기까지 미국 흑인들에게 행해지는 가혹한 폭력의 심각성을 하찮은 것으로 여기며 이죽거리는 트윗을 올렸고, 그 점에 대해 아이저마는 @mrscrotum21가 살인을 가볍게 여긴다고 비난했다. @mrscrotum21는 거기에 대해 이렇게 답했다. "이봐요, 흥분하지 마세요. 난 14살이에요."

"그래? 내 아들은 13살이야." 아이저마가 응답했다. "그리고 내 아들은 네가 살해당해도 절대 비웃지 않을 거야."

"잘 됐네요. 아들이 아주 좋은 엄마를 뒀나 봐요." @mrscrotum21가 대꾸했다.

"맞아." 아이저마가 트윗을 보냈다. "네 엄마는 네가 인터넷에서 다른 사람들에게 상처를 주며 시간을 보내고 있는 걸 알고 계시니?"

"아마 모를 걸요." @mrscrotum21가 대꾸했다. "1년 반 전에 죽었으니까."

"엄마가 돌아가셨다니 유감이구나. 네가 좀 더 좋은 방법으로 엄마를 기념하길 바란다." 아이저마가 트윗을 보냈다.

이후에도 두 사람 사이에 좀 더 많은 트윗이 오갔다. @mrscrotum21은 어떤 카운슬러가 트윗을 하면서 슬픔을 표현하면 치유에 도움이 될 거라고 권했다는 사실을 털어놓으며 우울증을 암시했다. 그러자 아이저마는 @mrscrotum21의 트윗을 보는 사람들도 우울증으로 고통 받고 있을지도 모른다고 지적했다.

"행운을 빈다." 아이저마가 마지막으로 그에게 전했다. "그리고 네가 치유하는 과정에서 다른 사람들에게 상처 주는 일은 피하도록 노력하길 바랄게."

"당신은 정말 좋은 사람이에요. 미안해요." @mrscrotum21가 답했다.

"고맙다." 아이저마가 답했다. "오늘은 용서를 생각해야 하는 날이야. 사람들은 상처 입고 아파할 때 형편없는 짓을 저지르기 쉽지. 얘기하고 싶을 땐 내게 메시지를 보내렴."

내 동료 작가인 아미나투 소우Aminatou Sow는 항상, "우리 중에 가장 소외 당하는 부류가 올바른 행동을 할 것으로 기대하는 것은 매우 불공평한 것이며 심지어 압박에 가까울 정도"라고 말했다. "왜 언제나 흑인 여성들에게 그 일을 하라고 요구하는 거야?" 어느 날 그녀와 함께 택시를 타고 가며 내 책에 관해 얘기하고 있던 중 아미나투가 투덜거렸다. "일단 자극하면 현실참여의 수단은 얼마든지 있어." 그녀가 덧붙였다. "내가 널 죽도록 괴롭힐 수도 있고 그 행동을 정당화할 수도 있다는 거야." 물론 비유적으로 말해서 그렇다는 얘기다.

나도 딱히 뾰족한 답은 없다. 가장 세게 얻어맞은 사람이 나머지 한쪽 뺨까지 내밀어야 하는 경우가 종종 있다 보니 본질적으로 그런 황금 대화 얘기를 꺼내는 것조차 부당하게 느껴지는 건 사실이다. 그런 저항감을 나도 분명히 이해한다. 그러나 우리들 중에 가장 혜택을 받는 특권층이 먼저 손을 내밀어 주기를 기다린다면 영원히 기다리다 끝날지도 모른다는 것 또한 알고 있다. 너무나 엄청난 폭력에 직면했을 때 인도와 미국을 비롯해 곳곳에서 먼저 비폭력 운동을 시작한 쪽은 평소 소외받고 뒤처진 계층이었다. 물론 부당한 처사일지는 모르지만 분명 효과는 있었다. 나는 원인이 무엇이 됐든 폭력과 편협함, 증오심에 강력하게 반대하는 입장이며, 그런 이유로 인터넷을 포함해 이 세상의 가장 암울한 시기

왜 반대편을 증오하는가

와 장소에 놓여 있더라도 모두가 아이저마처럼 행동할 수 있기를 바란다. 나는 그런 치유의 힘을 가진 대화의 가능성을 통해 트위터가 나아질 거라는 희망뿐만 아니라 우리의 인간성 전체에 대한 희망을 얻는다.

나도 여러 번 연결의 화법을 직접 실험해서 약간의 성공을 거두기도 했다. 특히 수잔 베네쉬의 유머 전략을 좋아하는데 그것은 그녀의 가장 효과적인 연결의 화법 전략 가운데 하나라는 것을 알게 되었다. 실제로 내가 @JacksBack100의 증오가 담긴 트윗에 유머로 대응했을 때 분명 효과가 있었다. 그가 내게 보인 관심을 성공의 조짐이라고 인정한다면 그런 셈이다. 그리고 누군가 내게 저스틴 비버를 닮았다며 농담을 할 때마다 나 역시 농담으로 받았다. 뭐 국제적으로 인기를 누리는 매력적인 팝스타에게 비유되는 걸 굳이 모욕으로 받아들일 필요는 없으니까. 베네쉬는 "유머를 곁들인 연결의 화법은 '강력하거나 위협적으로 받아들일 수 있는' 악의적이고 위험한 말을 중화시키는데 특히 효과가 있다"고 기록했다.

나 역시 그런 자세로 대처하기 위해 노력하다 보니 요즘은 악플러들의 공격 때문에 느끼는 우울함이나 분노는 좀 줄어들었고, 슬픈 감정과 즐거운 감정의 중간쯤에 있다. 그리고 내 악플러들에게 공격을 받을 때마다 이를 참여의 기회로 생각하고 받아들이는 중이다. 최소한 그러려고 노력하고 있다. 그렇다고 악성 댓글이 재밌다는 건 아니다. 실제로 심리적인 손상을 입힐 수 있고 온라인에서 받은 협박 때문에 실생활에서도 위협을 느낄 수도 있다. 슬프게도 나는 악성 댓글에 너무 익숙해진 나머지 이런 사실을 잊어버렸다. 그러나 정말 위험한 악플러들을 만나면 친절하게 대응하는 것만으로는 문제를 해결할 수 없으며, 그래서도 안 된다. 온라인과 오프라인에서 맞닥뜨리는 위협과 안전 문제에 대해서는 신속하고 진지하게 대응해야만 한다. 그러나 다행히도 대부분의 악플러들은 위험하다기보다 심술궂고 고약하다. 그렇다고 우리도 똑같이 심술궂고 무례하게 맞받아 칠 필요는 없다. 그 대신 연결의 화법을 선택하는 건 어떨까. 개인적으로 나는 연결의 화법을 선택한 이후로 악플러들의 공격으로 인한 고통이 줄어들었고 술도 많이 줄었다. 차분하고 침착하게 그들에게 대처하고, 그들이 뱉은 침으로 머리를 빗어 넘길 정도로 마음이 많이 가벼워졌다. 또한 그들로부터 내 인간성을 실천할 수 있는 기회로 받아들이고 있으며, 바라건대 악플러들도 각자 자신의 인격을 더욱 더 확장시켜 나갔으면 좋겠다.

베네쉬의 연구 내용에서도 확인할 수 있는 것처럼 연결의 화법은 인터넷상을 비롯해 모든 독설이 내뿜는 시커먼 먹구름 사이로 한줄기 희망의 빛을 선사한다. 실제로 그런 거친 독설을 좋아한다고 말하는 사람은 아무도 없기 때문이다. 미국인들은 대부분 인신공격이 난무하는 정치광고와 네거티브 캠페인을 좋아하지 않는다고 말한다. 그런데 우리는 계속해서 인신공격을 하는 사람들에게 표를 던지고 있다.

2016년 8월 대통령 선거운동에 등장한 광고들은 2012년 8월에 등장한 광고 내용보다 훨씬 더 부정적이었다. 힐러리 클린턴 측 선거 캠프의 전체 광고 중 2/3가 부정적인 내용이었던 반면 도널드 트럼프 선거 캠프의 광고는 거의 전부 부정적인 내용으로 도배되어 있었다. 그는 단 한 개의 긍정적인 광고도 내보내지 않았다. 그리고 누가 승리했는지 보라. 우리는 우리가 원한다고 말하는 걸 정말 원하기는 하는 걸까? 정말 원한다면 지지한다는 것을 실천으로 보여줘야 한다. 그리고 우리 자신부터 예의를 갖추어야 한다. 오프라인과 온라인에서 혐오와 증오를 발산하는 걸 멈추

왜 반대편을 증오하는가

고 연결의 화법을 실천한다면 서로 교류하면서 긍정적으로 서로의 입장에 반대할 방법도 찾을 수 있을 것이다. 잘하면 이런 희망의 빛이 인터넷에 광범위하게 퍼질 수도 있다.

그러나 연결 화법이 선사하는 희망의 빛을 쪼이면서도 나는 여전히 훨씬 더 크고, 훨씬 더 어두운 먹구름이 드리운 것은 아닌가 하는 의문이 생긴다. 물론 여기저기서 약간의 증오는 완화시킬 수 있다. 하지만 정말 핵심적인 문제 해결은 불가피한 게 아닐까? 증오는 도저히 피할 수 없는 사회적 혹은 생물학적 필수 요소인가? 그래서 다만 억제할 수 있을 뿐 완전히 멈추게 할 수는 없는 걸까? 다행스럽게도 나는 내 비관적 생각에도 불구하고 증오는 얼마든지 헤쳐 나아갈 수 있다는 걸 깨달았다. 그러나 두 가지 모두 매우 뿌리 깊고 강력한 힘을 가진 나쁜 습관인 것만은 틀림없다.

2장

The Opposite of Hate

어떻게 증오하는가

The Opposite of Hate

어떻게 증오 하는가
전직 테러리스트

> 사람들이 자신들의 증오에 고집스럽게 매달리는 이유 중 하나는 일단 증오가 사라지면 어쩔 수 없이 고통과 맞닥뜨려야 한다는 사실을 알고 있기 때문일 것이다.
>
> – 제임스 볼드윈James Baldwin 미국작가

바쌈 아라민Bassam Aramin은 웃을 때 입이 귀에 걸릴 것처럼 활짝 웃고 매우 부드러운 목소리로 나직나직 이야기했다. 그래서 그의 말 한마디도 놓치지 않으려면 가까이에서 귀를 쫑긋 기울이고 들어야 한다. 지금 그의 모습을 보고 있노라면 그가 한때 유죄 선고를 받았던 테러리스트라고는 꿈에도 상상하지 못할 것 같다.

온라인 악성 댓글이 상대적으로 새로운 형태의 증오라면 중동 지역에 퍼져 있는 증오는 역사와 맥을 같이한다고 할 수 있을 정도로 오래되고 그 뿌리가 깊다. 지금은 이스라엘 땅이지만 과거에는 팔레스타인이라는 이름으로 불렸던 이 작은 땅덩어리는 세계적인 화합의 상징이 될 수도 있었다. 원래 이곳은 아랍 농부들이 평화롭게 농사를 지으며 살고 있었으나, 수천 년 전 조상들이 살던 땅에 정착촌 건설을 갈구하던 유대인들이 제2차 세계대전 이후 유럽의 도움을 받아 살고 있는 땅이다. 그러나 현재 내가 이스라엘/팔레스타인이라고 부르는 이 땅은 그 지역을 정의하는 것일 뿐만 아니라 전 세계가 주목하고 있는 험악한 증오의 진원지로 알려져 있다. 대다수의 유대인과 친 유대계 사람들에게는 이스라엘을 향한 팔레스타인의 폭력적인 공격들이 유대인 대학살의 끔찍한 역사를 상기시킬 것이다. 반대로 대다수의 팔레스타인 사람들과 친 팔레스타인계 아랍 국가들은 이스라엘의 잔혹행위가 이슬람 혐오증에서 비롯된 뿌리 깊은 적대시 정책의 결과로 본다. 양측 모두 상대방이 압도적으로 큰 죄를 범하고 있고 자신들은 비교적 결백하다고 주장한다. 어쨌거나 워낙 뿌리 깊고 단단하게 굳어진 증오가 해소될 가능성은 매우 희박하다는데 모두가 동의할 것이다. 그러나 다행스럽게도 모두가 포기한 것은 아니었다.

나는 친구를 통해 처음 바쌈 아라민이라는 사람의 얘기를 접했고, 전직 테러리스트였던 그가 어떻게 이스라엘에 대한 폭력을 포기했는지 그리고 더 나아가 2005년에는 '평화의 전사들'이라는 단체까지 결성하게 되었는지 듣게 되었다. '평화의 전사들'은 과거 이스라엘에 저항하며 폭력행위에 가담했던 팔레스타인 사람들과 전직 이스라엘 군인들로 구성된 단체로, 팔레스타인과 이스라엘 사이의 이해관계를 증진하기 위해 함께 노력하고 있는 단체이다. 현재 평화의 전사들에 몸담고 있는 구성원은 약 600명에 이른다. 이들 전직 전투원들은 정기적으로 비폭력 집회를 열어서 그들의 관점을 토론하고, 폭력 희생자들의 경험담을 함께 나누는 모임을 개최한다. 또한 이스라엘 사람들에게 '요르단 강 서안 지역the West Bank' 방문을 후원하고, 이스라엘 군에 의해 파괴된 지역에 도로와 학교

왜 반대편을 증오하는가

운동장을 재건하는 일들을 진행하고 있다.

전직 테러리스트였던 사람이 지금은 평화를 위해 앞장서고 있다면 그게 누구라도 분명 관심이 갔을 테지만 이스라엘/팔레스타인이라는 독특한 배경을 가진 바쌈 아라민의 이야기는 더욱 특별하게 다가왔다. 인간의 과거와 현재의 경험 속에 증오가 어떻게 깊이 자리 잡고 있는지 이해하고 싶다면 이스라엘/팔레스타인이야말로 꼭 가봐야 하는 장소임에 틀림없었다. 그리고 그처럼 강력한 증오를 어떻게 정반대의 것으로 변화시킬 수 있는지 이해하려면 반드시 바쌈을 만나봐야 한다는 생각이 들었다.

바쌈이 평화의 전사들 모금 행사를 위해 뉴욕에 왔을 때 맨해튼 서쪽에 있는 컴포트 인Comfort Inn 로비에서 그를 처음 만났다. 그를 만나기 전까지만 해도 나는 깨달음을 얻은 불교신자 같은 모습에 명상 호흡을 하며 우주의 조화와 주관에 대해 설교하지 않을까 상상했다. 그런데 정작 내 앞에 나타난 사람은 눈에 띄게 다리를 절고 줄담배를 피우며 냉소적인 유머감각을 가진 사람이었다. 그리고 바쌈이 자기 어린 시절 얘기를 들려주기 시작했을 때 나는 푹 빠져들었다.

그는 이스라엘 군이 6일 전쟁에서 이집트와 시리아, 요르단 연합군을 물리치고 그 전까지 요르단 땅이었던 '요르단 강 서안 지구'를 점령하기 시작한 지 1년 후인 1968년에 그곳에 위치한 헤브론 외곽의 한 동굴에서 태어났다. 그 지역에 살던 다른 가족들처럼 바쌈의 가족도 산악 지대 주변에서 농사를 지으며 생계를 유지했다. 바쌈의 가족은 대가족이었는데 아버지가 일찍 사망한 첫 번째 부인과의 사이에서 낳은 바쌈의 이복형제 자매들을 포함해 자녀가 열다섯 명에 이르렀다. 나는 그의 얘기를 들으며 나무로 만들어진 심플한 가구에 천을 늘어뜨린 보헤미안 스타일의 세

런된 분위기와 흰 크리스마스 전구가 천정을 가로질러 매달려 있는 집안을 상상하고 있었다. 《보그Vogue》잡지에서 새로운 신식민지주의 스타일이라고 호들갑을 떨며 촬영을 하러 올 것 같은 그런 장소 말이다. 그러다 문득 내가 그의 어린 시절 얘기를 평범하게 여기고, 심지어 낭만적으로까지 상상하며 그 앞에서 잘난 척 하는 지경에 이르렀음을 깨달았다. 나중에 요르단 강 서안 지구로 바쌈을 직접 만나러 갔을 때 나는 그의 어린 시절과 그가 겪은 빈곤함에 낭만 따위는 찾아볼 수도 없었고, 오랜 시간이 흐른 지금도 그 지역에 사는 수많은 어린이들이 폭력으로 고통 받고 있다는 걸 뼈저리게 느낄 수 있었다.

이스라엘 군인에 대한 바쌈의 첫 번째 기억은 그들이 가족들이 살고 있는 동굴 속으로 들어왔을 때였다. 그때 그는 다섯 살 정도 됐는데 동굴 근처에 헬리콥터가 내려앉았다.

"나로서는 도저히 믿을 수 없는 광경이었어요." 바쌈이 마치 속삭이는 것처럼 낮은 소리로 말했다.

"하늘에서 사람이 내려왔으니까요!"

그의 목소리에서 여전히 어린아이 같은 놀라움을 느낄 수 있었다. 헬리콥터에서 내린 군인들은 이스라엘과 팔레스타인 사람들 모두가 IDF라고 부르는 이스라엘 방위군Israel Defense Forces이었다.

"그들이 동굴 안으로 들어왔어요. 군인들 말이에요." 바쌈이 내게 말했다.

"정말 무서웠죠."

동굴에는 그의 엄마와 할머니, 그리고 그보다 나이가 많은 사촌형도 함께 있었다. 당시 사촌 형은 열다섯 살이었지만 "내게는 다 큰 어른 같은 형이었어요"라고 바쌈이 말했다.

왜 반대편을 증오하는가

군인들은 몇 분간 바쌈의 가족들과 얘기를 했는데 갑자기 군인들 중 하나가 사촌형의 뺨을 때렸다. 그러고 나서 IDF는 동굴을 떠났다. 바쌈은 그들의 갑작스러운 침입과 설명할 수 없는 공격성에 혼란스러웠고 잔뜩 겁을 먹었다.

그의 얘기를 듣고 있으니 내가 어렸을 때 들었던 얘기가 떠올랐다. 내가 주로 들었던 얘기 속에서는 종종 팔레스타인 사람들이 증오심에 불타고 폭력성이 강한 사람들로 등장했다. 또 다른 홀로코스트가 발생하지 않도록 막으려면 팔레스타인 사람들을 통제해야 한다는 내용이 주를 이뤘다. 나는 군인들의 행동에서 어떤 정당하고 합리적인 이유가 있을 것이라고 생각하는 나 자신을 발견하고 또 한 번 정신을 가다듬었다. 그리고 내가 어렸을 때 들은 얘기에 얼마나 길들여져 있는지 새삼 깨달았다. 나는 선량한 '진보적' 유대인답게 이스라엘 사람들이 어떻게 바쌈의 공동체가 살던 땅을 점령했고, 억압 체제의 일환으로 매일매일 어떤 잔인한 행태를 저질렀는지 있는 그대로 읊을 수 있다. 그래도 나는 바쌈의 사촌형을 때린 IDF의 행동을 정당화할 수 있는 어떤 원인이 있었을 거라는 생각을 버릴 수 없었다. 분명 뭔가 그럴 만한 일이 있었을 거라고 생각했다. 경찰에게 자주 단속되는 사람들은 분명 그런 대우를 받아 마땅한 어떤 짓을 했을 거라고 추측하는 것이나 마찬가지다. 편견에 의한 부당한 대우를 받아보지 않은 사람들은 부당한 대우를 보고도 정당한 이유가 있을 거라고 합리화하기 쉽다. 그러나 나중에 요르단 강 서안 지구를 방문했을 때 나는 그런 사고에 맞서야 한다는 걸 깨닫게 되었다.

바쌈이 일곱 살이 되자 가족들은 한 시간 넘게 걸리는 바쌈의 통학 시간을 줄이기 위해서 가까운 마을로 거처를 옮겼다. 그때부터 그는 항상

이스라엘 군인들을 보게 되었다. 그들은 늘 마을에 주둔하고 있었다. 바쌈이 열두 살 때 이스라엘 군인들이 그가 사는 동네 근처에서 어린 팔레스타인 소녀를 총으로 쏴 죽이는 사건이 벌어졌다. 그에 항의하는 시위 행진이 조직되었고 바쌈도 호기심에 사람들 사이로 걸어 들어갔다. 시위는 이곳에서 불법이었다. 점령이 시작된 이후로 이유를 막론하고 팔레스타인 사람들의 시위는 모두 법으로 금지되었다. 이스라엘 방위군은 재빨리 행진을 진압했다. 바쌈이 어렸을 때 느닷없이 동굴에 나타난 것처럼 갑자기 모습을 드러낸 이스라엘 군인들에 대해 얘기하는 바쌈의 목소리에서 다시 한 번 어린아이 같은 놀라움이 느껴졌다.

"이스라엘 군인들은 하늘에서 내려와요." 바쌈이 말했다.

"도대체 그들이 어디에서 나타나는지 알 수가 없었어요."

바쌈은 군인들이 최루가스 깡통을 던졌고 행진에 참석한 마을 사람들은 비명을 지르며 사방으로 흩어지기 시작했다고 설명했다. "정신을 차리고 보니 내가 군인들 사이에서 뛰고 있었어요." 그가 회상했다. "군인들 중 하나가 뒤에서 나를 때리고 다른 군인은 내 눈을 가격했어요. 난 그대로 바닥에 쓰러졌죠." 바쌈은 먼지와 두려움이 피어오르는 땅바닥에 쓰러져 "이제 곧 그들이 나를 총으로 쏠 거야. 이대로 죽는구나"라는 생각이 들었다고 말했다. 나는 열두 살짜리 어린 소년이 길거리에 쓰러져 곧 죽을 거라는 생각을 한다는 게 얼마나 무섭고 끔찍한 일일지 상상해보려 했다. 하지만 솔직히 나로서는 상상할 수 없는 일이었다. 그 나이에 나는 안전한 집에서 아무 걱정 없이 행복하게 살았으니까. 그리고 그 후로도 쭉 그랬으니까.

바쌈은 안전한 곳을 향해 기다시피 하면서 간신히 몸을 움직였고 군인들의 다리를 피해 무리의 반대쪽, 그의 집에서 멀지 않은 곳으로 몸을 피했다. 일단 위험에서 벗어나서 살펴보니 그의 손과 무릎은 작은 돌조각과 모래로 덮여 있었다. 그때 그의 눈에 돌멩이를 손에 쥐고 언덕 위에 서 있는 팔레스타인 소년이 눈에 들어왔다. 열여덟, 혹은 열아홉 정도 밖에 안 된 것 같은 소년이었다. 그 나이 또래에 군대로 징집되는 대부분의 이스라엘 군인들과 비슷해 보였다.

바쌈의 얘기로 판단하자면 작은 돌멩이를 든 그 소년이 완전 무장을 하고 있는 이스라엘 군인들에게 해를 끼칠 리는 만무했다. 그런데도 바쌈이 무리에서 벗어났을 때 군인들은 언덕에 서 있던 소년을 향해 총을 발사했다.

"나는 봤어요." 바쌈이 말했다.

"그는 죽었어요." 바쌈의 목소리에는 어떤 감정도 실려 있지 않았다. 그저 무심하게 있는 그대로의 사실을 전달했는데 아마도 평생 고통 받으며 살았기 때문일 거라고 생각했다.

그 일 이후로 바쌈은 이스라엘 방위군을 증오하게 됐다. 그의 말을 듣는 동안 나였어도 당연히 그들을 미워했을 거라는 생각이 들었다. 그런 증오심은 이해할 수 있었다. 합리적이고 심지어 정당하게까지 느껴졌다. 그래서 바쌈이 결국에는 그런 증오심을 내려놨다는 사실이 더욱 믿기 힘들었다. 지금의 바쌈은 이스라엘과 팔레스타인 양측에서 대부분의 사람들이 '집단적 피해의식'에 매몰되어 있으며 하루빨리 이러한 생각에서 빠져나와야만 평화를 성취할 수 있다고 말한다. 분쟁을 연구하는 학자들이 말하는 집단적 피해의식은 사실상 모두가 상처를 입고 있는 상황에서 서로 자기가 더 큰 피해를 입었다고 생각하는 관점이다.

"난 피해자가 아니에요." 바쌈이 내게 말했다.

"나는 내 마음을 통제하고 평화를 유지하고 있어요. 그래서 누구도 나를 지배할 수 없습니다."

한때 이스라엘 사람들을 살해하려는 시도로 유죄판결을 받은 테러리스트가 어떻게 그런 깨달음을 얻을 수 있었을까? 불교도 학자는 아닐지 몰라도 분명 바쌈에게 배울 것이 많은 것 같았다. 컴포트 인에서의 짧은 만남은 이렇게 끝났다. 그리고 나는 나중에 요르단 강 서안 지구를 직접 방문해서 다시 만나러 가도 되겠냐고 바쌈에게 물었다. 내가 들은 얘기는 수박 겉핥기 수준에 지나지 않았기 때문에 좀 더 자세한 내용을 현장에 가서 알고 싶었다. 그는 멋쩍게 미소를 띠며 말했다.

"물론이죠!"

그 후 나는 '요르단 강 서안 지구' 현장으로 다시 바쌈을 만나러 갈 준비를 한 후 이스라엘로 향했다.

나는 오랫동안 이스라엘/팔레스타인을 방문하는 것을 피하고 있었다. 나는 펜실베이니아 주의 알렌타운에 있는 적당한 규모의 유대인 공동체에서 자랐다. 그곳에는 정통 유대인과 개혁파 유대인, 그리고 그 중간쯤 되는 유대인들이 모두 모여 있었다. 알렌타운에 사는 유대인들 중 어떤 사람들은 토요일이면 어김없이 회당에 갔지만 우리들 중 일부는 열한 살이 되었을 때 헤브루 학교를 그만둔 후 회당에 거의 발을 들이지 않았다. 알렌타운에서 유대인이라는 사실이 갖는 의미는 사람에 따라 제각각이었지만 유일하게 다 같이 공유하는 일관된 사실은 모두가 이스라엘을 지지한다는 거였다.

왜 반대편을 증오하는가

하지만 시간이 갈수록 이스라엘을 지지한다는 것의 의미도 계속 변했다. 이는 미국계 유대인들 사이에서도 마찬가지였다. 내가 어린 시절에 경험했던 보편적이고 고집스러운 이스라엘 옹호는 점차 복잡한 관점으로 바뀌었다. 많은 유대인들과 협력자들이 여전히 이스라엘을 지지하면서도 이스라엘 사람들의 권리와 팔레스타인 사람들의 권리 사이에서 균형을 유지하려고 애쓰고 있다. 내가 청소년이 되었을 때는 일정한 나이가 된 젊은 유대인들이 무료로 이스라엘을 방문할 수 있는 '출생권' 여행을 할 것을 지속적으로 권유받았다. 유대인 단체가 후원하는 이 여행은 일방적인 이스라엘 옹호 일정으로 진행되었다. 그래서 이스라엘을 방문하는 것 자체가 이스라엘과 팔레스타인 사이의 갈등에서 이스라엘이 우월하다고 암묵적으로 인정하는 것이라고 판단했기 때문에 계속 그 제안을 거절했다. 그리고 이제 미루던 여행을 떠날 준비가 끝났다. 나는 바쌈을 만나는 것 외에도 점령 지역을 좀 더 폭넓게 돌아보고 이스라엘에서도 시간을 보내며 다양한 의견을 듣기 위해 팔레스타인 사람들과 이스라엘 사람들을 모두 인터뷰할 계획을 세웠다.

그래서 중동지역으로 떠나기 전에 이스라엘과 팔레스타인 사이에 뿌리 깊은 갈등의 역사를 다시 한 번 복습했고, 소위 '끈질긴 갈등'의 역학 관계를 주제로 한 사회 과학 서적도 읽어 보았다. 특히 나는 바쌈을 통해 알게 된 집단적 피해의식의 개념을 깊이 파고들었는데 그 과정에서 이스라엘 심리학 교수 다니엘 바−탈Daniel Bar-Tal의 연구를 접하게 되었다. "양측 모두가 피해자라고 믿는 경우가 종종 있다." 바−탈과 동료들은 집단적 피해의식에 관한 논문에서 이렇게 말했다. "유일한 피해자라는 위치를 점하기 위한 다툼은 공격성을 강화시킬 수 있고 상대인 외집단에 더 가혹한 수단을 행사하는 상황을 초래할 수 있다." 이는 한 집단이 자신들이 겪는 고통을 모두 상대 집단의 탓으로 돌려 희생양으로 삼는 것과 관련이 있다. 심지어 희생양으로 몰린 집단이 실제로 더 큰 고통을 받고 있고, 때로는 그 상대 집단 때문에 직접 고통 받는 경우가 많은데도 그렇다.

요즘 미국에서도 이와 비슷한 현상을 볼 수 있다. 국가적으로 점점 동성애자들의 권리를 인정하는 추세다보니 기독교 보수주의자들은 자신들이 오히려 그들로부터 억압을 받는다고 주장하는 것이 그런 경우다. 지난 수십 년 동안 동성애자들이 기본적인 권리마저 빼앗겼던 이유가 바로 그 기독교 보수주의자들의 불균형적인 힘과 영향력 때문이었는데도 말이다. 그리고 아직도 곳곳에서 그런 일이 벌어지고 있다. 동성 간의 결혼이 합법인 것처럼 대부분의 주에서는 동성애자이거나 성 중립적이라는 이유로 해고시키는 것도 역시 합법이다. 게다가 동성애자 집단도 기독교 보수주의자들을 비방하고 나서면서 집단적 피해의식이 계속 긴장감을 고조시키고 있다. 양측 모두가 자신들이 받는 고통에 대한 분노를 표출하기 위해 상대방을 더 고통스럽게 공격하고 있는 셈이다. 정말 어처구니없지만, 그게 현실이다.

바-탈 교수는 자신의 모든 학문적 커리어를 걸고 깊이 뿌리박힌 갈등을 종식시키는 방법을 연구해 왔는데 이런 집단적 피해의식의 역학관계를 가장 주요한 장애물 중 하나로 꼽았다. 집단적 피해의식은 전 세계에서 벌어지는 수많은 충돌의 중심에 있다. 대표적으로 카슈미르 지역을 사이에 둔 인도와 파키스탄의 대립, 터키와 쿠르드족의 대립을 예로 들 수 있다. 또한 수십 년간 이어진 영국과 북아일랜드 지역 '분쟁'도 엄청난 영향을 주었고, 발칸 반도에 위치한 세르비아가 보스니아에 저지른 무자비한 인종 청소 역시 마찬가지다. 또한 집단적 피해의식은 미국 내에서 오랫동안 들끓고 있는 정치적 다툼의 원동력이기도 하다. 낙태반대주의자와 낙태 합법화 지지자들 사이의 갈등, 총기 규제 지지자들과 총기 소지 옹호자들 사이의 갈등, 반세계화 주의자들과 소위 글로벌한 세계화로의 전진을 옹호하는 기업주의자들 사이의 갈등이 그런 예들이다.

우리 모두는 우리가 더 큰 고통을 받고 있다고 생각하고, 고통 받지 않는 사람들이나 우리에게 고통을 주는 사람들을 무시하는 게 정당하다고 느낀다. 여러 연구에 의하면 약자를 괴롭히고 따돌리는 사람들이 오히려 자기 자신의 약점에 대해서는 훨씬 더 큰 수치심을 느낀다고 한다. 또 집단적 피해의식은 대다수의 백인 미국인들이 흑인 미국인들보다 더 큰 피해자라고 생각한다는 여론 조사 결과들을 설명할 때도 적용된다. 우리는 모두 주변을 '내집단과 외집단'으로 가르고 자기가 속한 집단이 더 힘들고 고통 받는다고 생각하고 있다.

이스라엘과 팔레스타인 간의 갈등은 집단적 피해의식의 교과서적이고 대표적인 사례라고 볼 수 있다. 팔레스타인 사람들은 그들이 고통을 겪는 가장 큰 이유가 이스라엘 사람들 때문이라고 생각하고, 반대로 이스라엘 사람들은 팔레스타인 사람들 때문에 큰 고통을 겪고 있다고 생각한다. 실제로 내가 갈등 관계에 있는 양측 사람들을 만나 인터뷰했을 때 조금이라도 상대방이 고통 받고 있을지 모른다고 생각하는 사람은 없었고, 대부분 터무니없고 말도 안 되는 소리라며 일축했다. 예를 들면, 팔레스타인 사람들은 시온주의자들이 침략하기 전까지는 자신들이 매우 평화로운 사람들이었다면서 그들의 관점에서 역사를 얘기한다. 그들은 1938

년 유대인 무장 세력의 폭탄으로 인한 팔레스타인 시민의 사망 사건과 1947년 예루살렘에서 시온주의자들이 사주한 자동차 폭탄테러, 1948년에 디르 야산에 있는 팔레스타인 마을 주민들을 학살한 사건 등을 언급하며 시온주의자들이 테러리즘을 앞세워 식민지화했다고 비난했다. 반면 대다수의 이스라엘 사람들의 관점에서 들어 보면 그들은 끊임없이 박해를 받아온 민족이었고 세계 곳곳에서 유대인을 겨냥한 반복적이고 광범위한 테러에서 벗어나 위안을 찾고자 할 뿐이라고 말한다. 그리고 1920년대에 일어난 아랍 폭동과 1930년대의 팔레스타인인들의 반란, 그리고 1947년에 예루살렘에서 벌어진 팔레스타인 폭동 등을 꼽으며 오히려 자신들이 팔레스타인 사람들에게 희생당한 피해자라고 주장한다.

어떤 사람들은 유대인들이 자신들이 겪은 역사적인 아픔을 다른 사람들을 억압하는 구실로 사용하고 있으며, 이스라엘이라는 나라 자체가 식민주의에 기초한 테러리스트 집단이고 현재 모든 권력을 쥐고 있다고 생각한다. 또 다른 이들은 이스라엘에 대한 팔레스타인의 비난이 무슬림의 내재된 반유대주의에 기초하고 있으며, 이는 타인에 대한 무슬림의 본질적이고 해소되지 않는 비인간성을 반영한 자살폭탄테러 같은 것이라고 주장한다.

이런 편견들은 똑같은 사건을 대하는 양측의 관점에도 매우 큰 영향을 미친다. 1947년 12월 30일, 시온주의 군대가 하이파에 있는 정유공장에서 일하는 아랍 근로자 무리를 향해 두 개의 폭탄을 투척했고, 그 결과 아랍인 여섯 명이 사망했다. 그날 오후 아랍 시위자들이 정유공장으로 쳐들어가 39명의 유대인을 살해했다. 다음날 이스라엘 군은 주민들이 잠들어 있는 시간에 팔레스타인 아랍 마을 발라드 알−샤이크를 향해 발포

했고 70명이나 되는 팔레스타인 사람들이 목숨을 잃었다.

어떤 공격이 더 끔찍한가? 어떤 공격이 더 정당성이 있나? 모든 공격이 증오심 때문인가? 이와 같은 공격과 반격에 관한 이야기는 그것만으로도 책 한권을 쓰고 남을 만큼 길고 장황하다. 말이 나온 김에 덧붙이자면, 나는 현재 이스라엘 정부의 억압적인 정책을 지적한다고 해서 내가 반 이스라엘 입장을 취하는 것이 아니며, 마찬가지로 자살폭탄테러의 잔혹성을 지적한다고 해서 반 팔레스타인 입장을 대변하는 것이 아니다. 그러나 어떤 폭력 사건을 그전에 발생한 폭력 사건에 대한 보복행위라고 정당화하면, 그 사건 또한 그 이전에 일어난 폭력 사건에 대한 보복 행위이므로 결국엔 어떤 객관적 진실도 합리화의 모호함 속에 묻혀버리고 말거라고 생각한다. 이러한 관점들이 수십 년 동안 눈덩이처럼 커져서 지속적인 증오를 묵인하는 이유가 되고 양측이 앞 다투어 자행하는 잔혹한 폭력행위들을 정당화시키고 있다. 이는 바-탈 교수가 이스라엘 방위군에 몸담고 있을 때도 직접 경험했던 부분이었다.

다루기 힘든 갈등관계이거나 일반적인 갈등관계에서도 집단적 피해의식은 치명적인 영향을 준다. 그런 피해의식 때문에 어떤 쪽에 속하든 우리가 속한 집단이 더 심각한 피해자라고 생각하고, 모든 게 상대 집단의 탓이라는 비난이 그럴 듯하게 들리기 때문이다. 물론 증오 자체는 이성적이지 않지만 이성적인 것처럼 느껴지고, 그런 주장이 정당하게 느껴진다. 그래서 계속 반복하는 것이다. 우리 자신이 비이성적인 게 아니다. 우리의 증오는 종종 편파적이고 선입견이 깔린 관점에 대한 이성적인 반응으로 증오를 느낀다. 그래서 바쌈이 이스라엘 군인들을 죽이려고 했을 때도 그것이 완벽히 이성적이고 정당한 행동이라고 느꼈던 것이다.

나는 바쌈이 나를 데리고 아기 때 가족들이 살았던 동굴로 안내해주길 기대했지만 그러려면 몇 시간 동안 고난도 하이킹을 해야 하는데, 어렸을 때 소아마비를 앓아 심하게 다리를 저는 바쌈에게는 무리였다. 걸을 때 그의 왼쪽다리가 발목 부분에서 안쪽으로 훅 꺾여서 다리 전체가 마치 넘어지듯 무너지는 것처럼 보였다. 결국 그는 동굴 대신 어린 시절의 기억이 남아 있는 다른 장소로 안내해주었다. 그의 가족이 동굴에서 나온 이후 어린 시절을 보낸 집이었다. 먼지 쌓인 거리와 작은 벽돌집들이 다닥다닥 붙은 곳 한복판에 자리한 자그마한 시멘트 집이었는데 큰 돌무더기들이 인근에 널려 있었다. 바쌈은 그곳이 그의 아버지가 맨 처음 가족을 위해 지었던 집의 부서진 잔해이며, 나머지 집 전체는 처음 지었던 방이 부서지고 난 후 그 주변에 다시 세운 것이라고 말했다. 강철봉들이 돌을 뚫고 이리 저리 튀어나와 있었고, 그 끝에는 음료수 깡통들이 매달려 있어서 마치 현대식 조각 작품으로 탈바꿈한 개발 프로젝트처럼 보였다. 그는 총을 맞고 목숨을 잃은 팔레스타인 소년이 서 있던 언덕도 보여주었고, 그의 친구들이 이스라엘 방위군을 겨냥해 수류탄을 던졌던 건물도 안내해주었다.

"아무도 우리를 테러리스트라고 생각하지 않아요." 바쌈이 말했다. 지금에 와서 '테러리스트'라는 말을 쓰지만 예전에는 입에 올리지도 않았다고 했다.

나는 그에게 자신에 대해 뭐라고 설명하겠냐고 물었다.

"자유를 위해 싸우는 전사" 정도? "아니, 단순히 자유만을 위해 싸우는 전사가 아니죠." 그가 좁은 가슴을 내밀며 말했다.

"우리는 세상에서 가장 인간적인 전사예요. 왜냐고요? 우리를 죽이려

하고 우리 땅과 우리 민족을 점령하려는 적들에게 대항하면서, 우리 자신을 위한 것이 아닌 인간성 자체를 위해 그들을 죽여야 하니까요. 그래서 정당한 이유가 있는 거죠." 그가 덧붙였다.

"정당한 이유가 있다고요? 그건 잘못된 생각인거잖아요." 내가 물었다.

"아니, 잘못된 게 아니에요." 그는 이스라엘인들을 죽이겠다고 맹세했던 10대 시절로 돌아간 듯 내게 말했다. 나는 전문 테러리스트들이 하던 말과 똑같다는 생각이 들었다. 그들은 그들의 행동이 옳다고 굳게 믿었다.

바쌈은 친구 네 명과 일종의 비공식적인 집단을 조직했는데 기본적으로 그들 모두 정치색이 강한 환경에 살고 있는 10대 문제아들이었다. 당시에는 팔레스타인 국기를 꺼내는 건 고사하고 소지하고 있는 것도 불법이었는데, 바쌈과 친구들은 오래된 천들을 모아 조각조각 붙여서 허접하게 팔레스타인 국기를 만들었다.

"학교 근처에 있는 나무에 팔레스타인 국기를 거는 것으로 테러 행위를 시작했어요." 바쌈이 말했다. "우리에게는 전투 임무를 수행하는 것이나 마찬가지였어요. 왜냐고요? 군인들 때문이죠. 그들이 마을을 돌다가 국기를 발견하면 눈이 뒤집히거든요. 국기를 끌어내리기 위해 별 짓을 다했어요. 심지어 국기가 타버릴 때까지 총을 쏘기도 했죠." 그들은 또 이스라엘 방위군들을 자극하기 위해 유대인을 모욕하는 그래피티 낙서를 남기기도 했다. 바쌈과 그의 친구들에게는 유대인과 이스라엘인들은 동격이었고, 바쌈과 친구들이 만난 이스라엘 사람들이라고는 완전 무장한 채 알아들을 수 없는 말로 고함을 쳐대는 이스라엘 군인들뿐이었다.

바쌈의 반 이스라엘 행동은 그로부터 점점 더 대담해졌다. 그러던 어느 날 그와 친구들은 산에서 요르단 제 불발 수류탄이 든 나무 상자를 발견했고 그걸 던져서 이스라엘 군인들을 죽이자는데 합의했다. 바쌈도 백 프로 찬성이었다. 사실 그도 직접 수류탄을 던지고 싶었지만 다리를 저는 게 문제였다. 친구들은 바쌈이 그들과 똑같이 빨리 뛸 수 없어서 도망쳐야 할 때 문제가 될 수 있으니 뒤에 남아 있으라고 했다. 그래서 친구들이 이스라엘 군 수송대를 공격하기 위해 마을의 어느 낮은 지붕 위에 몸을 숨기고 있을 때 바쌈은 근처에 얼씬도 하지 않았다. 친구들 중 하나가 수류탄 핀을 뽑아 수송대를 향해 던졌다. 그러나 아직 나이도 어린데다 수류탄에 대해 아는 것도 없고 찾아볼 인터넷이 있을 리 만무했으므로 목표물을 빗나갔다. 수류탄은 수송대에서 꽤 멀리 떨어진 곳에 떨어져 터졌고 아무도 다치지 않았다.

그 공격이 있은 직후 이스라엘 군인들은 마을에 있는 모든 집들을 급습하고 주민들을 심문했다. 바쌈의 가족들은 바쌈이 연루된 사실은 꿈에도 모르고 있었다. 경찰도 전혀 몰랐다. 그들은 마구잡이로 사람들을 붙잡아 놓고 심문하며 학대했다. 바쌈보다 세 살 위인 형 자말은 할아버지 집에서 이스라엘 방위군들이 마을을 휩쓸기 시작하는 걸 지켜보았다. 자말은 군인들이 곤봉으로 닥치는 대로 사람들을 두들겨 팼다고 내게 말했다. 결국 이스라엘 방위군은 그들의 할아버지 집에도 들이닥쳤고, 자말과 바쌈의 다른 형제들, 그리고 삼촌에게도 곤봉으로 휘둘러 팬 후 감옥에 끌고 가서 또다시 두들겨 팼다. 그때 바쌈은 집에 가지 않고 친구들과 숨어 있었다.

겨우 집으로 돌아온 자말이 동생 바쌈에게 말했다.

"수류탄을 던진 범인을 내 손으로 붙잡고 싶어."

형 자말은 이스라엘 사람들도 증오했지만 수류탄을 던진 멍청한 팔레스타인 사람들도 증오했다.

"맞아." 바쌈은 동의해 주었다.

그리고 며칠 뒤 바쌈의 친구들은 이스라엘군을 향해 두 번째 수류탄을 던졌다.

이번에도 목표물을 빗나갔다. 바쌈은 실망했다. 당시 그와 친구들은 진심으로 이스라엘 군인들을 죽이고 싶어 했다고 말했다. 그들은 어른들에게 조종당해 수류탄을 던진 것도 아니었고, 그 무기가 얼마나 치명적인 것인지 모를 정도로 순진한 것도 아니었다. 그들은 이스라엘군에 가혹하고 고통스럽고 절대적인 고통을 주고 싶었다.

그로부터 약 1년 후인 1985년, 바쌈이 열일곱 살이었을 때였다. 수류탄을 던졌던 친구들 중 하나가 다른 문제로 체포됐는데 어쩌다가 이스라엘 경찰에게 과거 수류탄 사건을 털어놓게 되었다. 바쌈과 친구들 모두 즉시 체포되었다. 바쌈은 수류탄을 던지는 현장에 없었고, 죽거나 다친 사람도 없었지만 테러를 저질렀다는 죄목으로 징역 7년 형에 처해졌다. 그의 친구들은 더 긴 형량을 받아 각각 14년, 15년, 19년, 21년을 선고받았다.

여기서 짚고 넘어가야 할 부분이 있다. 1999년 UN의 '테러리스트 자금 조달 금지에 관한 법'에는 테러 행위의 정의에 대해 "무고한 시민들, 혹은 무력 투쟁의 상황에서 어떠한 적대 행위에도 가담하지 않은 사람을 죽이거나 심각한 신체 부상을 입히려고 의도한 행위"로 규정하고 있다. 이 규정에 의하면 바쌈과 친구들의 행위는 엄밀히 말해 테러라고 볼 수 없다. 그들의 공격 목표는 일반 시민이 아니라 군 수송대였기 때문이다. 그러나 바쌈은 자신의 행위를 얘기하면서 '테러'라는 말을 썼다. 이는 바쌈에게 제기된 기소내용에서 그의 행위를 설명하는 말이기도 했다.

그러나 그의 재판은 히브리어(이스라엘 언어)로 진행되었고 당시에 바쌈은 그 말을 전혀 알아듣지 못했기 때문에 법정에서 무슨 일이 일어나고 있는지 알 수가 없었다. 그 후 몇 년이 지나고 나서 여행 비자 발급을 신청하는 과정에서 과거 유죄 판결에 관한 서류를 보고 처음 알게 되었다. 바쌈의 말대로 기소장에는 그가 "이스라엘 시민들을 위험한 상황에 몰아넣었다"고 적혀 있었다. 수류탄을 던진 장소 근처에는 이스라엘 방위군들만 있었고 이스라엘 민간인은 단 한명도 없었는데도 말이다.

이스라엘 검찰 측의 이러한 잘못된 묘사는 고의적인 거짓말이었을까, 아니면 심리학자 로버트 스턴버그Robert Sternberg가 "증오의 이야기"라고 설명하는 현상, 즉 시간이 지나면 결과적으로 별 의심 없이 믿게 된다는 현상의 무의식적인 사례였을까? 스턴버그는 모든 정신적인 장애물을 겪고 나서 증오를 품게 되면 증오는 우리 자신에게 반복적으로 되풀이하는 편협한 얘기로 단순화된다고 설명했다. 그리고 그런 편견에 치우친 조작된 이야기가 마음속에서 점점 힘을 얻어 실제 진실보다 훨씬 더 강력한 영향력을 갖게 되고, 결과적으로 그에 반대되는 사례나 증거는 받아들이기가 점점 어렵게 된다. 그래서 우리 모두는 우리 자신과 우리의 삶을 악마와 같은 적에 맞서 용감하게 싸우다 포위된 '선량한 사람'으로 만들기 위해 역사를 다시 쓰게 된다.

테러리스트들도 다르지 않다. 테러리즘은 매우 비논리적이고 본능적으로 증오를 안고 태어난 사람들의 영역이 아니고, 우리와는 확연히 다른 기이하고 사악한 존재들이 활개 치는 영역도 아니다. 이것이 현실이다.

물론 상대방을 확실한 악마로 묘사하면 우리 안에 내재된 연약한 선량함을 강화시킬 수 있고, 상대방에게 도덕적으로 용납할 수 없는 공격적인 태도나 행동을 취하는 것에 대해서도 정당화시킬 수 있다. 그러니 스턴버그의 묘사가 그럴듯하게 들리는 것도 당연하다. 다시 말해서, 상대방을 악마로 묘사함으로써 우리를 그런 악마 같은 사람들의 피해자로 둔갑시키는 얘기에 힘을 싣고, 그들을 향한 증오와 폭력을 정당화하는 것이다.

그러나 만약 우리 모두가 피해자이면서 동시에 어느 정도는 우리도 증오 범죄의 가해자라면?

그리고 서로 상대방 탓이라고 손가락질하고 증오하는 것이 그저 잘못된 정도가 아니라 역효과를 낳는다면 어떻게 할 것인가?

테러리즘에 대항하는 싸움이 그 좋은 예다. 테러리스트들은 사이코패스들이라고 단정하는 일반적인 생각 때문에 오히려 테러리즘과 싸우기가 어려워진 것이다. 물론 실제로 사이코패스 환자인 테러리스트들도 있을 수 있고, 다른 사람들을 공감하는 능력이나 배려심이 부족한 경우도 있다. 그러나 사이코패스는 전체 인구의 약 1% 정도에 지나지 않는 것으로 추정된다. 작가 존 론슨Jon Ronson은 사이코패스에 관한 자신의 저서를 언급하면서 "건물 경비실에서 사이코패스를 찾을 확률보다 대기업 상급 간부들 중에서 찾을 가능성이 4배나 더 높다"라는 한 연구 결과를 인용했다. 또 사이코패스의 특성에 관한 정의를 보면 사이코패스는 '자책감을 느끼지 않는다'고 나와 있다. 그러나 테러리스트들은 그들이 아끼고 사랑하는 사람들과 공동체가 고통을 겪었기 때문에 테러를 저질렀다며 정당성을 부여한다. 테러리즘 전문가인 브루스 호프먼Bruce Hoffman은 "우리는 테러리스트라고 하면 눈빛을 번뜩이는 미치광이들이나 피에 굶주린 사람들을 떠올리도록 길들여졌다. 그러나 사실은 상당수의 테러리스트들이 매우 똑똑하고 사려 깊은 사람들이며 충분히 이성적인 판단을 통해 그 길을 선택했고 상당한 심사숙고와 토론을 거치고 나서 마지못해 테러리즘을 받아들인 경우가 많다"고 말했다.

팔레스타인 사람들이 자신들의 정치적인 견해를 폭력을 통해, 특히 자살폭탄 테러를 통해 표현하기로 선택한 것은 그 상황에서 "비논리적이거나 절박해서가 아니라 합리적이고 계산된 선택" 이라고 브루스 호프만은 기록했다. 팔레스타인 사람들은 그것이 "팔레스타인인들은 절대 강압에 굴복하지 않을 것이라는 사실을 이스라엘의 의사 결정자들에게 분명히 알릴 수 있는 유일한 방법"이라고 생각한다는 것이다.

인지 인류학자 스콧 아트란Scott Atran은 "중동지역에서는 자살폭탄 테러범들 및 지지자들이 역사적 부당함과 정치적 종속에 항거하고, 종교적인 구원의 희망을 표출하기 위해 그런 행위를 저지른다는 게 일반적인 인식이다"라고 기록했다. "물론 그런 인식을 다룬다고 해서 꼭 이를 인정하는 건 아니다. 그러나 이러한 인식이 형성되는 원인들을 무시하면 자살폭탄 테러의 원인을 오인하게 되고 해결책을 찾는데 위험이 발생한다." 즉 다시 말하면 자살폭탄 테러범들의 얘기나 인식을 객관적인 사실로 받아들일 필요는 없지만, 그들이 그렇게 믿고 있다는 현실은 무시할 수 없으니 그런 인식의 원인까지도 살펴볼 수 있다면 큰 도움이 될 거라는 뜻이다.

동시에 '합리적' 이라는 이런 계산법은 팔레스타인 사람들은 태어날 때부터 냉혹한 폭력성을 안고 있다는 이스라엘 사람들의 인식에도 똑같이 '합리적'이라는 반응을 적용해야 한다. 물론 팔레스타인 사람들은 이스라엘 사람들이야말로 고질적이고 제도적 폭력문제를 가지고 있다고 생각한다. "폭력을 사용하지 않고 우리 목적을 달성할 수 있다면 그렇게 할 겁니다." 하마스의 공동창립자인 마무드 알-자하르는 1995년 팔레스타인 영토에서 처음으로 아랍인의 폭력사태와 공격이 난무했던 직후 기자에게 말했다. "폭력은 수단일 뿐 목적이 아닙니다." 그러나 수십 년 동안 팔레스타인과 이스라엘 양측이 저지른 폭력은 어느 쪽이 더 심하다고 주장하든 간에 오로지 더 많은 폭력을 일으켰을 뿐이며, 결과적으로 자기가 피해자라는 서로의 주장에 정당성만 더 부여한 셈이 됐다.

그 지역에서 바쌈 아라민과 다른 사람들과 함께 시간을 보내면서 나는 이처럼 고질적인 증오의 문제에 시달리는 이유가 우리 모두가 거기 동참하고 있고, 우리의 증오는 정당하다고 고집스럽게 믿기 때문이라는 것을 깨달았다. 그리고 마음의 변화가 생겼다. 증오심을 품는 사람들의 대다수가 심지어 증오의 이름으로 폭력을 저지르는 과격주의자들도 사랑하고 걱정하고 두려워하고 배려하는 보통 사람들이며, 그들이 품은 증오에 대해 정당화할 수 있는 몇 가지 이유들을 꼽을 수 있는 사람들이다. 우리는 증오 자체를 위해 증오하지 않는다. 공격을 받는다고 느끼기 때문에 그에 대한 반응으로 증오하는 것이다. 그것은 테러리스트나 조직 폭력배들이나 다 마찬가지다.

바쌈은 내게 마을을 구경시켜주고 나서 언덕 위에 자리한 맥맨션 스타일의 집[19]으로 나를 데려갔는데 그의 형 자말의 집이었다. 현관을 들어서자 바로 응접실이 나왔다. 집에 온 손님을 맞이하는 응접실에는 속을 두툼하게 채운 편안한 소파와 금색 실이 섞인 회갈색과 붉은색의 고급스런

---

19 작은 부지에 크고 화려하게 지은 저택 – 주

카펫이 깔려 있었다. 나는 좀 혼란스러운 마음으로 소파에 앉아 있었다. 팔레스타인 사람들 말로는 이스라엘군이 거의 매일 밤마다 요르단 강 서안지구에 나타나 느닷없이 불법 점검을 벌인다고 했다. 예고도 없이 나타나 문을 두드리고 집안을 샅샅이 뒤지는 일이 허다하며, 때로는 몇 시간, 혹은 며칠 동안 자기들 마음대로 집을 점령하고 부대의 전초기지로 사용하는 경우도 있다던데, 이렇게 좋은 집에는 그런 점검이 없지 않을까? 그래서 바쌈의 형에게 심야 불법 점검을 받은 적이 있는지 물었다.

"물론이죠."

자말은 간단하게 대답했다. 마치 내가 차를 한 잔 더 줄 수 있냐고 묻기라도 한 것처럼.

그래도, '설마 자주는 아니겠지'라는 생각으로 다시 물었다.

"최근에 언제 그랬어요?"

"3일 전에요. 한밤중이었어요." 자말이 다시 한 번 아무렇지 않게 대답했다. 이스라엘 군인들이 새벽 2시에 문을 쿵쿵 두드리고 들어와 마구 집안을 뒤졌는데 자고 있던 52세 남자와 그의 아내를 깨워서 불안감을 조성하려는 목적 외에 별다른 이유는 없는 것 같았다. 범죄 혐의를 받고 있는 것도 아니고, 하다못해 체납한 전기세가 있는 것도 아니었다.

그러나 내가 만났던 전직 이스라엘 군인은 군사 훈련을 받을 때 이러한 불법 점검의 주된 목적이 "자신들의 존재감을 보여 주기 위한 것"이라고 배웠다고 내게 말했다.

나중에 내 팔레스타인 통역사가 내게 칼란디야Qalandiya 검문소를 지나 요르단 강 서안지구와 예루살렘 사이를 가로막은 분리장벽을 직접 걸어서 통과해볼 것을 권했다. 자말의 집과 마찬가지로 요르단 강 서안지구

대부분의 분위기는 놀라울 정도로 평범했으며, 내가 어렸을 때부터 듣고 자란 온갖 무서운 선전들과는 사뭇 달랐다. 라말라와 헤브론 같은 도시는 거리에 사람들이 북적였고 곳곳에 귀엽고 작은 카페들이 많아서 마치 뉴욕의 브루클린 시내 어디쯤이라고 해도 쉽게 믿을 것 같았다. 물론 도로 여기저기 움푹 팬 거리들과 황폐한 팔레스타인 마을 한가운데는 또 다른 빛나는 이스라엘 정착촌들이 있다는 사실을 알아 차렸다. 하지만 나는 내가 떠나려고 하기 전까지 긴장이 팽배한 무장군인들의 점령지역이 있다는 사실을 정말 잘 알지 못했다.

《타임스 오브 이스라엘Times of Israel》 신문은 칼란디야 검문소를 그 지역에서 "가장 악명 높은 검문소"라고 말했다. 전신 크기의 회전문을 지나면 또 하나의 회전문이 나왔고, 마치 가축 수용소에 있는 소처럼 금속 우리를 통과해 또 다른 금속 우리로 들어가는 기분이었다. 다른 우리로 들어가서 어디선가 들리는 지시에 따라 버튼을 누르고, 나와 동행한 그룹이 또 다른 전신 회전문을 지나 서류를 방탄유리 너머 직원에게 보여주고 짐을 검색대에 집어넣고 난 후, 다시 회전문을 지나고 또 한 번의 회전문을 통과해야 완전히 밖으로 나올 수 있었다. 번거롭고 불편한 정도가 아니라 혼란스럽고 화가 나기까지 했다. 대낮이었고 사람도 별로 없었는데 검문소를 통과하는 과정 전체가 폐쇄 공포증을 일으킬 정도로 위협적이었고, 350미터도 안 되는 가까운 거리를 지나오는 데 16분이나 걸렸다. 한때 내 조상이 자유롭게 살았던 땅에서 매일 이런 과정을 거쳐야 되다니.

컬럼비아 대학교 역사 교수인 라시드 칼리디Rashid Khalidi는 그가 기본 교재로 사용하는《팔레스타인의 정체성 : 현대 민족의식의 구조》에서 이렇게 기록했다. "국경과 공항, 검문소에 가면 팔레스타인 사람이라는 정체성 때문에 벌어지는 근본적인 몇 가지 이슈들을 가장 극명하게 확인할 수 있고, 가장 본질적인 경험을 할 수 있다. 요약하면 신원 확인과 증명이 요구되는 수많은 현대의 장벽들 어디에서나 경험할 수 있다는 뜻이다. 이러한 검문소들을 통과할 때마다 팔레스타인 사람들은 그들이 한 민족으로서 얼마나 많은 공통점을 공유하고 있는지 자각하게 된다. 왜냐하면 6백만 명 팔레스타인 사람들 모두가 예외 없이 이런 국경과 장벽에 서면 '특별대우'을 받기 위해 분류되며, 강제로 그들이 누구이고, 왜 다른 사람들과 다른지 깨닫게 되기 때문이다."

나는 팔레스타인 사람들이 그들이 겪는 고통이 이스라엘 사람들 때문이라고 비난하고, 그들을 증오하는 이유를 이해한다. 또 분명히 말하지만, 이스라엘 사람들이 팔레스타인 사람들을 증오하면서 그게 정당하다고 느끼는 이유도 이해한다. 어릴 때부터 자라면서 그렇게 배웠기 때문이 아니라 내가 직접 이 여행에서 겪고 느낀 경험들을 바탕으로 한 인식이다. 요르단 강 서안지구에 있는 이스라엘 정착촌에서 만난 한 커뮤니티 리더는 그의 조상들이 한때 유대와 사마리아라고 불렀던 땅에서 자유롭게 살았던 얘기를 들려주었다. 그리고 팔레스타인 사람들이 유대인 정착민들을 죽이려 했던 수많은 사례들을 회상하며 그러한 명분 없는 위협에 대비해 분리 장벽들과 보안 시스템이 필요한 것뿐이라고 설명했다.

팔레스타인 난민 캠프를 둘러보던 중 어느 순간에 한 무리의 학생들이 내게 야유를 하며 물건을 던지기 시작했다. 그리고 그 무리 중에서 11살이나 12살쯤 되었을까, 내 딸보다 몇 살 정도 많아 보이는 한 여자아이가 부엌칼을 든 손을 내 쪽을 향해 휙 뻗었다.

우리는 몇 백 미터 떨어져 있었기 때문에 내가 위험한 상황은 아니었고, 그녀는 그저 어린아이였을 뿐이었다. 그런데도 나는 심장이 쿵 내려앉았다. 눈 깜짝할 사이에 크게 다칠 수도 있을 것 같았다. 그때 나를 안내하던 남자가 아이에게 혀를 찼고, 통역사가 아랍어로 엄마처럼 나무라면서 상황은 마무리됐다. 두 사람은 내게 괜찮은지 물었고 나는 웃어넘겼지만, 솔직히 좀 겁이 났다.

나는 서로 대립되는 양측의 주장들을 들었다. 문제는 양측의 얘기가 가진 측면들이 사실이면서 동시에 사실이 아니라는 점이다. 그래서 누구도 잘못됐다고 생각하지 않지만, 양쪽 다 어느 정도는 잘못 됐다. 그들의 증오는 진정으로 정당화된 적이 한 번도 없었는데도 서로를 증오하는 게 잘못이라고 느끼지 않는 것과 마찬가지다.

유명한 심리학자 에리히 프롬Erich Fromm은 증오를 두 개의 기본 유형으로 나누었다. 먼저 "이성적이고 반작용적인" 증오다. 이것은 "본질적으로 자신의 생명이나 안전, 또는 이상이나 자기가 사랑하고 아끼는 다른 사람들이 공격을 받았을 때 반작용으로 생기는 증오심"이라고 설명했다. 그리고 또 하나는 "본성에 의한" 증오라고 부르는 증오심이다. 그것은 "본성적으로 증오를 느끼는 사람들"이 느끼는 증오심이라고 설명했다. '기본적 귀인 오류'를 기반으로 생각해보면 이런 설명이 어떻게 적용되는지 짐작할 수 있을 것이다. 즉 우리의 증오는 "이성적이며, 반작용적"이고 그들의 증오는 "본성이나 기질에 의한" 증오라고 치부하지만, 시간이 지날수록 그러한 구분은 점차 흐릿해진다. 로버트 스턴버그는 이렇게 썼다. "프롬에 의하면 한 집단이 상대 집단에 대해 가지고 있는 오래되고 뿌리 깊은 편견 때문에 무분별하게 증오가 일어날 수도 있고, 다른 외집단이 내집단에게서 경제적 자원 및 기타 자원들을 빼앗아 간다고 보는 관점 때문에 이성적으로 증오가 발생할 수도 있다.”

그러나 이스라엘과 팔레스타인 관계의 경우에는, 과거에 영토를 빼앗기거나 사람들이 살해당한 사건 등의 이유로 발생한 '이성적인' 증오가 현실에서 좀 더 포괄적이고 뿌리 깊게 왜곡됨으로써 '비이성적인' 편견으로 귀결된 것이다.

그렇다면 그렇게 나누는 것이 정말 도움이 될까? 내가 볼 때는 대단히 이성적인 사람들도 때로는 증오를 품을 수 있고 자신들의 증오심을 합리화시킬 수 있다. 따라서 이런 구별보다는 실제로 증오심 자체가 이성적이지 않다는 점을 분명히 하는 것이 중요하다. 더불어 물리적인 폭력이나 언어적 폭력, 혹은 무의식적인 차별 등의 방법을 통해 그런 증오심을 실행에 옮기는 행위는 더더욱 비이성적인 행동이며, 그런 점에서 볼 때 옳지도 않다. 증오할 만한 이유가 있다고 해서 증오가 합리화되는 건 아니다. 이런 사실 역시 다른 곳도 아닌 감옥 안에서 바쌈이 얻은 결론이었다.

특히 어린 나이에 교도소에 가면 그 사람이 품은 증오가 더욱 깊어질 것이라고 생각하기 쉽다. 실제로 투옥이나 감금은 종종 범죄 행위를 더욱 악화시킬 뿐이며, 또한 광범위하게 결탁되어 있는 교도소와 산업 복합체 간의 이권사업이 가장 크게 왜곡시키는 부분 중 하나이기도 하다. 바쌈은 교도소에 갇혀서 처음에는 불타오르는 증오심에 사로잡혀 '매일 수천 명의 이스라엘 군인들을 죽이는 걸' 상상했다고 말했다. 그러다 수감 기간이 반 정도 지났을 즈음에 이스라엘 교도관들이 홀로코스트에 관한 영화를 상영했고, 바쌈도 영화를 보기로 했는데 솔직히 유대인들이 죽어나가는 걸 보고 싶은 마음에서였다. 그런 영화를 보여주는 교도관들과 교도소에 대한 일종의 반항인 셈이었다. "솔직히 누군가 그들을 죽이고 고문한 걸 보면서 즐기고 싶었다"고 바쌈은 내게 고백했다.

그러나 예상과 달리 바쌈은 홀로코스트의 잔혹함을 목격하면서 매우 큰 충격을 받았고, 그때까지 굳게 믿어왔던 증오의 이야기에 조금씩 틈이 벌어지기 시작했다. 영화를 보면서 바쌈은 눈물을 흘렸고 그의 적들이 겪은 고통에 마음의 눈을 뜨게 됐다. 19세기 시인 헨리 워즈워스 롱펠로는 "우리가 적들의 비밀스런 역사를 읽을 수 있다면, 각 개인의 삶에 담긴 슬픔과 고통을 접하고 우리의 적대감을 해제할 수 있을 것이다"라고 적었다. 아마 바쌈도 그런 감정을 경험한 모양이었다.

놀라고 충격을 받은 바쌈은 해답을 찾기 시작했고 교도소 안에서 이스라엘 교도관과 친분을 맺게 됐다. "사실 교도관이 죄수들과 얘기하는 건 금지되어 있다"고 바쌈이 설명했다. 그럼에도 그는 "대화를 시작하는 데 성공했다"고 말했다. 바쌈은 교도관에게 이스라엘과 종교와 삶에 관해 전반적인 질문들을 퍼부었고, 난생 처음으로 이스라엘 사람이 자기들을 공격하는 위협적인 대상(물론 바쌈도 이스라엘 사람들에게 같은 역할이었지만)이 아닌 똑같은 인간으로 바라보게 됐다. 그리고 처음으로 바쌈은 상대방의 고통을 이해하게 되었다.

"이스라엘의 잘못은 아니에요." 바쌈이 내게 말했다. 심지어 그는 모두가 유대인을 미워한다는 생각을 가질 수밖에 없는 오랜 박해의 역사와 피해 심리 때문에 "세계 어느 곳에서도 유대인으로 사는 건 매우 힘든 일"이라는 생각까지 하게 되었다.

"최소한 나는 3천 년간의 노예생활과 차별과 홀로코스트가 주는 짐은 지고 있지 않아요." 바쌈이 내게 말했다. 그러고 나서 이어진 실패한 테러리스트의 말에 나는 정신이 번쩍 들었다. "팔레스타인 사람으로 산다는 게 더 쉽다는 걸 깨닫게 됐어요." 바쌈이 말했다. 그는 마치 한 영화에서 시작된 일련의 계기를 통해 문득 집단적 피해의식의 의미를 이해했을 뿐만 아니라, 그 뒤에 감춰진 모순까지도 깨달은 것 같았다. 바쌈처럼 증오의 늪에서 빠져나온 많은 사람들 역시 이와 비슷하게 갑작스런 깨달음을 경험한 뒤로 더 길고 진정한 깨달음의 과정이 이어졌다고 말했다.

교도소에서 나왔을 때 바쌈은 대학원에 진학했고 홀로코스트 연구로 석사 학위까지 받았다. 바쌈은 공부를 하면서 팔레스타인에 관해 이스라엘 사람들이 어떻게 생각하고 있는지 알게 되었다. 그는 이렇게 표현했다. 이스라엘 사람들은 "하나님이 젖과 꿀이 흐르는 땅을 우리에게 주셨고, 우리가 이곳에 거주했으며, 홀로코스트가 끝난 뒤에는 유럽과 영국이 우리에게 주었다. 마침내 우리는 이 안전한 땅을 갖게 되었고, 다시 빼앗기지 않을 것이다. 우리는 약자이다. 모두가 우리를 증오한다. 우리는 살아남아야 한다." 바쌈은 또 많은 이스라엘 유대인들을 향해 인권 남용을 지적하고 문제 삼으면 그들이 반발하는 이유를 이해할 수 있다고 말했다. "우리가 불가마 속으로 들어가는 동안 도대체 인권은 어디에 있었습니까?" 틀림없이 그들 입장에서는 이런 생각을 가졌을 거라고 바쌈이 말했는데, 그의 말은 틀리지 않는다.

물론 이것은 이스라엘 사람들, 더 광범위하게 말해서 유대인들이 생각하는 방식을 매우 단순화한 표현일 뿐이다. 바쌈은 이 주제로 논문 한 편을 쓸 수도 있다고 말했다. 그러나 이렇게 심각하게 분열된 상황에서 팔레스타인 사람이 이처럼 간단명료하게 이스라엘 사람들이 갖고 있는 관점의 핵심에 공감하는 말을 들으니 그저 놀라울 따름이었다. 내게는 그것이 동정심의 강력한 힘을 입증하는 놀라운 사례였다. 그와 동시에 증오의 본질을 이해하고 우리가 증오하는 대상을 만나 직접 경험하는 것이 증오심에 맞서 싸우는 데 큰 도움이 된다는 걸 깨달았다.

그러나 동료 팔레스타인 사람들은 바쌈의 깨달음을 받아들이기 어려우리라는 걸 쉽게 짐작할 수 있다. 어떤 이들은 그를 반역자라고 몰아 붙였다. 평화를 위해서라는 명목으로 평화의 전사들 단체에서 이스라엘 사람과 힘을 합해 노력해야 한다는 바쌈의 비전은 다시는 팔레스타인이 그 땅을 차지할 수 없다는 사실을 인정하는 행위라는 것이 것이다. 또 바쌈과 다른 팔레스타인 평화 운동가들이 현재의 상태를 받아들인다는 의미의 '정상화'를 조장하고 있다는 비난도 받는다. 사실 내가 요르단 강 서안 지구에 있는 동안 '정상화'라는 말을 '흡수' 혹은 '항복'과 동의어로 사용하면서 비열하게 묘사하는 것을 여기저기서 심심치 않게 들었다.

그런데 알고 보니 바쌈은 정상화를 지지하지 않았다. 내가 홀로코스트 연구에서 석사 학위를 따기로 결심한 이유를 물었을 때 그는 또 한 번 나를 깜짝 놀라게 했다.

"적이 누구인지 알아야 적들을 물리칠 수 있으니까요" 바쌈이 내게 말했다.

잠깐, 뭐라고? "지금도 그들을 당신의 적이라고 불러요?" 내가 물었다.

"당연하죠."

"그들이 아직도 당신의 적이라고요?" 나는 여전히 어리둥절해서 우리가 서로 오해하고 있는 건 아닌지 확인하기 위해 재차 물었다.

"그럼요." 바쌈이 말했다. "그들이 우리 땅을 점령했으니 우리는 서로 적이지요. 친구도 아니고 형제도 아니에요."

"그런데도 당신의 적들에게 동정심을 갖는다고요?" 내가 물었다.

"물론이에요." 여기서 나는 다시 한 번 어안이 벙벙해졌다.

어쩌면 지금까지 내가 잘못 생각했을지도 모른다. 나는 친구와 동지는 우리가 사랑하는 사람들이고, 적은 우리가 증오하는 사람들이라고 생각했다. 그래서 누구도 증오하고 싶지 않다는 건 어떤 적도 만들지 않는 것을 의미한다고 생각했다. 실제로 단 한사람의 적도 만들지 않는 게 가능하다고 믿지는 않았지만, 그것이 적절한 염원이라고 생각했다. 말하자면 나도 적이 있다. 도널드 트럼프도 내 적이고, 많은 우파 행동가들과 작가들도 적이고, 꾸준히 나를 공격하는 악플러들도 적이다. 내가 그들을 내 적이라고 부르지 않는다면 나는 솔직하지 못하고 심지어 무책임한 사람으로 느껴질 것 같았다. 그러나 그들을 내 적이라고 생각하는 것은 나의 결함이었으며, 나의 분노와 본능적인 저항감에 추종하고 있었다는 생각이 들었다. 왜냐하면 적을 만드는 것이 증오의 개념에 필수적인 부분이기 때문이다.

이와 달리 바쌈의 요점은 증오의 감정에서 적의 개념을 떼어내는 걸 의미했다. 사실 옥스퍼드 영어 사전에 의하면 '적'이라는 단어는 "어떤 사람, 혹은 어떤 것에 대해 적극적으로 반대하거나 적대시 하는 사람"이라고 나와 있다. 다시 말하면, 정의상으로 봤을 때 우리가 그들을 증오하는 게 아니라 그들이 우리를 증오하는 것이다. 그러므로 우리 적들이 증오심을 품고서 증오를 행동으로 옮기며 우리들을 적으로 정의한다 할지라도, 우리가 이 정의에 따를 필요는 없다. 우리가 어떤 역사와 근거와 인식을 가지고 있든, '상대방'이 우리를 얼마나 미워하는지 생각하든 말든, 상대를 미워할 것인가 말 것인가 결정하는 것은 전적으로 우리의 선택이

왜 반대편을 증오하는가

다. 그리고 바쌈은 의식적이고 의도적으로 분명히 증오를 거부하겠다고 결정했다. 그것도 이스라엘 사람들에 대한 그의 동정심이 이해하기 힘들 만큼 개인적으로 끔찍한 비극을 겪고 난 후 결정한 일이었다.

2007년의 어느 날, 바쌈의 여섯 자녀들 중 10살짜리 딸 아비르가 학교가 끝난 뒤 여동생과 팔짱을 끼고 집으로 돌아오는 길이었다. 그때는 바쌈과 가족들이 아나타라는 곳에 살고 있었는데 이곳은 요르단 강 서안지구에 있는 마을이고 엄밀히 말하면 예루살렘 동쪽에 있었지만, 마을의 네 면 중 세 면에 분리장벽이 세워져 있었다. 아비르와 여동생은 사탕을 사러 가는 길이었고 때마침 근처 길 모퉁이에서 이스라엘 방위군의 지프차가 나타났다. 바쌈이 알고 있는 바로는 학교에서 집으로 돌아가던 한 무리의 다른 어린이들이 지프차를 향해 돌을 던지자 이스라엘 군인이 지프차의 창문에 있는 자그마한 구멍으로 총을 발사했고, 지프차와 30미터도 채 떨어지지 않은 거리에 있던 아비르가 뒤통수에 고무 총알을 맞았다. 총알에 맞는 순간 자그마한 아비르의 몸은 몇 미터나 공중으로 솟구쳤다가 땅으로 툭 떨어졌다.

뉴욕타임스는 아비르가 차와 '충돌'이 발생한 와중에 총에 맞았다고 거짓 보도를 했다. 이스라엘 정부는 아비르가 이스라엘 방위군이 쏜 총알에 맞아 목숨을 잃었다는 사실을 부인했다. 팔레스타인 아이들이 던진 돌에 맞았다고 주장하거나 심지어 아비르가 자신의 손에 들고 있던 폭탄이 터지면서 사망했다고 우기며 희생자의 탓으로 돌리고 아무 죄 없는 아이를 병적으로 몰고 갔다. 2010년에 바쌈과 그의 아내는 이스라엘 변호사들의 도움을 받아 민사소송을 제기했고, 판사는 아비르가 이스라엘 군인이 쏜 고무 총알에 맞아 목숨을 잃은 것이 확실하며 "아비르를 쏜 총알은 부주의하게 발사된 것이거나 사격 명령을 어기고 발사된 총알로 발포명령 위반"이라고 판결을 내렸다.

그러나 방아쇠를 당긴 군인은 어떤 형사 처분도 받지 않았다. 미국에서 흑인들에게 가해지는 조직적인 경찰의 폭력과 마찬가지로 팔레스타인 사람들을 대상으로 하는 이스라엘 방위군의 폭력은 범죄로 취급되기는 커녕, 공식적으로 인정되는 경우가 거의 없었다. '점령지의 인권을 위한 이스라엘 정보 센터'인 베첼렘B'Tselem에 의하면 아비르가 목숨을 잃은 2007년에 이스라엘 군에 의해 사망한 팔레스타인 사람들의 수는 373명에 달했다. 그중 최소한 35%는 민간인이었고 그들은 사망 당시 어떠한 적대 행위에도 가담하지 않았으며, 전체 중 53명, 혹은 사망자 10명 중 한 명 이상이 미성년자였다. 이러한 데이터가 불완전하다고 지적하는 사람들도 적지 않다. 그러나 이와 비교해서 같은 해에 팔레스타인 사람들에 의해 목숨을 잃은 이스라엘 사람들은 방위군 6명과 민간인 7명에 불과했다.

2014년 당시 베첼렘이 근 14년간 자료를 수집한 결과에 의하면 양측의 충돌 사건으로 인한 총 사망자 수는 8,166명이었으며, 그중 7,065명이 팔레스타인 사람들이고 1,101명이 이스라엘 사람들로 확인됐다. "바꿔 말하면 물리적 충돌로 사망한 15명 중 13명이 팔레스타인 사람(87%)이고 2명이 이스라엘 사람(13%)이라는 기록이다"라고 데이터 뉴스 사이트인 《복스Vox》가 보도했다. 사실 이렇게 비교하려는 시도 자체가 문제를 일으키는 원인이기도 하다.

바쌈은 아나타에 있는 자신의 아파트에 앉아서 아비르에 대한 얘기를 들려주었다. 아비르는 친구들과 놀기를 좋아했고, 학교 가는 걸 좋아했으며, 그녀가 총에 맞은 날은 마침 열심히 공부하며 준비했던 수학 시험을 치른 날이었다고 말했다. 담배를 피우고 있던 바쌈이 손을 넘겨 짧게 자른 머리 뒤쪽을 문지를 때 담배 연기가 그의 셔츠 깃을 휘감으며 피어올랐다. 그의 두 눈에 눈물이 차올랐다. 아비르가 사망한 그날 아침에 바쌈은 딸과 언쟁을 벌였고 아비르는 다녀오겠다는 인사도 없이 나갔다고 말했다. 나는 지금껏 내 딸 윌라에게 화를 냈던 순간들을 떠올리며 느닷없이 그런 순간이 마지막이 되는 경우를 상상했고, 총알이 뚫고 지나간 윌라의 작은 몸이 아무렇게나 바닥에 쓰러지는 모습을 상상했다. 바쌈의 옆에 앉아 있는 나도 눈물이 쏟아질 것 같았다. 바쌈이 아비르의 죽음에 조금이라도 책임이 있는 단체의 사람들을 어떻게 증오하지 않고 견딜 수 있는지 이해가 가지 않았다. 나는 절대 바쌈처럼 할 수 없다는 것만은 분명했다.

민사 재판에서 바쌈은 자신의 딸을 죽인 군인과 얘기했다. 군인은 사과하지 않았다. 아마 하고 싶어도 못했을 것이다. 사과했다가는 군에서 처벌을 받을 게 분명하니까. 그러나 바쌈은 그에게 말했다. "살다가 언제라도 내게 찾아와 용서를 빌고 싶다면, 나는 그 자리에 있을 것이다. 나는 너를 용서하겠지만 그것은 절대 너를 위해서가 아니라 나 자신을 위해서이다. 나는 온 인류 가운데 속한 한 인간이라는 사실을 깨닫고 있기 때문에 이 분노가 내 심장을 더럽히길 원치 않는다. 나는 내 딸을 매우 사랑하기 때문에 너를 용서할 것이다."

그러고 나서 바쌈은 덧붙여 말했다. "나는 복수를 원치 않는다. 나는 피해자들에게는 복수하지 않는다. 너 역시 피해자니까."

바쌈은 그날 오후 아비르가 총에 맞은 곳에서 얼마 떨어지지 않은 그의 아파트에 앉아 내게 말했다.

"내 말을 믿으세요. 쉬운 말은 아니지만, 그 역시 피해자예요."

그는 깊이 한숨을 내쉬고 평소보다 더 나직한 목소리로, 마치 기도문을 외우는 것 같은 목소리로 자기 딸을 죽인 군인에 대해 얘기했다. "그 군인도 자기가 죽인 피해자와 다름없는 피해자예요." 나는 이제야 머리로 겨우 파악할까 말까 하지만, 바쌈은 이미 심오한 깨달음에 도달해 있었다. 아무리 정당한 것처럼 보여도 증오는 절대 이성적이지 않다. 누구나 그럴만한 이유가 있어서 증오하겠지만 아무리 그래도 증오는 합리적이지 않다. 경쟁적으로 상대의 고통을 부정하거나 상대에게 고통을 주는 방법으로 우리 자신의 고통을 해결할 수는 없다. 코레타 스콧 킹[20]은 언젠가 이렇게 말했다. "증오는 견디기 너무 힘든 막중한 짐이다. 증오하는 대상보다 증오심을 품고 있는 사람이 더 많은 상처를 입는다." 바쌈은 단순히 이런 생각들을 이해할 뿐만 아니라 그대로 실천하며 살고 있었다.

인정하건대 이는 누구에게나 매우 힘든 일이며, 특히 이스라엘과 팔레스타인 사이의 갈등처럼 지독한 증오의 순환 고리에 갇혀 있는 사람은 더 말할 것도 없다. 심지어 그의 아들조차 바쌈의 주장을 납득하기 어려워했다. 아비르가 살해당한 뒤, 그의 아들 아랍은 13살이 됐을 때 학교를 빼먹고 거리에 나가 이스라엘 군인들에게 돌을 던지기 시작했다. 학교 선생님들을 통해 아랍의 상황을 알게 된 바쌈은 아들을 다그쳤고, 그날 저녁 둘은 치열하게 싸웠다. 아랍은 바쌈에게 "나는 팔레스타인을 사랑

---

20 Coretta Scott King, 마틴 루터 킹의 배우자 – 주

해요. 점령에 맞서 싸울 거예요"라고 외치며 아버지를 비난했다. "아버지는 딸이 피를 흘리며 죽어갔어도 아무렇지 않은 사람이에요." 그러나 바쌈은 아랍에게 다시는 군인들에게 돌을 던지지 않겠다고 코란에 맹세하도록 만들었다. 이후 아랍은 비록 돌을 던지지 않았지만 그로부터 몇 년이 지난 후 나치 수용소를 방문한 것이 계기가 되어 아버지의 사고방식을 받아들이게 되었다.

내가 아랍을 만난 건 베들레헴에 있는 평화의 전사들 사무실을 방문했을 때였다. 스물 두 살의 청년이 된 아랍은 아버지를 도와 단체에서 일하고 있었다. 그는 키가 크고 잘생긴 청년으로 바쌈처럼 입을 크게 벌리고 멋쩍은 듯한 미소를 지었다.

바쌈의 아들만이 내가 만난 유일한 회의론자는 아니었다. 사실, 회의론은 나의 전체 여행기간 중 내내 가졌던 것 중 하나였다. 팔레스타인 저널리스트인 다린 주베Dareen Jubeh는 예루살렘에 있는 CNN에서 프리랜스로 근무했는데, 나는 그런 인연으로 그녀를 만났다. 나는 다린을 내 여행에서 도움이 될 '가이드'로 고용했고, 그녀는 인터뷰를 위한 스케줄을 짜고 필요할 때는 통역자 역할도 했다.

"바쌈과 얘기해봐야 별로 건질 건 없을 거예요." 내가 처음 예루살렘에 도착해서 인터뷰 계획을 검토하던 중에 다린이 한 말이었다.

"왜요?" 내가 물었다.

"그는 증오하지 않는다고 말할 게 뻔하잖아요?" 그녀는 이 말을 하며 머리를 확 뒤로 젖히고 한 바퀴 돌리며 혐오와 짜증이 섞인 낮은 탄식을 내뱉었다.

"팔레스타인 사람들은 모두 증오심을 품고 있어요." 그녀가 말했다.

다린은 내가 무엇에 관한 책을 쓰고 있는지 알고 있었고, 내가 가이드 비용을 지불하기 때문에 나를 돕겠다고 응하긴 했어도 증오라는 주제로 어떤 성과를 거둘 거라고는 생각하지 않았다. 특히나 이곳에서는 더더욱 그렇다.

"팔레스타인 사람들은 이스라엘 사람들을 증오하고, 이스라엘 사람들은 팔레스타인 사람들을 증오해요." 다린은 퉁명스럽게 계속 말했다.

"그게 엄연한 사실이에요, 누구도 그걸 부정할 수는 없어요."

여러 차례 인터뷰를 하면서 내가 그들에게 '상대방'을 증오하는지 물을 때마다 다린은 여지없이 나지막한 탄식의 소리로 못마땅한 의사를 표현했는데, 그런 질문을 하는 내가 멍청하다는 의미인 것 같았다. 즉 이스라엘 군에 의해 자식을 잃은 팔레스타인 남자나, 이스라엘이 점령한 정착촌에 사는 미국계 유태인이나, 그리고 이스라엘 사람들을 향한 폭력적인 저항을 한 젊은 팔레스타인의 운동가를 포함한 모두가 상대를 증오하지 않는다고 대답했을 때도, 다린은 똑같은 소리를 냈다.

"당연히 그들은 증오해요." 한번은 우리가 차에 탔을 때 다린이 말했다. "당연히 그런다고요! 다만 그걸 인정하지 않는 것뿐이에요." 예외 없이 모든 사람이 증오한다고 그녀는 강력하게 주장했다. 기본적으로 어디서나 모두가 똑같고, 특히 이스라엘과 팔레스타인에서는 더욱 그렇다고 말했다.

함께 이곳저곳을 다니면서 나는 다린의 말이 맞을까 봐 내심 걱정했다. 어쩌면 모두가 내가 듣고 싶어 하는 좋은 말만 들려줄 뿐이고, 자신들이 증오심을 품고 있다는 사실을 인정하기 부끄러운 건 아닐까. 아니 어쩌면 다양한 원인들을 무시한 채 성격이나 동기 등 행위자의 내적 특성 탓으로만 돌리는 '근본적 귀인 오류'의 영향으로 사실과 달리 자신들은 증오심을 품고 있지 않다고 생각하는지도 모른다. 나는 평소 혼자서도 다분히 냉소적인 편이지만 다린의 냉소는 특히 전염성이 강했다.

그럼에도 불구하고 바쌈은 결국 다린의 마음까지 녹였고 그녀도 나만큼이나 바쌈의 주장과 동정심에 깊이 매료되었다. 바쌈이 우리 차가 있는 곳까지 우리를 데려다주고 간 후, 다린과 나는 한쪽에는 동족 공동체가 조성돼 있고 반대쪽에는 엄청난 분리장벽이 세워져 있는 언덕을 넘어 예루살렘으로 향했다. 고속도로 검문소에 가까워질 때쯤 다린이 나를 보며 말했다.

"당신 말이 맞았어요. 바쌈에 대한 당신 말에 동의해요. 그의 이야기는 당신의 책에서 다른 사람들에게 멋진 본보기가 될 거예요." 그녀는 잠시 말을 멈췄다가 덧붙였다.

"이스라엘 사람들과 팔레스타인 사람들 모두를 위해서요."

그리고 다시 입을 다물었다가 얼마 후 미소를 지으며 고백했다. "이 경험에 동참할 수 있어서 정말 행복해요."

그 순간, 나는 지금 우리가 지나가고 있는 거대한 증오의 벽에 작은 틈이 벌어지는 것 같은 느낌이 들었다. 그토록 깊은 절망감이 넘쳐나는 장소 한가운데에서 나는 전혀 예측하지 못했던 뭔가를 느끼고 있음을 깨달았다. 깊은 희망의 감정이었다. 나도 다린을 보며 활짝 미소를 지었다.

이스라엘과 팔레스타인 사이에 긴 세월동안 이어져온 수많은 충돌은 아주 다루기 힘든 문제라고들 말하며, 해결하기 불가능한 것처럼 보이기도 한다. 그러나 우리의 머리와 마음이 바뀔 수 있는 것처럼 갈등에도 변화가 올 수 있고, 바쌈이 홀로코스트에 관한 영화를 보고 그랬던 것처럼 주요한 경험을 통해 변화가 생기는 경우가 종종 있다. 평화의 전사들의 창단 회원이자 텔아비브 대학교에서 강의를 하는 이스라엘 유대인 첸 알론Chen Alon의 경우도 그랬다. 이스라엘 방위군 소속 군인이었던 첸은 내가 그랬던 것처럼 팔레스타인 사람들이 이스라엘로 들어가기 위해서는 반드시 허가증을 보여주고 검색을 통과해야 하는 검문소에서 순찰을 할 때 깨달음을 얻었다. 그는 이렇게 적었다:

『아픈 기색이 역력한 팔레스타인 아이들을 태운 택시 한 대가 허가증 없이 급히 베들레헴에 있는 병원으로 가야 한다며 내게 통과시켜달라고 부탁했다. 그때 마침 나는 아내에게 걸려온 전화를 받는데 유치원에 있는 세 살배기 딸을 데리러 가는 데 문제가 생겼다는 거였다.

그때 아픈 팔레스타인 아이들이 차 안에서 기다리는 동안 나는 거기 서서 아내와 통화를 하고 있었다. 문득 도저히 참을 수가 없었다. 한편으로는 다정하고 헌신적인 아버지인 내가 다른 한편으로는 이 사람들에게 얼음장처럼 냉정하게 굴고 있었다. 이 어린 아이들을 그저 잠재적인 테러리스트로만 보고 있는 건가?

내 아이들도 인간인데, 똑같은 인간인 팔레스타인 아이들의 인간성은 완전히 말살시키고 있었다.』

그리고 얼마 지나지 않아서 첸은 점령에 항의하는 청원에 동의했고, 이스라엘 방위군 복무를 거부해 교도소에 갇혔다. 그 후 교도소에서 나온 첸은 '평화의 전사들' 이란 단체의 창립을 도왔고 그 단체 안에서 "억압받은 자들의 연극" 이라는 프로그램을 시작했다. 이는 브라질의 연극인이자 정치 운동가인 아우구스토 보알Augusto Boal의 기법을 빌려온 것으로 관객이 함께하는 참여 형 연극으로 사람들이 사회적인 변화를 이해하고 상상하는 것을 돕기 위한 쌍방향 프로그램이다. 첸은 공공장소에서 점령지의 폭력을 극으로 각색한 공연을 올렸다. 그는 그런 공연이 '요르단 강 서안지구'나 '가자 지구Gaza Strip'에 한 번도 가본 적이 없는 다수의 이스라엘 사람들에게 그곳의 실정을 알리는 데 도움이 된다고 설명했다. "그것도 저항과 같은 장애물을 피하거나 우회하거나 뒤엎을 수 있는 지식의 한 형태라고 생각해요… 다른 사람들에게 동정심을 갖거나 그들과 동일시할 수 있는 지식이요."

첸이 무대에 올리는 대중 공연과 평화의 전사들이 주최하는 대화의 시간들은 전반적으로 연결의 화법의 강력한 본보기이다. 그들이 어떤 일을 하는지 배우고 심각하게 분열된 지역을 여행하는 동안 나는 사람들이 먼저 서로 교류할 수 있어야만 연결의 화법이 가능하다는 것을 깨달았다. 우리가 증오하는 소위 '반대 편'과 건설적인 연결의 화법으로 대화할 수 있으려면 우선 같은 공간에 모일 수 있는 기회가 필요하다. 나는 그런 공간을 '연결의 공간'이라고 부르며 그 공간은 증오의 반대를 찾아가는 퍼즐의 또 다른 한 조각이다.

바쌈과 평화의 전사들은 서로의 인간성에 대해 얘기를 나누고 경험할 수 있는 기회를 제공하기 위해서 친밀하고 독창적이기도 한 장소에 이스라엘과 팔레스타인 사람들을 불러 모아 연결 공간들을 만들고 있었다.

그건 내가 폭스 뉴스에 들어가기로 결정함으로서 우연히 연결 공간을 만든 것과 마찬가지였다. 풀뿌리 단체들이 당면한 과제들에 대해 주민들과 대화를 나눌 수 있는 기회를 만들기 위해 타운 홀 모임이나 마을 소풍을 개최하는 것도 마찬가지다. 또한 시위대가 대중의 관심을 끌기 위해 단체 행동을 하는 것도 그런 의도이다. 대중들이 미처 깨닫지 못하고 있던 문제들을 알리고 거기에 대해 새로운 방식으로 단결하기를 바라는 마음이 깔린 행동인 것이다.

인종과 계급과 정치적 당파주의 및 그 외 여러 가지 이유로 끊임없이 분열되는 커뮤니티에서는 연결의 공간을 만들기 위해서 더욱 의도적으로 나서야 한다. 특히 우리 자신과 우리의 이야기에 이의를 제기할 수 있는 기회를 만들고자 하는 경우 더욱 그렇다. 우리가 증오하는 사람들을 만나 그들의 얘기를 들어야 하며, 그러기 위해서 연결의 공간 조성을 촉진하는 제도와 정책들을 지지해야 하며 동시에 우리 자신의 연결의 공간도 만들어야 한다. 우리가 가진 증오에서 벗어난다는 건 우리 자신의 이야기와 견해를 둘러싼 물리적, 정신적 벽을 뚫고 우리 자신을 벗어남을 뜻한다. 이스라엘과 팔레스타인 간의 갈등에 대한 연구에서 심리학자 마시 누어Masi Noor는 집단적 피해의식에 대한 해답은 "피해자의 정체성을 공유"하는 것이라고 주장했는데, 이는 자신이 겪는 고통을 매개로 다른 사람의 고통에 연결하는 것을 의미한다. 예를 들면 고대 이집트와 나치 독일 하에서 겪어야 했던 유대인의 고통은 현재의 유대인들이 다른 사람들의 고통을 이해하고, 함께 느끼고, 방지하는 데 도움이 되어야 한다.

이런 연결의 공간을 통해 다른 사람들에게 손 내미는 것이 해결책의 일부라면 애초에 왜 문제를 일으키고 서로 분열하는 것일까? 내집단끼리

왜 반대편을 증오하는가

동질화하고 외집단을 차별하거나 증오하는 게 인간 본성의 한 부분인 걸까? 내가 이 책을 쓰기 시작하기 전 언젠가 나는 친절과 동정심, 그리고 증오를 극복하는 법에 대해 강연을 한 적이 있었다. 강연이 끝나고 관객들 중 한 남자가 내게 다가와 말했다. "맞아요, 증오는 불가피한 게 아닐지도 몰라요. 하지만 차이를 인식하는 건 불가피하죠. 우리는 영원히 서로를 다르게 볼 거예요. 그게 인간의 본성이니까요." 그의 말이 맞을까? 바쌈과 첸, 다린을 통해 희망을 갖게 된 건 분명하지만, 더불어 이스라엘과 팔레스타인에서의 경험을 토대로 복기해보면 우리 인간들이 서로를 집단으로 묶고, 서로 경쟁하고, 심지어 서로 증오하도록 불가사의하게 서로 엮어져 있는 것은 아닌지 걱정스러운 마음이 사라지지 않았다. 바트 미츠바[21]를 치르지 않은 세속적인 유대인인 나는 그게 사실이 아니기를 간절히 기도하지만.

---

21 12-14세 된 소녀를 위한 유대교의 성인식 - 주

3장

The Opposite of Hate

증오는 소속감이다

증오는 소속감이다

전직 백인 우월주의자

> 어딘가에 속하길 간절히 바라는 깊은 욕망과 소속감에 대해 느끼는 의구심이 내 인생의 본질적인 딜레마다.
>
> — 점파 라히리Jhumpa Lahiri-인도계 미국인 작가

우리는 태어날 때부터 어딘가에 소속되어 있다. 휴스턴 대학교 사회 복지 대학원 교수 브레네 브라운 박사는 "사랑받고 있고 어딘가에 속해 있다는 깊은 소속감은 더 이상 단순화시킬 수 없는 최소한의 인간적 욕구"라고 말한다. 그녀는 정서적인 공감을 연구하는 심리 연구가다. "그런 욕구가 충족되지 않으면 우리는 원래의 기능을 다 할 수 없다. 무너지고 부서지고 망연자실하며, 아픔을 느낀다." 그리고 브라운 박사는 한마디 덧붙였다. "그리고 다른 사람들에게 상처를 준다."

이처럼 어딘가에 속하고 싶은 욕구로 인해 특정 사회집단에 강하게 끌리게 되고, 그 안에서 느끼는 소속감에 과도하게 집착하면서 해로운 이질화에 동참하거나 알면서 눈감아 주는 지경에 이르게 될 때 문제가 생기기 시작된다. 이처럼 남을 이질화할 수 있는 능력은 우리 마음속 깊이

존재하고 있으며 이는 진화의 긴 과정을 거치는 동안 새겨진 것이다. 진화론적 생물학자 E. O. 윌슨E. O. Wilson은 "집단을 형성하고 내집단의 구성원을 편애하는 경향은 본능적인 특징이다"고 기록했다.

이질화는 잠재적인 잔인성을 내포하고 있다. 어떤 집단이 우리와 다르다고 함부로 단정 짓는 건 그 집단이 어떤 측면으로든 우리보다 못하다고 생각하는 구실이 되기 때문이다. 우리보다 머리가 나쁘고, 애국심이 약하고, 열심히 일하지 않고, 덜 희생적이라는 이유로 이질화를 정당화하는 것이다. 그리고 심하면 혐오하고 인간성을 무시하며, 무자비한 만행으로까지 이어진다. "우리의 잔인한 본성은… 뿌리 깊이 배어 있다"고 윌슨은 적고 있다. "왜냐하면 집단 vs 집단의 갈등이 지금의 우리를 만든 주요한 원동력이었기 때문이다."

인류학자 마이클 기글리에리Michael Ghiglieri는 인간 역사에서 "전쟁은 지정학적인 경계를 정했고 국가적인 이데올로기를 퍼뜨렸을 뿐만 아니라 인류의 종교와 문화, 질병, 기술과 더불어 유전적인 인구 분포에도 영향을 주었다"고 기록했다. 그러나 기글리에리에 의하면 전쟁과 함께 인간 진화에 가장 중요한 영향을 미친 것이 또 하나 있는데, 바로 섹스다. 다시 말하면 서로를 분리시키는 행위뿐만 아니라 말 그대로 서로를 합치는 행위 또한 인간의 역사를 규정하는 중요한 요소라는 얘기다. 두 가지 모두 가능하지만 두 가지 모두 미리 예정된 것은 아니다.

실제로 집단을 형성하고자 하는 경향이 본능적인 것일지는 몰라도 그런 집단을 형성하는 방법은 본능적으로 되는 것이 아니다. 그것은 역사의 산물과 무의식적으로 우리 자신과 남을 인식하는 관점에 영향을 주는 문화와 습관이 더해져서 만들어지는 것이다. 예를 들어, 미국 역사를 살

왜 반대편을 증오하는가

펴보더라도 아일랜드와 이탈리아, 유대인 이민자들은 오랫동안 백인으로 인정받지 못했지만 지금은 인정받고 있다. 인간의 행동에 관해 여러 권의 저서를 집필한 생물학자 로버트 사폴스키Robert Sapolsky는 "인간은 본능적으로 다른 사람에게 경계심을 느끼도록 타고났을지 모르지만, 다른 사람이라는 카테고리에 해당되는 대상에 대한 관점은 당연히 변할 수 있다"고 말했다. 그 말은 증오도 변할 수 있다는 뜻이다.

그럼 어떻게 그게 가능할까? 우리는 어떤 방법으로 다른 사람들을 특정한 카테고리로 규정하고 그들을 내집단 혹은 외집단으로 분류하는 걸까? 사람에 따라 남보다 그런 경향이 크거나 작은 이유는 무엇일까? 만약 고정관념과 편견 및 외집단을 규정하는 범주들이 우리 사회에 뿌리박혀 있다면 그 영향력이 사람마다 다르게 미치는 이유는 무엇일까? 또 거기에 저항하거나 심지어 철저히 거부할 수 있는 사람들은 어떻게 그럴 수 있는 걸까? 이런 질문들에 대한 답을 찾는 과정에서 나는 밀워키에 살고 있는 아르노 마이클리스Arno Michaelis를 만나게 됐다. 아르노는 그의 삶과 사고방식을 완전히 청산하기 전까지는 한때 신나치주의자였고 백인 우월주의 집단의 리더까지 맡았던 사람이다.

사실 유럽의 식민주의자들이 북미 대륙에 발을 디디는 순간부터 사회적 집단의 정체성은 존재해 오던 현실이었다. 그들이 '신세계'를 '발견'했다고 주장했다는 사실 자체가 이미 '우리'와 '그들'로 나누어진 계급적인 사고방식을 가지고 있었음을 암시한다. 전부터 이미 그 땅에 살고 있던 사람들은 그들에게 아무런 의미가 없었다. 그래서 미국을 '건설한' 것은 단순한 백인들이 아니라 백인우월주의자들이다. 이는 지구상의 백인들은 본질적으로 다른 그 누구보다 우월한 존재이고 원하는 것은 무엇이든 가질 수 있고, 하고 싶은 대로 행동할 수 있다는 것이 그들의 근본적인 생각이다. 물론 '백색'이라는 개념 자체는 사회적인 구성개념이다. 칼럼니스트 마이클 해리엇은 거기에 대해 "사람들이 자기 우월성이라는 개념을 지키기 위해 아주 오래전에 만들어낸 멍청한 쓰레기 같은 생각"이라고 말했다.

토머스 제퍼슨을 떠올려보자. "모든 사람은 평등하게 창조되었다"라는 문구가 포함된 독립 선언서를 쓰는데 일조한 그는 600명이 넘는 흑인 남성과 여성, 어린이들을 노예로 부렸다. 그는 자신이 쓴 글과 행동 사이에 모순이 있다는 생각은 미처 하지 못했던 모양이다. 심지어 자유로운 흑인들에 대해 "사회의 해충이며… 어린아이들처럼 스스로를 관리하지 못한다"고까지 말하기도 했다.

백인들의 본질적인 우월성에 대한 무조건적인 믿음은 미국을 건국하는 과정에서의 원죄에도 불구하고 지금도 미국의 현실적인 삶에 큰 영향을 미치고 있다. 앞부분의 사례들이 보여주듯이 투표방식에서부터 우리가 뽑은 사람들이 소속된 기관들에 이르기까지, 그리고 우리 아이들이 다니는 학교와 나중에 어른이 되어서 받는 급료와 사회복지에 이르기까지 모든 것이 백인에 대한 터무니없는 허구적 우월성과 그에 따른 증오심에 의해 영향을 받고 있다. 미국 형사 사법제도의 인종차별적인 역사를 다룬 다큐멘터리인 〈13th〉에서 지식인 젤라니 콥은 이렇게 말한다. "이 나라에서 흑인들이 겪은 다양한 투쟁의 역사를 보면서 일관성 있게 떠오르는 주제는 완전하고 다양한 하나의 인간으로 인정받기 위한 노력이다. 우리는 흔히 사람들이 우리와 연관시키는 범죄나 위협이나 협박과 같은 적나라한 이미지가 아닌 그 이상의 존재이다."

물론 적극적이고 열정적으로 나서서 백인이 우월하다는 견해를 옹호하는 사람들도 있는데, 우리는 이들을 '백인 우월주의자'라고 부른다. 미국의 역사 전반을 살펴보면 백인 우월주의가 정치와 경제, 문화적 측면에서 공공연하고 강력한 영향력을 행사했음을 쉽게 알 수 있다. 비교적 최근에 들어와서야 노골적인 백인 우월주의자들이 사회적으로 비난을 받기 시작했지만, 신나치주의 단체의 등장과 도널드 트럼프의 대통령 당선으로 그런 분위기가 또 다시 사라질지도 모른다. 증오 단체들의 움직임을 관찰하는 '남부 빈곤법률센터'에 의하면 2016년에 미국에 존재하는 백인 우월주의 단체는 917개로 그 숫자는 1년 전보다 더 늘어났다. 특히 무슬림에 반대하는 증오 단체의 숫자는 2015년에 비해 2016년에 거의 세 배나 더 늘었다.

2017년 5월 FBI와 미국 국토안보부는 "백인 우월주의 단체들은 지난 16년간 국내의 어떤 과격주의 단체보다도 훨씬 더 많은 공격을 감행했고, 내년에는 더 늘어날 것으로 예상된다"고 경고했다. 또 다른 연구 조사에 의하면, 2008년과 2016년 사이에 백인 우월주의 단체들을 포함하는 국내 극우파 집단의 음모와 공격이 폭력적인 무슬림 과격주의자 단체들의 음모와 공격에 비해 거의 두 배에 가까울 만큼 압도적으로 늘어났다고 한다. 이는 내가 만나 보려고 하는 인종차별주의자 아르노 마이클리스도 잘 알고 있는 통계 자료다.

아르노는 백인 우월주의자이면서 신나치주의 단체의 회원이었을 뿐만 아니라 북미 지역에서 가장 눈에 띄는 백인 우월주의 리더들 중의 하나였다. 아르노는 1987년에 밀워키에서 '북부 해머스킨스Nothern Hammerskins'의 창단 멤버가 되었다. 이 단체는 나중에 해머스킨 네이션Hammerskin Nation

으로 발전했으며 현재 지구상에서 가장 규모가 큰 백인 우월주의 스킨헤드 단체이다. 더불어 아르노는 유명한 백인 우월주의 밴드인 '센추리온Centurion'의 리드 싱어였다. 그러나 바쌈과 나를 괴롭히던 악플러들과 마찬가지로 내가 가장 놀랐던 점은 아르노 자신은 특별히 다른 사람들에 대해 증오심을 품고 있다고 생각하지 않는다는 사실이었다. 심지어 그가 골수 증오 단체의 리더였을 때도 마찬가지였다. 그저 호의적이고 때로는 영웅적으로 자기와 '같은 종류'인 사람들을 챙겨준 것일 뿐이라고 생각하고 있었다. 결과적으로 나는 극단적인 증오 단체에 가입한 사람들 대부분은 자신들이 공격 목표로 삼은 외집단을 증오한다기보다는 자기가 소속한 단체의 내부로부터 인정받기를 갈망한다는 사실을 알게 되었다. 그들이 원하는 건 소속감이었고, 증오는 그 다음 일이었다.

아르노의 경우에는 그 외에도 돈과 먹을 게 필요했다. 솔직히 말하자면 나는 아르노가 인종차별적인 펑크록 가수 생활을 하면서 먹고살기 힘들만큼 돈을 못 벌었다는 현실에 조금이나마 안심했다.

아르노는 늘 무일푼이었다. 보통은 싸구려 인스턴트 라면으로 때웠고 잔돈을 넉넉히 구걸하는 날이면 맥도널드에 가서 빅맥을 사먹었다. 그리고 그렇게 잔돈을 모아 햄버거를 사러 간 어느 날 아르노의 인생에 영원한 변화를 맞게 될 계기가 시작되었다. 서로의 연대감과 공감을 통한 '연결 화법'이 이루어진 순간 덕분에 해머스킨 단체에서 벗어나 다른 곳에 소속될 수 있는 기회의 문이 열린 셈이었다.

그 날 아르노는 빅맥을 사러 흑인과 백인, 라틴계 주민들이 모여 사는 밀워키 어느 동네의 맥도널드에 들렀는데, 마침 나이든 흑인 여성이 계산대를 지키고 있었다. 전에도 몇 번 본 적 있는 사람이었고 주로 그 시간대에 일하는 것 같았다. 아르노는 햄버거를 주문하고 주머니에서 주섬주섬 10센트, 5센트, 1센트짜리 동전들을 꺼내놓았다. 그때 아르노의 손가락에 새겨진 새 스와스티카(卐) 문신을 발견한 그녀가 천천히, 조심스럽게 아르노에게 물었다.

"그게 뭐예요?"

"아무것도 아니에요." 아르노가 손을 뒤로 감추며 낮은 목소리로 말했다.

그때 그 흑인 여성은 백인 우월주의자의 눈을 똑바로 들여다보며 친절한 목소리로, 심지어 살짝 미소까지 띠고 아르노에게 말했다. "당신은 그 사람들보다 훨씬 더 좋은 사람이에요. 당신은 그런 곳에 어울리는 사람이 아니라는 거 난 알아요."

아르노는 햄버거를 받자마자 도망치듯 그곳을 나왔다. 그리고 다시는 그곳 백인 우월주의 단체로 돌아가지 않았다. 그는 다시는 예전과 똑같은 시각으로 자신의 인생을 바라 볼 수 없었다. 그렇다고 하룻밤사이에 그의 생각이 완전히 달라진 건 아니지만, 아주 큰 변화가 일어나기 시작한 것만은 분명했다. 사실 내가 아르노의 이야기에서 가장 이해하기 어려운 부분들 중 하나가 바로 이것이다. 그가 비교적 쉽게 백인 우월주의 운동에서 등을 돌린 것도 그렇지만 애초에 처음 가입할 때도 비교적 우연히 가입했다는 사실이다.

아르노는 특별히 불행한 생활환경이 만들어낸 결과물도 아니었고 부모에 의해 백인 우월주의로 키워진 것도 아니었으며, 어떤 악마 같은 모집책의 꼬임에 넘어간 것도 아니었다. 그저 무작위적인 우연에 불과했다.

나는 아르노를 만나기 전에 센추리온의 공연 비디오들을 찾아봤다. 그

중 하나가 《열 네 마디 말Fourteen Words》이라는 앨범에 실린 노래 중 하나였다. '열 네 마디 말'은 열 네 개의 영어 단어로 이루어진 백인 우월주의자들의 유명한 슬로건으로 "우리는 우리와 같은 사람들의 존재와 우리 백인 어린이들을 위한 미래를 반드시 보호해야 한다"는 뜻의 암호이기도 하다. 뮤직 비디오에 등장하는 아르노는 상의는 벗고 군복바지 같은 반바지만 입고 전투용 군화를 신고 있었으며, 상체를 거의 뒤덮은 문신이 빡빡 밀어버린 머리까지 이어져 있었다. 그는 알아들을 수 없는 노래 가사를 외치며 쿵쾅쿵쾅 무대 위를 종횡 무진하다가 갑자기 그 자리에 우뚝 멈춰 서서 머리를 뒤로 홱 젖혔고, 코러스가 이어지는 동안 마이크를 입에 바짝 대고 으르렁대듯이 밴드의 이름을 외쳤다. 내가 보기에는 정말 악마를 집어삼킬 듯한 목소리를 내는 것 같았다.

그 노래 가사의 일부분을 옮겨보면 이렇다;

군단이 몰려온다.
적의 두개골이 쩍 갈라진다.
그들을 피바다에 빠져죽게 할 것이다.

두려움에 떨고 있는 유대인 소년
살날이 얼마 안 남았다, 센추리온이 왔노라
너 같은 부류는 그대로 시들어갈 것이다
우리는 마음을 정했다
돼지 같은 유대인들을 쓸어버리기로

왜 반대편을 증오하는가

뮤직 비디오를 보고 나서 몇 주 후에 그 유대인 돼지인 나는 전화를 걸어 노래 가사를 만든 그 남자와 통화를 했다. 그리고 그를 만나기로 약속한 위스콘신 주 밀워키에 있는 한 인도 식당에 들어갔다.

밀워키의 노스 잭슨 스트리트에 있는 볼리우드 그릴에 들어서면 식당 한쪽 옆에 작은 인도 식료품점이 있었다. 나는 언제나 약속 시간보다 일찍 도착하는 편이라서 이번에도 시간이 좀 남아 있었다. 나는 식료품점 앞에 서서 차파치 밀가루와 바스마티 쌀 봉지를 뚫어지게 쳐다보며 내 파트너 새라에게 내가 있는 장소를 문자로 알려야 하나 마나 고민했다. 혹시라도 아르노가 위험한 사람일경우를 대비해야 하니까. 중동 지역을 여행할 때는 다린이 나와 함께 동행했기 때문에 이런 생각을 하지 않았다. 그러나 지금은 나 혼자였고 갑자기 바보 같은 짓을 했나 싶었다. 내 파트너는 내가 전직 백인 우월주의자를 만나기 위해 밀워키에 간다는 건 알고 있었지만 그녀에게 자세한 얘기는 하지 않았다. 내가 실수한 걸까?

아르노가 폭력으로 점철된 인생에서 손을 뗐다는 사실을 알고 있으면서도 나 자신이 불안해하고 있다는 걸 깨달았다. 몇 달 사이에 바쌈에 이어 두 번째로 한때 유대인에게 적개심을 품으며 해치고 싶다고 공공연하게 떠들고 다니던 사람과 마주앉을 참이었다. 하지만 이번에는 그와 나 단 둘뿐이었다. 머릿속에 갖가지 생각이 꼬리를 물었다. 나중에 아르노가 나를 데리고 동네 구경을 시켜준다고 하면 휴대폰의 위치추적 장치를 켜둘까? 만에 하나 내 파트너인 새라가 나를 찾아야 할 경우에 대비해서? 경찰은 내 위치를 추적할 수 있나? 위치 추적 장치가 꺼져 있어도 찾을 수 있을까? 추적 장치는 어떤 원리로 움직이는 거지? 왜 진작 좀 더 꼼꼼하게 생각하지 못했을까? 한때 폭력적인 과격주의자였던 사람을 만날 때 어떻게 하면 좋을지 지금이라도 구글에 검색해볼까? 그나마 아르노가 고른 장소가 인도 식당이라서 다행히었다. 그가 아직도 인종차별주의자라면 인도 식당을 선택하지는 않았을 거라는 생각이 들었다. 그렇지 않아? 새라에게 머릿속을 떠도는 몇 가지 피해망상적인 시나리오를 물어보려고 휴대폰을 꺼내는데 아르노가 식당으로 들어왔다.

그는 체구가 무척 컸다. 나도 키 180cm 정도에 한 덩치 하는 사람이지만 나보다 몇 센티미터는 더 큰 아르노는 나를 내려다보았다. 게다가 싸구려 인스턴트 라면으로 연명했다던 스킨헤드 시절과 달리 상당히 몸이 좋아진 탓인지 훨씬 더 크게 느껴졌다. 아르노는 회색 긴 팔 보온티셔츠를 입고 그 위에 검정색 반팔 티셔츠를 입고 있었다. 소매를 반쯤 끌어올리고 있어서 문신의 일부가 드러났다. 센추리온 비디오에서 본 것보다 훨씬 희미하게 남아 있었다. 문신 제거는 정말 고통스러운 과정이기 때문에 아르노는 백인 우월주의 당시에 새긴 문신 대부분을 다른 문신으로 덮은 상태였다. "이 손등에는 뱀 문신이 있었어요." 나중에 아르노가 오른쪽 손가락 관절을 보여주며 "지금은 기생충처럼 보이네요"라고 덧붙였다.

우리는 뷔페에서 먹을 만큼 음식을 담아 자리에 앉았다. 식당은 많은 사람들로 붐볐는데 한편으론 안심이 됐고, 한편으론 문제가 되기도 했다. 아르노는 목소리가 보통 큰 정도가 아니라 듣기 불편할 정도로 거북하게 목소리가 컸다. 공공장소에서 그런 목소리로 스포츠나 영화, 교통 얘기를 하는 것도 거슬릴 판인데 아르노는 아주 큰 소리로 백인 우월주의자였을 당시의 얘기를 자세히 들려주었다. 그것도 아주 거침없이 노골적인 표현을 써가면서.

"어떤 백인학생이 흑인학생들이 대부분인 학교에 다니다가 백인이라는 이유로 인종차별을 당해 두들겨 맞는 일이 있었어요. 그래서 우리는 그 학교 주변에 '깜둥이들은 조심하라'고 적힌 스와스티카 전단을 뿌렸어요." 그리고 아르노는 백인 우월주의 단체에 가입할 사람들을 모집하던 때를 회상했다. "거기 적힌 우리 사서함을 보고 지원자들이 우리를 찾았어요. 우리에게 편지를 보냈고, 직통 전화번호로 문의를 했어요. 그래서 우리는 그들을 모두 초대해서 떠들썩하게 술을 마셨고 무용담을 늘어놨죠."

나는 평소에 흑인을 비하하는 말을 꺼내지 않으려고 조심하는 백인들에게 익숙해 있었다. 심지어 그런 말을 입에 올릴 때도 목소리를 낮추고 못마땅하게 속삭이는 사람들이 대부분이었다. 그러나 아르노는 달랐다. 솔직히 내가 피해망상인지 몰라도 그가 그 단어를 입에 올릴 때는 왠지 목소리가 더 커지는 것 같았다. 나는 아르노 앞에 앉아서 식당에 있는 사람들에게 나는 아르노가 쏟아내는 얘기와 무관하다는 걸 어떻게든 알리고 싶어서 전전긍긍했고, "이 남자가 인종차별주의자고 나는 아니에요!" 라고 외치고 싶어서 입이 근질근질했다. 지나고 나서 생각해보니 그 때의 내 모습은 의식적으로 증오에 반대하는 측에 소속되고 싶고 인정받고 싶은 나 자신의 욕망을 반영한 흥미로운 모습이었다. 어쨌든 당시 나는 아르노에게 그의 어린 시절에 대해 물어보는 동안 복잡한 심정을 정리하려고 애썼다.

아르노는 1970년 위스콘신 주 메퀀Mequon에서 태어났다. 아르노가 어렸을 때도 그랬지만 지금도 메퀀은 백인들이 많이 사는 꽤 부유한 동네로 2010년 인구조사에 의하면 메퀀에 거주하는 주민 23,139명 중 92%가 백인으로 미국 전체 평균인 72%보다 더 높은 비율을 보였다. 그리고

2015년의 중간소득은 101,986 달러로 미국 전체 평균의 거의 두 배에 달했다. 좀 더 구체적으로 말하면 메퀀은 부유한 백인 보수주의자들이 모여 사는 외곽도시이다. 2016년에 도널드 트럼프는 메퀀이 위치한 오조키 카운티 전체 투표수의 57%를 획득했다. 그 이전 2012년에 공화당내 경선에서 미트 롬니Mitt Romney 후보는 그보다 더 많은 투표수인 65%를 획득해 상대 후보와의 표 차이가 전국에서 가장 크게 벌어진 곳 중 하나였다.

만약 연결의 공간이 증오를 해소하는 답이 될 수 있다면, 그 반대로 인종적, 경제적으로 분리된 공동체에 존재하는 연결의 결핍은 오히려 문제가 될 수 있다. 물론 부유한 백인 보수주의자들이 모여 사는 외곽 도시에서 나고 자랐다고 해서 모두가 신나치주의자가 되는 건 아니므로 그 한 가지로 모든 걸 설명할 수는 없다.

아르노의 부모님을 탓하고 싶은 마음도 없지 않다. 그의 아버지는 알코올 중독자였고 아르노가 어렸을 때 아버지와 상당히 많은 갈등을 겪었다고 했으니까. 아르노는 자기 아버지에 대해 "극우적 보수주의자이며 근본주의 신봉자이고 자유시장주의가 모든 문제를 해결할 수 있다"고 믿는 사람이라고 설명했다. 그리고 잠시 말을 멈췄다가 "난 극우파의 정치적인 이념에는 일종의 본질적인 인종차별주의가 담겨 있다고 생각해요"라고 덧붙였다.

나라면 그렇게 말하지는 않겠지만, 현대의 많은 보수주의자들은 부유한 백인들이 누구보다도 본질적으로 우월하다는 무언의 믿음, 때로는 노골적이기까지 한 그 믿음의 한구석에 뿌리 깊은 엘리트의식을 반영하고 있는 건 사실이다.

아르노의 집에는 극보수주의와 더불어 극좌파적인 견해도 공존했다.

"내가 사랑하는 우리 부모님은 아주 독특한 커플이에요." 아르노가 말했다. "우리 어머니는 전형적인 60년대 생으로 초혁신적이고, 초다문화적이고, 초자유민주적이죠."

아르노가 어머니의 초자유민주주의적 성향에 반발해서 백인 우월주의를 받아들였다고 추측할 수도 있지만 히피의 자식들이라고 해서 모두 백인 우월주의 리더로 성장하는 건 아니다. 결국 아르노의 부모님에게서 원인을 찾으려고 했던 내 의도가 자기방위적인 생각이었음을 깨달았다. 대체로 평범하고 부유한 아르노의 백인 부모님이 뭔가 잘못한 것으로 책임을 돌린다면 내 자식은 커서 증오심을 품은 과격주의자가 되지 않을 거라는 믿음을 정당화할 수 있을 테니까. 우리 자신은 악의적이라고 생각하지 않는 것처럼 '우리 같은 사람들이' 악의적인 성향의 자식을 길러낸다고 생각하고 싶지 않은 것이다.

그러나 그건 사실이다. 예를 들어 보자. 우리는 대개 폭력적인 과격주의자들은 빈곤하고 '파괴된' 가정 즉 어떤 이유에서든 '파괴된 것' 같은 빈곤한 커뮤니티 출신들이라고 생각하기 쉽다. 그러나 1994년에 저널리스트 댄 코렘Dan Korem이 출판한 연구결과에 의하면 1980년대 말 미국과 유럽에서 폭력적인 갱단의 회원 수가 급등한 이유는 '평균 이상의 부유한 커뮤니티' 출신의 아이들이 갱단에 가입했기 때문인 것으로 분석 됐다. 채프먼 대학교의 사회학자이며 국내 극우 증오 집단을 연구하는 저명한 학자들 중 하나인 피트 시미Pete Simi는 백인 우월주의 집단에 대한 광범위한 연구를 통해 극우 증오 집단에 소속된 회원들이 매우 다양한 사회 경제적인 배경을 가지고 있음을 밝혀냈다. 또 다른 연구에 의하면 백인들이 쏟아내는 공공연한 인종차별적 표현들은 사실 경제적인 경쟁에 대한 두려움 때문이 아니라, '인종 혼합'에 대한 분노 때문인 것으로 나타났다. 다시 말하면 경제적인 불안감이 아니라 문화적인 우월감에서 기인한다는 뜻이다. 흔히 생각하는 것과는 달리 증오와 폭력은 반드시 가난한 자들의 수단이라기보다는 때로는 부자들의 사치이기도 하다. 어느 쪽이든 증오는 분명 단순히 어느 하나의 소득계층에만 해당되지 않는다.

그렇다면 왜? 왜 아르노는 백인 우월주의자가 됐을까? 우선은 아르노가 학창시절에 친구들을 괴롭히고 말썽을 일으키는 편이었다는 사실을 생각해볼 수 있다. 백인 우월주의는 그런 행동을 감싸주고 장려하기 때문이다. 실제로 6학년 때 아르노는 학교 내에서 '어린이 해방 단'이라는 작은 갱단을 만들었다. 이 소규모 갱단의 목표는 '선생님들이 항상 학생들에게 이래라 저래라 마음대로 지시하는' 것에 반발하는 것이었다.

"우리는 억압받고 있다고 느꼈어요. 선생님들은 다른 애들을 때리는 걸 금지했고, 시험 볼 때 부정행위도 못하게 막았고, 점심값을 빼앗지도 못하게 했거든요. 뭐 그런 이유들 때문이었죠." 아르노는 집단적 피해의식을 독특한 방식으로 반발했던 이유들을 설명하며 웃었다. 그러나 그가 기억하는 바로는 그 당시에도 특별히 인종차별적인 성향은 없었고, 어린이 갱단에는 흑인 아이들도 한두 명 포함돼 있었다고 말했다. 그리고 더 성장해서 한참 브레이크댄싱에 빠져 있을 때는 "메쿼에 살던 다섯 명의 흑인 아이들과 몇몇 백인 아이들, 아시안 아이와 주로 어울려 놀았고 같이 브레이크댄스 모임을 시작했다"고 말했다.

오히려 아르노는 어려서부터 증오에 대해서는 좀 둔감한 편이었다. 8학년(중2) 때 "학교에 유대인 학생이 있었는데… 그 부모님이 러시아에서 온 지 얼마 안됐어요. 그 애가 유대인인 건 상관없었지만 땅딸막하고 뚱

뚱한 몸집 때문에 딱 괴롭히기 좋은 대상이었죠. 그래서 그 애를 괴롭히기 시작했어요"라고 그가 말했다.

아르노는 슈퍼히어로로 같은 인물을 그렸는데 슈퍼맨처럼 그의 가슴에는 S 대신 나치 문양이 그려져 있었다. 아르노가 그린 만화 속에서 그 '슈퍼히어로'는 유대인 학생의 목을 벴고 그에게 '온갖 잔인한 악행'을 저질렀다. 그리고 마침내 아르노가 제일 좋아하던 선생님이 그 만화를 보게 되었다.

"아르노, 이런 몹쓸 나치 문양이 왜 여기 있지?" 선생님이 아르노에게 물었다.

"네? 전 그냥 그 녀석을 골탕 먹이는 것뿐이에요." 아르노가 말했다. "별 뜻 없어요."

"이게 무슨 뜻인지 너도 알잖아." 선생님이 고집스럽게 다그쳤다.

"스와스티카가 뭔지 너도 분명히 알고 있어. 그리고 그게 왜 사람들에게 상처를 주는지도 알잖아."

"전 그런 건 관심 없어요. 그냥 재미삼아 그린 거예요." 아르노는 당시에는 대수롭게 생각하지 않았다. "그냥 장난이었어요."

그러나 오랜 세월이 흐르고 나서 "그때 선생님이 내게 실망했다는 사실에 상처받았던 게 기억난다"고 아르노가 말했다.

아르노는 계속 유대인 학생을 괴롭혔지만 나치 문양은 더 이상 그리지 않았다.

그의 이야기는 분명 매우 심란한 얘기다. 그러나 대다수의 어린이들이 저지르는 철없고 심술궂은 장난을 보면 의식적이든 무의식적이든 우리 사회에 만연해 있는 편견이 심한 비유를 든 경우에 불과하다고 볼 수 있다. 오해 없기를 바란다. 이것은 분명히 내 경험을 통해서 우러난 얘기를 하는 것이다. 그러나 아르노의 어린 시절 얘기에서 가장 인상적이었던 부분은 그 안에서 어떤 특별한 편견의 강한 패턴은 찾아 볼 수 없고, 오히려 그의 어린 시절의 감성이 전혀 반영되지 않았다는 점이다. 아르노는 계속해서 자신의 의미를 찾고 소속감을 가지려 노력했고 이 단체, 저 단체를 옮겨 다니며 어디가 마음에 드는지, 그들이 자신을 좋아하는지, 어디에 낄 수 있는지 시험했다. 하지만 어디에도 제대로 가입하지 못했다.

"모두가 나를 좋아했거나 또는 싫어했었고, 내가 멋있다고 생각하거나 아니면 아주 형편없는 인간이라고 생각했죠. 그 중간에 있는 사람은 아주 드물었어요." 아르노가 회상했다. "그게 내 목표이기도 했어요. 어중간한 사람은 단 한명도 없이 나를 사랑하거나 나를 싫어하길 바랐죠." 그는 확신을 가지고 여전히 큰 목소리로 말했지만 나는 그 말을 믿지 않았다. 내 안에 잠재된 모성의 눈에는 필사적으로 사람들의 관심을 끌고 호감을 받고 싶었던 외로운 소년의 모습으로 보였나. 그러나 아르노는 사람들을 괴롭히는 걸 즐겼고 아웃사이더가 되기로 결정했다고 주장했다. 그가 펑크 록 음악을 접하게 된 것도 바로 그때였다.

펑크 록은 언제나 의도적으로 반문화적인 성격을 띠는 음악이며 로큰롤이 점차 온순해지는 데 대한 반작용으로 발달했다. 음악 평론가 로버트 크리스트거Robert Christgau는 "펑크록은 또한 정치적인 이상주의와 사랑과 평화를 외치는 캘리포니아 히피족의 어리석음을 경멸적으로 거부한 하위문화이기도 하다"라고 말했다. 전설적인 펑크 매니저이자 사진작가인 리 블랙 칠더스Lee Black Childers는 펑크를 "허락받지 못한" 음악으로 요약할 수 있다고 말한 적이 있다. 분명히 1980년대 미국 전역에서, 특히 백

왜 반대편을 증오하는가

인 어린이들 사이에 펑크는 전형적인 아웃사이더들의 음악으로 받아들여졌다.

"나는 막 펑크 록을 접하기 시작했고 위스콘신 주 남동쪽과 북부 일리노이즈 주와 시카고 출신의 30살 먹은 펑크 로커들과 알고 지냈어요." 우리 둘 다 뷔페에서 한 번 더 음식을 가져온 뒤 자리에 앉아 아르노가 말했다. "그 사람들을 찾아가서 옷을 벗어던지고 정신 못 차릴 때까지 술을 퍼마셨고, 그러다 어느 집 소파에서 술에 취해 뻗어서 오줌을 싼 적도 있어요."

아르노의 아버지가 집의 문을 가로막고 서서 못 나가게 하면 덩치가 훨씬 더 큰 아르노는 아버지를 번쩍 들어 옆으로 옮겨놓았다. 내가 듣기에는 아르노의 부모님이 그를 바로 잡으려고 애를 썼지만 그럴수록 그는 대부분의 시간을 집 밖에서 보냈다. 결국 아르노는 펑크록 현장에서 만난 스킨헤드족과 가까워지게 됐고, 백인 우월주의에까지 가담하게 되었다.

머리는 매끈하게 밀어버리고 발가락부분에 강철을 댄 부츠를 신고 주로 티셔츠와 청바지를 입은 스킨헤드족은 펑크 로커들의 하위 집단이다.

원래 스킨헤드 스타일은 정치에 관심이 없는 근로 계급의 반문화운동에서 시작됐으며, 1970년대의 화려한 부르주아에 대한 반작용이었다. 그러나 1980년대에 들어서 스킨헤드 문화의 대부분은 신나치주의자들에 의해 도용되었다. 그래서 비록 모든 스킨헤드가 인종차별주의자는 아니고, 펑크 로커들이 모두 스킨헤드는 아니지만 인종차별적인 문화와 펑크 문화는 종종 뒤엉켜 있다.

"스킨헤드들 중에는 반인종차별주의자들도 있고 인종차별주의자들도 있어요. 또 어느 쪽에도 신경 쓰지 않는 어중간한 스킨헤드들도 있어요.

그런 사람들은 술이나 마시고 싸움을 벌이는 정도면 충분했죠." 아르노가 내게 말했다.

"그때는 나도 그들 중 하나였어요." 술 먹고 싸우는 종류의 스킨헤드.

"그러다 '스크루드라이버 밴드'의 음악을 듣고 인종차별주의에 한발 가까워지게 됐어요. 그렇다고 '난 흑인을 증오해. 어떻게든 그걸 표현할 방법이 필요해'라고 생각한 건 아니었어요." 아르노의 목소리는 거의 고함에 가까워서 나는 볼리우드 그릴에 있는 모든 사람들이 "나는 흑인을 증오해" 부분만 들은 건 아닐까 걱정됐다.

당시 스크루드라이버는 전 세계적으로 이름이 알려진 신나치주의 밴드였다. 사실 나도 몰랐던 내용이지만 위키피디아를 검색해보고 알았다. 그리고 유튜브에서 "화이트 파워"라는 스크루드라이버의 노래를 찾아 들어보려고 했지만 내 심장은 물론 귀청이 떨어져나갈 것 같았다. 아마존닷컴을 검색했더니 스크루드라이버의 앨범들은 지금도 판매 중이었고, 1984년에 나온 앨범 〈헤일 더 뉴 돈Hail The New Dawn〉에는 열다섯 개의 리뷰가 달려 있었는데 하나만 빼고 나머지 모두 별 다섯 개를 찍고 있었다. 그렇게 아마존닷컴에서 백인 우월주의 밴드를 검색하고 나면 최소한 몇 달 동안은 인터넷을 켤 때마다 인종차별주의 추천 앨범들을 소개하는 링크가 걸린 팝업창이 뜬다는 것도 알게 되었다. 어쨌든 아르노의 말을 요약하자면 스크루드라이버의 노래를 듣기 전에는 인종차별주의자가 아니었지만 노래를 듣고 난 후에는 인종차별주의자가 됐다는 거였다.

계속되는 아르노의 얘기를 듣고 있노라니 점점 참기 어려워졌다. 인종차별주의자는 아르노가 들려준 얘기 중에서 가장 걱정스러운 부분이었다. 아르노는 나보다 일곱 살이 많았고 내가 고등학교에 들어갔을 무렵

왜 반대편을 증오하는가

에는 펑크 음악이 그다지 인기가 없었다. 그리고 나 역시도 친구들에게 인기가 없었다. 그래서 나는 레즈비언 포크 음악을 듣는 편이었다. 스크루드라이버의 음악에 대한 아르노의 얘기를 들으며 나는 궁금해지기 시작했다. 자아가 불안정한 시기에 위험한 음악을 접한 것이 아르노를 헌신적이고 폭력적인 인종차별주의자로 바꿔놓은 걸까? 내가 인디고 걸스[22]의 음악을 즐겨 들었다고 해서 바로 레즈비언이 되는 건 아니잖아? 분명히 그의 부모님이나 고향인 밀워키의 외곽도시, 혹은 그의 학교 환경 탓일 거야. 아니면 1980년대의 분위기 때문이거나. 당시 대통령인 로널드 레이건의 책임도 있다고 해야 할까? 나는 아르노가 단순히 위험한 음악 밴드를 접했기 때문에 백인 우월주의로 빠져든 것이 아니라는 다른 원인을 찾으려고 애쓰고 있었다.

그렇지만 백인 우월주의 집단의 특성에 대해 알면 알수록 아르노의 얘기가 타당하게 들린다는 사실 또한 부정할 수 없었다. 실제로 그런 분위기에 휩쓸려서 세뇌를 당하는 경우가 상당히 흔하게 존재했기 때문이다. 100명이 넘는 전직 신나치주의자들과 KKK[23] 단원들을 만나 인터뷰를 진행한 채프먼 대학교 부교수이자 극단주의 집단에 대한 폭력을 연구해 온 피트 시미Pete Simi는 대부분의 백인 우월주의자들이 처음부터 증오 집단에 가입하기를 원한 것이 아니고, 그저 소속감을 갈구했다고 설명했다. 그들은 방관자적인 입장에 있다가 '자신도 모르게 미끄러지듯' 빠져들게 됐다고 말했고, 그 집단이 표방하는 신념보다는 동지애 때문이었다고 설명했다. 또한 집단에 속한 사람들과 충분히 공감하기 전에는 그 집

---

22 Indigo Girls, 조지아 출신의 레즈비언 여성 포크 록 듀오 - 주
23 Ku Klux Klan- 백인 우월주의를 표방하는 미국의 극우 비밀 결사단체 - 주

단의 인종차별적인 믿음에 전적으로 맞서지 않는다고 말했다. "이념이 중요하긴 하지만 반드시 그것 때문에 처음부터 그런 집단을 찾는 것은 아니다"고 시미는 기록했다. "처음부터 이념이 존재하는 경우가 종종 있어도 아주 구체적이지는 않다. 초기에는 매력적인 이념적 조각들이 여기저기 존재하긴 해도, 먼저 이념을 완전히 받아들이고 나서 그에 따라 가입할 집단을 찾아나서는 사람은 매우 드물다. 시간이 지나면서 그런 사상에 점차 익숙해짐에 따라 이념이 점점 더 중요해지는 것이다."

실제로 한 연구 결과에 의하면 먼저 과격한 폭력 집단에 가입해 회원이 되고 난 후에 폭력을 받아들이고 지지하는 법을 배우고, 그 결과로 집단의 정체성이 더 강해지는 경우가 대부분인 것으로 나타났다.

프랑스의 사회학자 귀스타브 르 봉Gustave Le Bon은 1985년에 현재 우리가 '군중심리'라고 부르는 것의 초창기 개념을 이렇게 기록했다. "사람은 군중의 일부가 된다는 사실 자체만으로도 문명 세계의 사다리에서 몇 계단 아래로 하락하는 것이다. 혼자 있을 때는 교양 있는 개인일지 몰라도, 군중의 일부가 되면 야만인이 된다." 이는 집단의 압력을 상당히 과격하게 표현한 것이라고 볼 수 있다. 그러나 피트 시미는 증오 단체에서 활발하게 활동하는 회원이면서도 그 단체가 표방하는 이념에는 동조하지 않는다고 말하는 사람들을 만난 적이 있다고 말했다.

시미의 얘기를 확증해주는 다른 학자들의 연구도 많이 나와 있다. 2002년에 사회학자 지아드 먼슨Ziad Munson은 낙태를 반대하는 운동가들에 관한 연구 결과를 출판했다. 그는 연구를 통해 대부분의 운동가들이 굳은 신념을 가지고 낙태 반대 시위에 참여했다기보다는 먼저 그런 시위에 참가하고 나서 점점 믿음이 강해진 경우라는 것을 알게 되었다. 실제로

왜 반대편을 증오하는가

먼슨은 "운동가들의 대부분은 기껏해야 낙태에 관해 양면적인 입장을 가지고 있었고, 그런 활동에 참여하기 전에는 분명 낙태 합법화를 찬성하는 입장이었던 사람들도 많았다"는 사실을 발견했다.

전직 연방 검사이며 의회 조사관인 켄 밸런Ken Ballen은 백 명이 넘는 폭력적인 무슬림 극단주의자들을 인터뷰하며 서방 국가에 대한 공격에 참여하는 동기가 무엇인지 연구했다. 그 과정에서 밸런은 과격한 이론가들보다는 의미나 소속감을 갈구하는 사람들을 훨씬 더 많이 만났는데, 그들은 테러리스트 네트워크 안에서 원하던 것을 찾고 난 후에 급진적으로 변했다고 말했다. 밸런은 그런 극단주의자 여섯 명에 대한 광범위한 분석 내용을 바탕으로 한 책을 쓰고 《테러리스트 인 러브Terrorist in Love》라는 제목을 붙였다. 밸런의 책에 실린 이야기중 하나는 사우디아라비아의 젊은 커플에 관한 얘기이다. 두 사람은 어린 시절부터 사랑을 키워온 사이였지만 결혼을 금지 당했고, 여자는 그녀를 강간한 60세 늙은이와 강제로 결혼해야 할 운명에 처했다. 결국 이 젊은 커플은 죽어서라도 함께 하기 위해 동반자살을 생각했지만 그들이 추종하는 이슬람교는 인습적인 방법으로 자살하면 죽어서도 영원한 형벌을 받는다고 가르쳤다. 결국 두 사람은 극단주의자들의 자살폭탄테러 단체에 자원했다. 자살폭탄테러로 자신을 희생하면 신의 축복을 받는다고 믿었기 때문이다. 상상조차 어려운 일이지만 악에 받힌 것 같은 그들의 행동은 사랑과 소속감에 대한 갈망에서 시작된 것이다. 이 커플의 경우에는 서로에게 소속되고 싶은 갈망이었다.

그러나 여전히 속 시원히 풀리지 않는 의문이 남아 있다. 왜 증오 속에서 소속감을 찾는 걸까? 증오 단체에 가입하는 사람들이 타인과의 소통을 갈망하는 보통 사람들이라면, 도대체 무엇 때문에 고의적으로 다른 사람들과 단절하고 심지어 그들을 혐오하고 경멸하는 방법을 통해 소통하려는 걸까? 비단 신나치주의자들에게만 해당되는 얘기라고는 생각하지 않는다.

인종차별적인 농담을 들으며 키득대고 있는 행위도 증오를 바탕으로 형성되는 유대감이 아닌가?

저녁 식탁에 둘러앉아 나와 다른 생각을 한다는 이유로 인구의 절반을 멍청하다고 깎아내리는 건 또 어떤가? 곰곰이 생각해보면 누구나 특정한 군중 속에 섞이기 위해 크고 작은 방법으로 다른 군중을 비하했던 경험이 있을 것이다. "집단이 겪는 과정은 개개인이 겪는 과정과 마찬가지로 정적이지 않고 역동적이며, 변화가 없는 것이 아니라 계속 진화한다"고 심리학 박사 제임스 월러^{James Waller}는 설파했다.

전반적으로 우리가 인간으로서 다른 사람들과 소통하고자 하는 건 좋은 일이다. 사실 더 많은 소통은 증오심에 대한 해결책을 찾는 데 꼭 필요한 부분이라고 생각한다. 하지만 우리는 또한 어두운 측면도 짚고 넘어가야 한다.

어떤 이유에서인지 몰라도 종족 중심주의에 대해 생각할 때면 나는 언제나 사춘기가 되기 전 알렌타운 외곽에 위치한 '유대인 주민 센터의 주간 캠프'에서 보낸 여름날이 떠오른다. 그때 캠프에서 참여했던 여러 가지 활동 중에 색깔 전쟁이라는 게임이 있었는데, 빨강, 파랑, 노랑, 초록의 색깔별로 팀을 나누고, 수영이나 깃발 뺏기 같은 경기를 하며 서로에 맞서는 대결을 벌였다. 매년 있었던 경기들 중에 특히 기억나는 건 한꺼번에 짭짤한 크래커 여러 개를 입에 쑤셔 넣은 다음 빨리 먹고 나서 제일 먼저 휘파람을 부는 사람이 승리하는 경기였다. 그 경기가 내 주특기였다. 색깔 전쟁은 대체로 재밌었고 우리는 꽤 진지하게 받아들여서 일주일 내내 정해진 팀 색깔의 옷을 입고 다니며 서로 흉을 보거나 골탕을 먹이며 다른 색깔 팀의 아이들을 놀리기 바빴다.

평소 같았으면 다 같이 친하게 잘 지내던 아이들이, 심지어 남은 여름 동안 아주 가까운 친구 사이로 발전하기도 하는 아이들이 그저 무작위로 파랑 혹은 노랑 팀으로 나누어졌다는 이유만으로 서로 맹렬하게 싸우는 사이로 돌변한다는 사실이 늘 흥미로웠다. 그러던 차에 '로버스 케이브 캠프Robbers Cave Camp실험'을 접하고 나서 비로소 이해하게 되었다.

1954년에 사회 심리학자인 무자퍼 쉐리프Muzafer Sherif는 백인 중산층 신교도 집안에서 자란 12살 또래의 백인 소년 22명을 오클라호마 대학교 교직원들이 관리하는 3주간의 무료 여름 캠프에 초대했다. 캠프장 이름인 로버스 케이브가 실험의 제목이 되었다. 쉐리프는 소년들을 두 그룹으로 나누고 첫 번째 주에는 두 그룹이 서로를 만나지 못하도록 통제했다. 실제로 그 며칠 동안은 실험자들의 세밀한 관리 덕분에 서로가 상대 그룹의 존재를 알지 못한 채로 지냈다.

그 시간 동안 각 그룹의 소년들은 캠프장을 돌아다니며 가장 좋아하는 활동을 선택했다. 한 그룹은 수영을 하면서 대부분의 시간을 보냈고, 또 다른 그룹은 계곡에서 카누를 즐겼다. 각 그룹은 의도적으로 동일한 목표달성을 위해 팀원끼리 힘을 합쳐 협동해야 하는 몇 가지 임무를 부여받았다. 그리고 쉐리프와 교직원들이 뒤에서 지켜보는 동안 소년들은 각자의 그룹 안에서 카누를 들고 가는 사람, 캠프파이어를 위해 나무를 모으는 사람 등 개별 업무를 분담하고 서로 협동하며 기준을 확립해나갔다. 이 과정에서 한 그룹은 '래틀러스Rattlers', 다른 한 그룹은 '이글스Eagles'라고 이름도 정하며 자신이 속한 그룹에 애착을 키워갔다.

그리고 며칠이 지난 후, 쉐리프는 각 그룹에게 상대방의 존재를 알려주었다. 그러자 두 그룹 모두 교직원들에게 상대 그룹과 경기를 할 수 있냐고 물었다. 쉐리프는 상대의 존재를 알게 됨으로써 "'우리'와 '우리 것'의 의식이 고조되었고", 그런 의식은 더 나아가 "다른 그룹과 겨루고 싶은 강한 욕망"으로 이어졌다고 기록했다. 그뿐만이 아니었다. 이글스에 속한 한 소년이 래틀러스 그룹을 "그 깜둥이 녀석들"이라고 지칭하는 소리도 우연히 듣게 되었다. 아직 정식으로 서로를 본 적도 없고 모두가 백인이었는데도 말이다. 그 어린 백인 소년들의 마음속에는 검다는 것이 다름을 의미하는 뜻으로 자리 잡은 것 같았다.

실험이 시작된 후 두 번째 주에 쉐리프는 실제로 몇 가지 스포츠 경기를 통해 두 그룹을 경쟁시켰고, 그 과정에서 서로에 대한 반감이 점점 커져서 결국 경기장 밖까지 번졌다. 래틀러스가 야구 경기와 줄다리기 경기에서 승리한 후 이글스는 래틀러스의 깃발을 훔쳐다가 불을 질렀고, 타다 남은 깃발을 가져다가 다시 걸었다. 다음 날 이글스가 한 경기에서 승리하자 래틀러스는 이글스의 숙소를 뒤집어엎었다. 이에 이글스는 돌멩이를 들고 래틀러스를 공격하겠다고 협박했지만 어른들이 나서서 중재했다. 그러나 그 주가 끝날 때쯤 기어코 두 그룹 사이에 주먹다툼이 벌어졌고 서로를 "거지같은 녀석들"과 "계집애 같은 놈들"라고 욕했다. 그것 역시 고의적인 계급차별과 성차별이 깔린 욕이었다.

쉐리프의 실험은 매우 비슷한 배경을 가진 소년들을 단순히 임의적인 집단으로 나누고 경기를 통해 서로 겨루게 했을 뿐인데 소년들이 '상대'에게 반감을 갖기 시작했음을 보여주었다. 쉐리프의 표현에 의하면 그들의 증오는 '처음부터 실험적으로 만들어진' 것이었다. 그러나 그 실험에서 마지막 한 주가 더 남아 있는데, 이 마지막 부분은 희한하게도 쉐리프의 실험에서 가장 덜 주목받는 부분이기도 하다. 마지막 주에 벌어지는 일은 앞선 두 주가 암울했던 상황을 뒤엎을 수 있을 만큼 긍정적인 내용이지만, 그 얘기는 잠시 후에 다시 하기로 하자.

2007년에는 위의 실험과 완전히 다른 성격의 연구가 진행되었다. 하버드 대학교의 캐서린 킨즐러와 동료들은 우리가 광범위하게 내집단과 동일시하려는 경향은 아주 어렸을 때부터 시작되며, 어쩌면 선천적으로 타고난 것일 수도 있다는 걸 보여준다. 킨즐러와 연구팀은 영어만 사용하는 가정에서 자란 생후 5개월의 아기들을 여러 명 모아서 두 개의 비디오를 보여주었다. 한 비디오에 나오는 여성은 영어로 얘기를 했고, 다른 비디오에 나오는 여성은 스페인어로 얘기했다. 그러고 나서 두 여성이 아무 말 없이 나란히 서 있는 비디오를 보여주었다. 영유아 심리학에 의하면 친밀감이나 흥미의 정도를 측정하는 기준은 관심이며, 아기들은 자기가 좋아하는 대상을 더 오래 쳐다본다고 한다. 킨즐러의 연구에 참여한 아기들은 영어를 말하는 여성을 더 오래 쳐다보았다. 또 다른 연구에서는 아기들이 자신들과 같은 언어를 사용하는 사람이 건네는 장난감을 더잘 받는 것으로 나타났고, 같은 언어를 쓰는 사람들 중에서도 '낯선 말투'보다 평소 자기 가족들이 사용하는 말투를 더 좋아하는 것으로 나타났다. 심리학자들은 종종 이런 실험과 비슷한 내용의 또 다른 실험들을 언급하며 우리 모두에게 '우리와 같은 종류'를 더 좋아하는 진화론적인 선호도가 내재되어 있다는 증거라고 말한다.

그러나 이전 '로버스 케이브 실험'의 첫 번째 두 주에서 가장 중요한 내용은 세상을 내집단과 외집단으로 나누고 외집단에 대해 적대감을 느끼는 경향이 선천적인 것일 수도 있지만, 우리가 집단을 나누는 방식은 그렇지 않다는 사실이다. 진화론 생물학자인 E. O. 윌슨은 "인간은 적절한 행동 양식에 대해 일관된 태도를 보이지만 그 행동 양식을 적용하는 대상을 정하는 기준은 끊임없이 변하기 쉽다"라고 말한다. 그리고 계속해서 내집단과 외집단 사이를 구분하는 것에 관해서는 "두 집단을 가르는 선의 정확한 위치는 앞뒤로 왔다 갔다 쉽게 변한다"고 말했다.

실제로 "최소집단이론"이라는 학문적 연구 분야는 우리가 얼마나 쉽게 아무 의미 없는 범주에까지 내집단과 외집단의 본능을 적용하는지 보여준다. 신경심리학자인 제이 반 바벨이 실시한 연구를 예로 들어보자. 그는 먼저 백인 실험 대상자들에게 인종차별적인 편견의 정도를 테스트하고 난 후 무작위로 여러 인종이 혼합된 그룹에 배정하고, 편의상 라이온스와 타이거스라는 별명을 붙였다. 그러고 나서 백인 실험 대상자들을 대상으로 다시 편견의 정도를 테스트하자 인종차별적인 편견이 처음보다 줄어든 것으로 나타났다. 이런 결과는 놀랍게도 실험 대상자들이 다인종 무리에 섞이면서 갑자기 정체성이 옅어진 까닭이었다. 반 바벨은 "단순히 다인종 무리에 섞였을 뿐인데 인종에 관계없이 자신이 속한 집단의 모든 구성원들에 대해 긍정적이고 무의식적인 유대감을 느끼는" 결과를 발견했다.

여섯 살 정도 어린아이들이 자기와 같은 인종 그룹을 선호하는 경향이 매우 강하다는 사실을 보여주는 연구 결과가 있기도 하지만, 그 나이보다 어린 아이들은 인종적인 편견 자체를 보이지 않는다는 연구 결과 또한 매우 중요한 실험 성과이다. 그리고 심지어 인종차별적인 편견을 가지고 있는 나이가 높은 연령대의 아이들을 대상으로 한 실험에서도 과학자들은 이들을 인위적인 내집단 성향으로 유도함으로써 인종차별적인 편견을 빠르게 중단시키는 연구 결과도 보여 줬다.

그 대표적인 사례를 보자. 2001년에 심리학자인 레베카 비글러와 위스콘신 대학교 매디슨 캠퍼스의 동료들은 초등학교 학생들을 대상으로 3주에서 6주 동안 이어지는 여름 방학 프로그램을 통해 몇 가지 실험을 진행했다. 각 실험을 시작할 때마다 연구원들은 아이들에게 노랑 셔츠와 파랑 셔츠를 무작위로 나누어주었다. (여기서 어김없이 나는 또 색깔 전쟁이 떠오르지만…) 이건 다른 내용의 실험이다. 통제 집단에 속한 아이들은 그냥 자기가 받은 셔츠를 입고 평소와 다름없이 여름 프로그램 활동에 참여했다. 한 실험 집단은 선생님들이 어떠한 차별도 하지 않고 단순히 티셔츠 색깔 분류 기준으로만 삼았는데, 예를 들면 색깔별로 줄을 세우거나 셔츠 색깔을 바탕으로 활동 그룹을 나누는 정도였다. 그리고 또 다른 종류의 실험에서는 교실 벽 곳곳에 자신감을 북돋우는 내용의 포스터를 붙여 놓았는데, 포스터 속에는 주로 파랑 셔츠를 입은 아이들이 시합에서 이기거나, 반장으로 뽑히는 등 우승하는 역할을 맡고 있었다. 그리고 이 실험 집단에 속한 학생들에게는 작년 프로그램에 참가했던 학생들의 성취도를 반영한 포스터라고 얘기했다.

그래서 어떤 일이 일어났을까? 어쩌면 당연한 결과겠지만, 파랑 셔츠를 입고 있는 아이들의 포스터를 보며 생활한 아이들은 실험이 끝날 때쯤에는 파랑 셔츠를 선호하는 분명한 편견을 갖게 되었다. 그러나 매우 중립적인 방법으로 셔츠의 색깔을 이용했던 실험에서도 아이들은 여전히 편견을 갖게 되었고, 자기와 동일한 색깔의 티셔츠를 입은 무리에게는 계속해서 긍정적인 특징을 부여했다. 또한 통제 집단에 있는 아이들과 비교했을 때, 같은 집단에 속한 아이들끼리 서로 간의 차이를 덜 인식하고 서로를 동질화했다. 비글러는 "학생들은 점점 파랑과 노랑이 다르다고 생각하기 시작했고, 곧이어 '파랑 셔츠를 입은 학생들이 노랑 셔츠를 입은 학생들보다 우수하다'는 생각으로 이어졌다"고 기록했다.

어른들 사이에서 인위적으로 구성된 최소 집단들도 역시 내집단의 편견과 외집단에 대한 차별을 유도할 수 있다. 1973년에 사회 심리학자인 헨리 타지펠은 "최소 집단" 연구를 실시했는데 10대 남학생 무리에게 몇 개의 그림을 보여주면서, 학생들에게 (거짓으로 그리고 무작위로) 어떤 사람은 파울 클레[24]의 그림을 선호했다고 말했고, 또 다른 사람들은 바실리 칸딘스키[25]의 그림을 선호했다고 말해 주었다. 그리고 나서 학생들에게 자료를 나누어주는 일을 시켰을 때 클레를 좋아하는 학생들은 간딘스키를 좋아하는 학생들을 차별했고, 그 반대도 마찬가지였다. 서로를 차별해봐야 아무런 혜택이나 이득이 없는 상황이었는데도 말이다. 타지펠은 이 연구가 "어떤 실질적인 공통점과는 아무런 상관이 없고 명백하게 임의적인 편견 위에 사회적인 범주를 나누었다"고 기록했다.

파울 클레의 팬들이 러시아 화가 칸딘스키의 팬들에게 자료 배부를 거부하도록 하는 내재된 생물학적 본능 같은 건 있을 리 만무하다. 마찬가지로 이 연구뿐만 아니라 다른 연구 결과들을 보면 피부색이나 민족성,

---

24 Paul Klee 독일 태생 화가로 현대 추상 회화의 시조로 불림. 구상 미술과 추상 미술이 혼합 됨. – 주
25 Wassily Kandinsky 러시아 출신의 화가로 추상 회화의 창시자. – 주

인종을 근거로 서로를 분류하고 심지어 그에 따라 차별하는 생물학적 본능은 존재하지 않는다는 걸 알 수 있다. 그런 분류 또한 만들어진 것으로 일부 연구 실험 팀에 의해서가 아니라 우리가 속한 사회 전체에 의해 인위적으로 만들어진 것이다.

내가 다녔던 뉴욕대학원 법대 교수였으며 인종간의 정의를 옹호하는 브라이언 스티븐슨은 종종 "노예제도는 1865년에 끝난 것이 아니라 진화했다"고 말한다. 특히 인종적 차이에 관한 이야기, 즉 노예제도와 분리정책, 과거와 현재에 벌어진 모든 종류의 폭력을 정당화하는 근거로 들먹이는 선천적인 백인 우월성과 선천적인 흑인 열등성에 관한 얘기들은 단 한 번도 완전히 부인된 적이 없다고 스티븐슨은 말한다. "시민권 법은 통과됐을지 몰라도 이러한 인종 차별로 인한 피해와 현재도 발생하고 있는 문제점들을 정면으로 반박한 적은 한 번도 없다"는 것이다.

인간의 진화론적인 DNA는 집단을 형성하고자 하는 성향이 박혀 있을지도 모른다. 그러나 우리가 직접 보고 의미를 두는 집단들과 그로 인해 발생하는 인종이나 기타 범주들을 둘러싼 분열들은 미국의 역사와 문화적인 DNA의 산물들이다. 그러니까 이 모든 것이 우리 내면에 깊이 새겨져 있을지라도 선천적이거나 피할 수 없다는 의미는 아니다. 인지과학자 폴 블룸은 이 분야에 관한 연구 결과를 검토하며 이렇게 끝맺음했다. "어쩌면 우리는 본능적으로 다른 집단에 비해 특정 집단을 선호하는 편견을 가지고 있는지도 모르지만 타고난 인종차별주의자들은 아닌 게 분명하다."

실제로 역사적으로나 문화적 측면으로 볼 때 내집단과 외집단을 나누는 경향이 있고, 특히 인종이나 성, 혹은 경제적인 계층과 같이 정체성을 바탕으로 구분하는 경향이 두드러질지도 모른다. 그러나 이처럼 사회적으로 깊고 단단하게 굳어진 증오의 범주들도 누구는 칸딘스키를 좋아하고, 누구는 타이거스 그룹에 속한다는 식의 실험 진행자의 말 한마디에 의해 순식간에 바뀔 수 있다는 것은 놀라운 발견이 아닐 수 없다. 그렇다면 감사하게도 정반대의 경우도 마찬가지일 것이다. 비록 잔인하고 증오심으로 얼룩진 역사가 우리에게 특정한 패턴의 이질화를 유도할지 몰라도, 우리에게는 변할 수 있는 가능성이 있다.

그러니 아르노 마이클리스의 인종차별은 당연히 그의 개인적인 책임이지만 그 역시 나머지 우리들과 마찬가지로 생물학적이고 사회적인 구분의 산물인 셈이다. 그래서 어떤 평등함이 느껴짐과 동시에 두려운 마음을 감출 수 없는 것이다. 아르노가 처음부터 백인 우월주의자가 되려고 작정한 것이 아니라 다만 소속감을 갈구했고, 어쩌다 노골적인 인종차별로 '슬며시 미끄러져' 들어갔다는 걸 기억할 것이다. 그가 쉽게 인종차별주의로 빠져 들어갈 수 있었다는 사실은 아르노의 문제라기보다 인종차별적인 편견과 증오를 복제하는 우리 사회의 성향이 더 문제라는 걸 암시하고 있다. 또한 소속감을 찾아 신나치주의로 빠져 들어간 사람이 아르노 한 사람만은 아니다.

신나치주의 스킨헤드 운동가였던 안젤라 킹Angela King은 현재 '증오를 버린 후의 삶Life after Hate'이라는 비영리 단체에서 부국장을 맡고 있다. 이 단체는 전직 미국 극우 과격주의자들이 모여서 증오 단체에서 빠져나오려는 사람들을 상담하고 도와주는 단체이다. 20년 전에는 안젤라 자신이 인종차별적인 스킨헤드 단체의 회원이었고, 유대인이 소유한 가게에 침입한 무장 강도 사건에 가담했다는 죄목으로 붙잡혀 3년간 교도소에 갇혔다. 안젤라는 나와의 전화 통화에서 어린 시절 내내 지긋지긋한 괴롭

왜 반대편을 증오하는가

힘에 시달렸고, 그러다 언젠가부터 자신을 보호하기 위해 남을 괴롭히기 시작했다고 털어놨다. "내가 먼저 남을 괴롭히면 누구도 다시는 나를 모욕하지 못할 거라고 스스로 되뇌었지요." 그리고 그녀는 사회적으로 고립되었다. "주변에 의지할 사람이 없었어요." 안젤라가 말했다. "주위에 믿을만한 친구들도 없었고 누구에게도 인정받지 못한다는 느낌이 들었어요." 안젤라는 소속감을 느낄 수 있는 곳을 찾아 헤매다가 지역 갱단에 가입했다. 그러나 그곳에서 강간을 당한 후에 도망쳐 나와서 나치 스킨헤드 그룹에 들어가게 됐다. 그녀는 증오심을 찾아간 게 아니라고 말했다. 어딘가 안전하다고 느낄 수 있고 소통하고 있다는 느낌을 받을 수 있는 곳을 찾아 헤맸고, 증오 단체에서 그걸 찾았다는 거였다.

안젤라의 친구인 토니 맥알리어도 전화기 옆에 있다가 한마디 거들었다. "상처받기 쉬운 나약한 상태에 놓인 위험한 시기에 위험한 사람들을 만난 거죠." 토니는 "안젤라가 누군가에 단단히 의지하고 싶은 갈망이 있었던 것"이라고 말했다.

분명 일리가 있는 말이다. 그는 수년 동안 '백인 아리안족 저항군'이라는 단체에서 회원 모집을 담당했으며, 노골적인 인종차별적 메시지를 전파하기 보다는 소속감의 필요성을 설명하며 젊은이들의 관심을 끌었다. 토니는 현재 IS(이슬람국가)에서도 똑같이 그런 전략을 구사하는 걸 목격하고 있다. 그는 《바이스Vice》잡지와의 인터뷰에서 "IS가 유럽의 젊은이들을 끌어들이기 위해 자기들 단체에 들어오면 이슬람 학자가 될 수 있다는 식의 선전은 하진 않아요. 비행 청소년에 가까운 삐딱하고 거들먹거리는 젊은이들을 찾아서 자기들 집단에 들어오면 참된 목적과 의미를 찾을 수 있다고 유인하죠"라고 말했다.

아무리 그래도 그렇지. 차라리 체스 클럽에 가입하는 게 낫지 않나? 혹시 폭력적인 것에 관심이 있다면 차라리 섹스 집단 같은 걸 찾지 않고? 어떤 내집단에 속하고 싶은 우리의 욕망이 반드시 증오를 바탕으로 하는 외집단으로 이어져야 하는 건가? 아니, 그렇지 않다고 진화론적 생물학자들은 말한다. 우리가 어떻게 집단화를 규정하든 우리에게는 그런 집단을 증오하거나 도울 수 있는 생물학적인 능력이 있다. 인간은 두 가지 모두 가능하도록 만들어져 있다는 것이다.

말하자면 할리우드에서 섹스와 폭력이 잘 팔리는 것처럼, 인류학 박물관에서도 마찬가지라는 얘기다. 딸 월라를 데리고 자연사 박물관 같은 곳에 가보면 어디에나 선사시대의 인간들이 서로의 목을 베는 장면이나 그와 비슷하게 잔혹한 장면들이 전시되어 있다. 그러나 한쪽 구석 어딘가에 있는 작은 사물함 속에는 분명히 그들이 함께 힘을 합쳐 건설한 원시시대의 마을을 장식하고 칠하는 데 사용한 도구들도 들어 있을 것이다. 심지어 그리스와 로마의 역사도 이념과 건축과 예술보다는 전쟁과 폭력을 훨씬 더 강조하고 있는 것 같다. 왜 우리는 협동의 역사보다 경쟁의 역사에 훨씬 더 많은 관심을 갖는 걸까?

실제로 우리가 손가락을 땅에 질질 끌고 다니던 유인원 같은 모습에서 지금처럼 똑바로 서서 걷는 인간이 되기까지 수십만 년에 걸쳐 진화해오는 동안, 인간은 한 부족에 속한 구성원들끼리 사냥이나 열매따기, 천적들로부터 부족 보호하기 등 각자 책임을 맡아 유목민 형태로 생활했다. "현대의 집단도 심리적으로는 원시 역사 속 부족들과 같다"고 생물학자 E. O. 윌슨은 기록하고 있다. 또한 우리가 우리 자신이 속한 내집단을 선호하는 것은 진화론적으로 봤을 때 구성원들에 대한 고마움의 표현 같

왜 반대편을 증오하는가

은 것이라 볼 수 있다고 말했다.

일부 인간 진화론 전문가들은 초창기에는 부족 간의 폭력사태가 빈번하게 발생했으므로 외부집단에 대한 폭력성 역시 타고난 것일 수도 있고, 인류가 진화하면서 발생한 전쟁과 잔혹 행위들의 뿌리도 아마 크게 다르지 않을 거라고 주장한다. 그러나 인간은 선천적으로 악의적이거나 폭력 지향적인 성향을 안고 태어나지 않았으며, 집단을 형성하고자 하는 경향이 반드시 폭력으로 이어지는 특정한 성향과 연관되지 않는다는 데 점점 더 많은 과학자들이 동의하고 있다.

실제로 우리 인간에게는 공감과 이타심, 다른 사람과 협력하고자 하는 강한 본능도 존재한다. 인지 과학자 스티븐 핀커는 초기 인간의 폭력성을 보여주는 증거에 관해 철저한 연구를 실시하고 이런 결론을 내렸다. "인간은 본능적으로 과격성을 자극하는 동기를 받아들일 수 있다. 그러나 그와 동시에 공감과 자기 통제, 이성과 같은 동기도 본능적으로 받아들이며, 적절한 상황에서는 이런 동기들이 과격한 충동을 억제할 수 있다."

"인간은 전쟁을 일으킬 수 있다. 누구도 그걸 부정하지 않는다." 인류학자 더글러스 프라이는 말한다. "그러나 그것을 인간 본성의 중심적인 부분이라고 주장하려는 시도는 수많은 자료와 매우 동떨어진 주장이다."

이와 같은 견해를 지지하는 또 다른 근거는 생물학적으로 우리와 매우 가까운 친척이라고 할 수 있는 침팬지에서 찾아볼 수 있다. 독일 라이프치히의 심리학자 마틴 슈멜츠와 세바스티앙 그뤼네이센은 침팬지 여러 마리를 훈련시켜 서로 나눠 갖는 게임을 시켜보았다. 한쪽 편에는 타이라는 이름의 어린 암컷 침팬지가 있고, 타이 앞에는 네 개의 줄을 잡아당

길 수 있는 선택권이 있었다. 첫 번째 줄의 끝에는 타이가 먹을 수 있는 바나나가 묶여 있고, 두 번째 줄을 당기면 다른 침팬지가 먹이를 먹을 수 있다. 그리고 세 번째 줄을 당기면 두 마리 모두 먹이를 먹을 수 있으며 마지막 줄을 당기면 타이에게는 기회가 없어지고 다른 침팬지에게 줄을 고를 수 있는 기회가 주어졌다.

그러나 중요한 건 이거다. 실험 진행자들이 다른 침팬지들 몰래 타이가 늘 마지막 줄을 당기도록 훈련을 시켜서 다른 침팬지에게 줄을 당길 수 있는 기회를 주도록 유도했다. 그럼 다른 침팬지들은 어떻게 했을까? 전체 시도 중 75%는 침팬지들이 타이와 같이 모두 바나나를 먹을 수 있는 세 번째 줄을 당겼다. 이는 타이의 행동에 대한 보상이라고 할 수 있다.

그러나 협동에 관한 진짜 테스트는 그 다음에 이어졌다. 실험 팀은 같은 실험을 반복했지만 이번에는 타이가 자신의 기회를 다른 침팬지에게 넘기고 나면, 다른 침팬지들은 타이에게는 하나도 안주고 자기들끼리 네 개의 바나나를 갖거나, 타이와 다 같이 바나나를 받는 것 중에서 선택할 수 있게 했다. 즉 타이에게도 먹이를 나눠주면 그들이 받을 먹이가 줄어든다는 의미였다. 통제 실험에서는 실험 대상 침팬지들이 타이와 먹이를 나눈 경우가 전체 시도 중 17%에 불과했다. 그러나 타이가 자신의 기회를 그들에게 양보하는 걸 보여주자, 자기가 받는 먹이의 수가 줄어드는데도 타이와 먹이를 나누는 것을 선택한 경우가 전체 시도 중 44%로 늘어났다. 이와 비슷한 다른 많은 연구를 포함해 이 연구는 우리의 포유동물 조상들이 일종의 상호관계를 지향하도록 만들어져 있다는 사실을 확인시켜준다. 슈멜츠와 그뤼네이센은 이를 "인간 협동의 획기적인 발견"이라고 이름 붙였다.

우리도 마찬가지다. 또 다른 연구에서는 생후 18개월 된 아기 36명과 침팬지 36마리를 대상으로 실험했다. 각각의 방에 낯선 사람 한 명을 넣고 특정한 물건을 두었다. 낯선 사람은 분명히 그 물건을 원하는 것처럼 행동했다. 물건은 낯선 사람이 닿을 수 없는 곳에 놓여 있었고 아기와 침팬지들은 물건을 닿을 수 있는 곳에 있었다. 낯선 사람이 물건을 향해 손을 뻗었지만 닿지 않는 게 분명하자 대부분의 침팬지와 아기는 낯선 사람에게 물건을 건네주거나 낯선 사람을 도와주려고 했다. 그런 친절한 행동에 대한 보상은 아무것도 없는데도 말이다. "이 실험에서 발견된 유일한 종별 차이는 침팬지에 비해 아기들이 좀 더 빨리 도와주려 했다는 것뿐이었다"라고 실험 진행자들은 기록했다. 아기들이 이타적으로 더 빨리 낯선 사람을 도와주려 했다는 것이다.

영장류를 연구하고 그들의 행동을 인간 본성과 비교하는 데 연구 인생을 바친 심리학자 프란스 드 발Frans de Waal은 이러한 동정심과 친절함은 고대의 진화로 거슬러 올라가며 "아마도 포유류나 조류만큼이나 오래됐을" 것이라고 주장한다. 그러니 소속감에 대한 갈망이 사람들을 증오 그룹으로 끌어들이는 데 일부 작용했을지 몰라도, 동정심을 향한 선천적인 끌림은 극단주의자들의 증오심을 치유할 수 있는 강력한 해독제라는 사실도 밝혀졌다. 아르노를 백인 우월주의로 끌어들인 것이 소속감에 대한 갈망이었던 것처럼 다른 곳에서 느낀 소속감이 결과적으로 그가 백인 우월주의에서 탈출하도록 도와주었다.

우선 아르노는 카산드라라는 여성을 만났고, 아빠가 되었다. "카산드라는 시카고 지역의 원조 스킨헤드 단체의 회원이었어요. 미국에서 가장 먼저 만들어진 백인 우월주의 단체죠." 아르노가 설명했다. "그녀는 여배우 스칼렛 요한슨 같았어요. 그야말로 입을 다물지 못할 정도로 아름다워서 그녀를 보는 순간 '와' 하는 감탄사밖에 안 나왔어요."

어쨌든 두 사람 사이에 '와'보다 더 한 것이 오고 간 결과 일 년 후 두 사람 사이에 딸이 태어났다. 두 사람은 딸에게 미아(Mia)라는 이름을 붙였고 북유럽 식으로 Mija라고 썼는데 아리안족에게 적합한 이름이었다. 그러나 얼마 지나지 않아 카산드라가 약물중독에 빠져서 두 사람은 헤어졌다. 아르노는 미아의 양육권을 얻어 졸지에 싱글 대디 신세가 되었다.

그런 일이 있은 뒤에는 신나치 집단의 회원이며 아르노의 친한 친구가 감옥에 들어갔고, 또 다른 친구는 총을 맞아 사망하는 일이 벌어졌다. 특히 얼마 전 아빠가 된 데다 그런 사건들이 연이어 벌어지자 아르노는 감정적으로 동요하기 시작하면서 자신이 택한 삶에 회의를 품게 됐다. 그리고 새로운 인생을 찾기 시작했다.

"난 1994년에 그 집단에서 탈퇴했어요." 아르노가 내게 말했다. "그리고 1996년의 어느 토요일 새벽 4시에 시카고 남부 어딘가에 위치한 다 허물어져가는 지저분한 창고에서 시끄러운 음악소리에 맞춰 미친 듯이 몸을 흔들고 있었어요. 그 자리에는 지구상에 존재하는 온갖 종류의 인종과 갖가지 성적취향, 성 정체성을 가진 3천여 명이나 되는 사람들이 모여 있었죠. 그 사람들과 어울려 엑스터시에 흠뻑 취해서 신나게 놀았어요."

아르노 자신도 엑스터시에 빠져들었다는 느낌을 받았다. "엑스터시에 취해서 바닥에 퍼질러 앉아 있었어요." 아르노가 회상했다. 그리고 그 옆에 어떤 여자가 앉아 있었다. "우리는 서로 등을 쓰다듬어주고 엑스터시에 취해서 꼼지락거리고 있었어요." 짐작컨대 엑스터시에 취하면 노골적인 행동을 하겠지만, 정확히는 알 수 없다.

왜 반대편을 증오하는가

"여자가 자기 무릎에 올려놓은 내 팔을 감싸 안고 스와스티카 문신에 관심을 보였어요." 아르노가 자신의 팔을 쓰다듬으며 말했다.

"여자가 '이게 뭐에요?'라고 물었어요."

"그래서 '난 스킨헤드였어요. 지금은 아주 후회하고 있죠.'라는 식으로 얼버무렸죠."

"여자가 '지금은 아니죠, 그렇죠?'라고 다시 물었어요."

"난 '그럼요, 전혀 아니에요'라고 했고요."

"여자는 '그렇군요'라고 말했어요."

그러고 나서 아르노는 입으로 둠칫- 둠칫- 둠칫 테크노 음악 소리를 내며 머리와 어깨를 앞뒤로 흔들면서 춤추는 시늉을 했다. 그녀에게도 생각보다 아주 쉽다고 말해 줬다. 그리고 두 사람은 다시 춤을 추러 갔다고 했다. "다른 사람들도 다 똑같았어요." 아르노가 말했다.

"흑인 게이들이나 트랜스젠더들, 그리고 예전의 나였다면 보자마자 폭행당했을 사람들도 나를 받아주었고 집단을 탈퇴해서 생긴 내 인생의 빈틈을 채워주었어요. 그리고 훨씬 친절했죠."

여기서 최소한 한 가지 교훈을 더 얻을 수 있다. 아무래도 싸구려 맥주와 술 취한 건달들보다 멋진 여자들과 노는 게 훨씬 즐겁다는 것. 개인적으로 내가 직접 경험한 건 아니지만 아무래도 그 말이 맞을 거라는 생각이 든다.

"일단 나 자신을 들여놓았던 이념의 상자에서 벗어나 한 걸음 떼자마자 곧장 달리기가 되었어요." 아르노가 내게 말했다. 그는 옛날 생활로부터 있는 힘껏 도망쳤고 그때와 같은 열정으로 새로운 인생을 받아들였다.

"그 외의 다른 사회적인 상황은 어땠어요?" 내가 물었다. "친구들은요?"

"그 후 1년 동안 파티에서 만난 사람들이 친구가 되었어요."

아르노는 백인 우월주의자 집단에서 소속감을 얻었지만, 광란의 파티에서도 마찬가지였다. 더구나 음악도 마약도 좋았고 거기서 만난 사람들은 더 좋았다. 그러나 아르노가 순식간에 신나치주의 집단에 빨려 들어 갔던 것처럼 거기서도 마침내 미끄러지듯 빠져 나왔고, 소속감을 느낄 수 있는 다른 곳을 찾았다. 요즘 아르노는 술과 마약을 모두 끊고 불교에 정진하고 있다. 정말이다.

만약 아르노의 변신이 깜짝 놀랄 정도로, 심지어 어처구니없을 만큼 무심하고 돌발적이라고 느껴진다면 나도 똑 같은 생각이다. 처음에는 위험한 음악밴드를 접해서 증오 단체에 가입하게 됐고, 이제는 그저 딱 맞는 보금자리를 찾았기 때문에 탈퇴했다고? 나는 모든 걸 내 뜻대로 해야 직성이 풀리는 성향이라서 아르노가 증오에 찬 과격주의 집단에 가입하고 탈퇴하는 과정 모두가 좀 더 노골적이고 드라마틱하게 벌어진 것이길 원했다. 예를 들면 무릎까지 올라오는 장화를 신고 다니고 딱 봐도 누구인지 알 수 있는 증오 단체의 떠돌이 모집책들과 관련된 모험담 같은 걸 기대했던 것 같다. 아르노의 얘기를 듣고 있으니 내 주변 사람들 중에 헤로인이나 마약에 중독됐던 이들이 떠올랐다. 평소에는 '보통' 사람한테는 그런 일이 일어나지 않는다고 생각하고 살다가 문득 의외로 많은 주위의 보통 사람들이 약물 중독에 시달리거나 죽어가고 있다는 사실을 깨닫게 된다. '우리 같은 사람들'에게는 일어나지 않을 거라고 생각하는 일들이 이미 우리 주위에 자주 일어나고 있는 일들이 많다.

2017년에 버지니아 주 샬로츠빌에서 벌어진 KKK 지지 행진 사건[26]의

---

26 남북전쟁 당시 남부군을 이끌었던 로버트 E 리 장군 동상 철거 결정에 항의하는 과격 시위가 벌어져 수십 명의 사상자가 발생한 사건 – 주

왜 반대편을 증오하는가

여파에 대해 사회 운동가 마이클 스콜닉Michael Skolnik은 백인 우월주의자들에게 이렇게 말했다. "백인들이여, 이제는 우리의 가족들과 친구들(과거와 현재 모두), 직장 동료들, 대학 룸메이트들, 고등학교 친구들, 스포츠 팀원들, 이웃들, 교회 집단과 청년회, 남학생 클럽의 형제들과 여학생 클럽의 자매들과 진지한 대화를 나누어야 할 때입니다." 그가 전달하고자 하는 핵심은 이처럼 노골적이고 과격한 형태의 증오 범죄에 가담하는 사람들은 별종들이 아니라 우리 같은 사람들이며, 때로는 우리 자신일 때도 있다는 것이다. 그래서 우리가 앞장서서 거기서 벗어날 수 있도록 도와야 한다고 호소했다.

증오를 버린 삶의 또 다른 회원인 크리스찬 피콜리니의 경우에는 레코드 가게를 열면서 사고방식이 변하기 시작했다. 백인 우월주의 음악뿐만 아니라 펑크와 스카[27], 메탈 음악도 취급했기 때문에서 갑자기 훨씬 더 다양한 사람들과 교류하게 된 것이 계기가 되었다. "주로 흑인과 유대인, 게이와 히스패닉 계 사람들이었어요." 크리스찬은 자기 가게를 찾는 사람들에 대해 얘기했다. "음악이나 이웃들 얘기를 하면서 그들과 유대감을 느끼기 시작했다는 걸 부인할 수 없었어요."

메건 펠프스−로퍼와 @Jewlicious 역시 음악을 통해 유대감을 형성했다.

한때 극단주의 단체에서 활동했던 안젤라 킹의 경우, 유대인 소유의 가게를 털었다는 죄목으로 붙잡혀 들어가 교도소 안에서 흑인 여성들과 라틴 여성들을 만나면서 그녀의 삶이 바뀌기 시작했다. "그동안 그런 사람들에게 내가 한 짓을 생각하면 감히 자비를 바랄수도 없는 상황이었지만

---

27 ska 비트가 강한 서인도제도의 음악 – 주

그들은 내게 친절과 동정을 베풀었어요." 안젤라가 말했다. "그들의 친절에 그야말로 무장 해제됐어요. 전 어떻게 해야 할지 몰랐어요." 그리고 폭력적 인종차별주의자였던 토니 맥알리어 같은 이는 아르노처럼 부모가 되고 난 후 가장 큰 변화를 겪었다. 토니는 "다시 마음 놓고 사랑할 수 있다는 마음이 들었어요. 내 아이를 사랑하는 건 당연하니까요. 아이들은 거부하지 않아요." 그가 말했다. "아이들은 내게 수치심을 주지 않죠."

소속감을 갈구하는 내재된 욕망은 좋은 것이든 나쁜 것이든 이타심이나 증오심의 원동력으로 활용될 수 있다. 소속감을 갈구하는 욕망은 증오심으로 이어질 수도 있지만 포용과 공정함, 정의로 이어질 수도 있다. 가족 안에 소속되거나 동정심 많은 집단에 소속되고, 심지어 열광적인 테크노 춤꾼들의 무리에 소속되면 그럴 수 있다. 이러한 것은 연결의 공간이 중요한 역할을 한다. 그것은 우연이든 의도적이든 잘못된 실체로부터 빠져나올 수 있는 기회를 만들어주기 때문이다.

그러나 분명히 말하지만, 인간의 본질적인 동일성의 비탕 위에서 교류하고 연결하는 것이 우리 사이의 다름을 무시하거나 가로막는 것을 의미하지는 않는다. 우리가 나고 자란 고향이나 지지하는 스포츠 팀과 마찬가지로 우리 각자의 성별과 성 정체성과 민족성은 개인의 존재를 규정하는 정체성에서 매우 중요한 부분을 차지한다. 예를 들어, 일부 보수주의자들이 인종적인 구분을 언급하면서 설사 그것이 불평등을 지적하고 그에 대한 해결책을 제시하기 위해서라고 할지라도 그 자체가 인종차별주의나 마찬가지인 것이다. 그러나《인종차별주의자가 없는 인종차별주의 Racism without Racists》의 저자 에두아르도 보닐라-실바와 같은 사회주의자들은 '피부색 무차별'이라는 개념 때문에 오히려 우리 자신과 우리 주변의

왜 반대편을 증오하는가

제도 내에서 여전히 교묘하게 형성된 편견에 무뎌지거나 전혀 인식하지 못하고 있다고 주장한다.

초등학교 학생들을 대상으로 했던 레베카 비글러의 실험 내용을 기억해보자. 단순히 파랑 티셔츠나 노랑 티셔츠를 입어서 편견이 생긴 것이 아니라, 그들이 입고 있는 티셔츠 색깔에 따라 서로 다른 대우를 받았다는 사실 때문에 편견이 만들어졌다. 그럼 이번에는 티셔츠 색깔이 다른 게 아니라 피부색이 다르다고 생각해보자. 거기에는 어두운 피부색을 가진 아이가 밝은 피부색을 가진 아이와 다른 대우를 받는 것처럼 특권 혹은 차별로 점철된 역사와 관습이 깔려 있다.

그렇다고 문제를 무시하는 게 해답이 될 수 있을까?

예를 들어 사회 전반에 물들어 있는 정체성 때문에 선생님이 아이들을 차별 대우한다면 먼저 그런 정체성을 논하지 않고서 어떻게 해결책을 찾을 수 있을까? 해리 블랙먼 판사는 1978년에 대법원 차별 철폐 조처를 옹호하는 판결을 내리며 이렇게 기록했다. "인종차별주의를 넘어서려면 먼저 인종을 인식해야 한다. 그 외에 다른 방법이 없다." 연결의 공간은 차별적인 인식을 확인하고, 그 안에 박혀 있는 반복적인 양상들을 해소할 수 있는 사고방식을 활성화하는 데 사용되어야 한다. 그런 양상들에서 차별적인 행동이 시작되기 때문이다. 우리는 각자의 다름을 이해하고 존중할 수 있으며 그와 동시에 공통적인 인간성도 인식할 수 있다.

이것을 한마디로 요약하면, 앞서 무자퍼 쉐리프가 '로버스 케이브 실험'의 마지막 단계에서 발견한 것이기도 하다. 캠프 시작 첫 주에 두 그룹이 각각 유대감을 형성하고, 래틀러스와 이글스라는 그룹으로 집단의 정체성도 형성한 것을 기억할 것이다. 그러고 나서 서로의 존재를 알게 됐을 때 그들은 상대방과 겨루고 싶어 했고, 쉐리프가 줄다리기와 같은 여러 경기를 제안해서 두 집단을 경쟁하게 하고 경품을 제시했을 때 서로에게 반감을 품고 으르렁댔다. 캠프의 셋째 주이자 마지막 주에 접어들었을 때 쉐리프는 그런 상황에 다시 한 번 변화를 주었다. 맨 처음 그가 '우리'와 '그들'이라는 단순하고 인위적인 구별만 했을 뿐인데 소년들 간에 격렬한 경쟁을 일으키고 심지어 적대감까지 유발했던 것처럼, 쉐리프는 그 모든 상황을 더 이상 아무런 문제가 없는 것으로 만들어버렸다. 그러려면 다 같이 공유할 수 있는 몇 가지의 경험이 필요했는데 쉐리프는 모두가 힘을 합쳐 협력해야 문제를 해결할 수 있는 상황을 만들었다. 먼저 쉐리프와 연구팀이 수도 파이프를 막아서 래틀러와 이글스 그룹 모두에게 갑작스런 물 부족 상황에 처하게 했더니 두 그룹은 힘을 합쳐 그 상황을 해결했다. 그 다음에는 다 같이 다른 장소로 1박 2일 캠프를 떠나는 길에 자동차 한 대가 '고장'나는 상황을 연출했다. 소년들은 모두 모여서 자동차를 고치는 데 도움을 주었고, 다음날 또 그 자동차가 고장 났을 때는 나머지 여행 동안 모두 한 대의 밴에 옮겨 타고 가는 데 동의했다. 캠프의 마지막 날이 되자 소년들은 '래틀러스와 이글스라는 그룹에 전혀 상관없이' 모두들 한데 섞여서 어울렸다. 연구 기간 내내 지속적인 설문조사를 실시했던 쉐리프는 소년들이 "상대편에게 품었던 격렬한 적대 감정이 대단히 긍정적인 감정으로 바뀌었다"는 사실을 발견했다. 캠프가 모두 끝나고 난 후 다시 오클라호마시티로 돌아오는 길에 소년들을 태운 자동차가 잠시 휴게소에 멈췄다. 여러 경기에서 우승을 거둬 상금을 받았던 래틀러스 그룹은 그 돈으로 이글스와 다 같이 나눠 먹을 수 있는 간식거리를 샀다.

왜 반대편을 증오하는가

물론 현실은 한 무리의 소년들이 몇 주 동안 여름 캠프에 격리된 상황과는 비교할 수 없을 만큼 훨씬 더 복잡하다. 그러나 우리도 그들처럼 우리의 본능을 이용해 내집단을 형성해서 유대감을 쌓고 외집단을 향해 분노와 증오를 뿜어내거나 아니면 반대로 본능을 이용해 내집단의 감정을 확장시키고 도덕적인 포용의 범위를 넓혀 상호 이해와 공감을 넓혀 나갈 수도 있는 것이다.

덧붙여 말하자면 아르노 마이클리스는 여전히 자기 자신을 백인이라고 생각한다. 그는 자신의 정체성을 감추지도, 무시하지도 않지만 더 이상 백인 우월주의자는 아니다. 우리의 정체성 자체가 문제는 아니다. 그러한 정체성을 바탕으로 한 여러 선택과 우리 자신과 사회가 그 정체성에 부여하는 의미들, 바로 그것들이 문제다. 아르노는 인생의 어느 시점에서 한 가지 선택을 했고, 그 후에는 마음을 바꾸어 다른 선택을 했다. 우리도 역시 다른 선택을 하고 증오로부터 등을 돌릴 수 있다

우리는 지금까지 노골적이고 의식적인 증오, 즉 명백한 백인 우월주의자들의 증오에 대해 얘기했다. 그렇지만 앞서 언급했듯이 내가 말하는 증오의 의미는 훨씬 더 광범위하며 무의식적인 편견도 포함되어 있다. 노골적으로 드러나는 증오심은 분명히 피할 수 있고, 다행히도 역사 속에서 그런 증오심이 약해진 사례도 찾아 볼 수 있다. 그러나 무의식적인 편견과 증오는 훨씬 더 해결하기 어렵게 느껴진다. 훨씬 더 곳곳으로 넓게 퍼져 있기 때문이기도 하고, 무의식적이라는 말에서 짐작할 수 있듯이 우리 자신이 인식조차 못하기 때문일 수도 있다. 우리 안에 존재하고 있다는 사실조차 모르는 증오는 어떻게 확인하고 대처할 수 있을까?

무의식적인 증오

The Opposite of Hate

무의식적인 증오

트럼프 지지자들

> 불공평과 폭정과 탐욕을 싫어하고 평화를 사랑한다면, 다른 사람의 마음에 있는 것 말
> 고 자기 마음속에 있는 것을 미워하라.
>
> – 마하트마 간디Mahatma Gandhi

공공연한 백인 우월주의자들에게서 보는 것처럼 세상에는 의도적이고 노골적인 형태의 증오만 존재한다고 생각하면 위안이 될 수도 있다. 그러면 우리가 무엇에 맞서 싸우고 있는지 정확히 알 수 있고, 똑같이 노골적으로 겨냥하고 비판할 수 있을 것이다. 신나치주의자들이 거리에서 행진을 할 때 공개적으로 비난하고 그들에게 책임을 묻는 것처럼 말이다.(2017년에 샬로츠빌에서 발생한 시위와 폭력 사건이 벌어지자마자 많은 사람들이 그랬다. 물론 도널드 트럼프에게는 예외였지만.) 최근 들어 예전의 아르노 마이클리스와 꼭 닮은 판박이들이 많다는 사실을 상기시키는 일들이 많이 일어난다. 소위 '알트−라이트'처럼 더욱 현대적인 주류 버전들도 등장했고, 지금도 미국의 정치적 리더와 단체의 대다수가 여전히 이민자들과 무슬림, 트랜스젠더들을 향해 공공연하게 증오심을 표출하고 있다. 그렇지만 말 그대로 흑인들의 노예제도 위에 설립되었고, 나중에는 흑백 분리정책을 펴면서 폭행을 눈감아준 내 조국이지만, 지금은 다행히도 예전처럼 노골적인 증오가 사회적으로 용인되거나 정치적으로 이용되지는 않는다. 그래서 많은 백인 미국인들이 최근에 급부상하는 백인 우월주의에 놀라는 것이다.

　여기서 분명히 짚고 넘어갈 것이 있다. 오늘날 대부분의 미국인들은 인종차별주의나 공공연한 편견을 강요하는 믿음을 의식적으로 지지하지 않는다고 나는 생각한다. 그러나 여전히 흑인들이 감옥에 갇히는 경우가 백인에 비해 5배가 넘고, 똑같은 범죄에 대해 훨씬 더 가혹한 판결을 받고 있는 게 현실이다. 여성들은 남성들과 똑같은 일을 해도 더 적은 급여를 받고, 성 소수자 청소년들은 노숙자가 될 가능성이 비교할 수 없을 만큼 높으며, 흑인과 라틴 아메리컨들의 실업률은 백인들과 비교해 거의 두 배 이상 차이가 난다. 정말 우리가 더 이상 분명한 편견에 사로잡혀 있지 않다면, 이러한 노골적인 부당함은 어떻게 끈덕지게 지속되고 있는 것일까?

　방대한 연구에 의하면 우리가 가진 무의식적인 편견, 혹은 학계에서 '암묵적 편견'이라고 부르는 것에 일부 책임이 있다고 한다. 이는 사회 전반에 걸친 만연한 고정관념과 조직적인 인종차별의 영향을 받아 우리 마음속에 굳어져 있는 태도와 오해를 의미한다. 성차별적 산물로서 우리 모두는 남자와 남성성을 선호하고, 여자와 여성성에 반하는 편견을 가지고 있다. 인종차별적인 사회의 산물인 우리는 백인을 선호하고 유색 인종에 반하는 편견을 가지고 있으며, 계급주의 사회의 산물인 우리는 부자를 선호하고 가난한 사람에 반하는 편견을 가지고 있다. 편견은 이렇

왜 반대편을 증오하는가

게 계속된다. 우리가 의식적으로 이런 믿음을 고집하는 게 아니라 시간이 지나는 동안 우리도 모르게 길들여진 마음 속 깊은 곳의 반사 작용 같은 것이다. 머릿속에 암호처럼 박혀 있어서, 결과적으로 사회 전반에 퍼져 있는 편견을 강화하는 방식으로 나타난다.

끈질긴 인종차별적 불평등에 관해 저술한 사회학자 에두아르도 보닐라-실바는 "요즘의 중요한 문제는 후드를 뒤집어쓴 사람들이 아니라 양복을 입은 사람들이다. 인종차별의 문제가 비단 KKK와 버서[28], 티파티[29]나 미국 공화당에 국한된 문제라고 생각하면 할수록, 인종적인 지배는 집단적인 과정으로 치부하고 우리 모두가 관련되어 있다는 사실에 점점 무관심해진다"고 기록하고 있다.

백인들은 조직적인 인종차별주의를 인식하기 어려울 수도 있는데, 그들은 인종차별의 표적이 되지 않을뿐더러 사회적으로 그런 얘기를 쉬쉬하기 때문이다. 듀크대학교 사회학 교수인 보닐라 실바가 지적했듯이 대다수의 미국인들은 유색인종을 향한 노골적이고 공공연한 편파적 사고방식이 인종차별이라고 생각하고는 있지만, "인종차별은 조직적이거나 혹은 제도화되어 있다"고 믿는다. 유색 인종들은 매일같이 조직적인 인종차별의 영향을 무수히 받으며 살고 있다. 백인들은 대부분 조직적인 편견의 실체를 잘 인식하지 못한다. 그 이유는 우리가 편견을 갖는 대상들이 겪는 경험과 관점을 진정으로 이해하지 못해서이기도 하고, 이해하고 싶지 않아서이기도 하다. 우리들 자신이 가진 편견을 인정하는 건 별로 유쾌한 일이 아닐 테니까.

---

28 birthers 버락 오바마 전 대통령이 미국 태생이 아니라고 믿고 대통령 자격이 없다고 믿는 사람들 - 주
29 Tea Party 정부의 재정 건전성을 위해 세금감시 운동을 펼치는 미국의 보수단체 - 주

또 어떤 사람들은 무언의 편견은 문제가 되지 않는다고 주장하며 명백히 편협한 사고방식을 드러낸다. 마치 이렇게 말하는 것이나 마찬가지다; "저것이 당신이 지적하는 불평등이잖아요. 저건 저 인종차별주의자의 잘못이지 내 잘못이 아니에요." 그렇게 말하면 자기 자신은 괜찮은 기분이 들 것이다. 최소한 우리는 저 인간만큼 나쁜 사람은 아니니까! 그러나 노골적인 인종차별이 끈질기게 지속된다는 사실은 무의식적인 편견이 정말 존재할 뿐만 아니라 광범위하게 퍼져 있고, 사회적 정치적 제도들이 그것 때문에 왜곡됐다는 사실을 인정하는 것이다.

암묵적인 편견을 증오의 한 형태로 보는 것이 적절할까? 그렇다, 나는 그렇다고 주장한다. 증오가 꼭 의식적인 것만은 아니다. 여성들은 남성보다 열등하고 그에 따른 차등 대우를 받는 게 당연하다고 입 밖으로 표현하는 것에는 분명 증오심이 담겨 있다. 그렇다면 그런 생각을 말로 표현하지 않고 마음속에만 품고 있는 경우는 어떤가? 혹은 그런 생각을 하고 있지만 그런 생각을 갖고 있다는 사실조차 깨닫지 못한다면? 그것 역시 증오심을 품고 있는 것이나 마찬가지 아닌가? 이런 모든 편견들은 분명히 우리 사회가 가진 증오의 역사와 관습에 똑같이 뿌리박고 있으며, 우리 각자의 태도와 행동에 영향을 미치고 우리를 둘러싼 세상에도 영향을 주고 있다. 모두 똑같은 종류의 증오는 아니고 노골적으로 드러내는 증오만큼 지독하지 않을 수도 있다. 그래도 무의식적인 편견 역시 분명한 증오다. 보닐라-실바와 나 말고도 이러한 주장을 뒷받침해주는 특별한 동지가 있는데, 내 동료이자 티파티 운동가이며 공공연한 트럼프 지지자인 스카티 넬 휴스ScottieNellHughes이다.

"인종차별을 무엇이라고 정의하면 될까요?"

어느 날 그녀와 캘리포니아에서 저녁을 먹으며 내가 물었다. 우리 둘 다 캘리포니아에서 열린 한 회의에서 강연을 마친 후였다.

"증오요." 그녀가 쉽게 말했다.

"더 얘기해 봐요."

"인종차별은 신체적인 특징이나 선호도를 근거로 어떤 사람의 인생이 다른 사람보다 더 소중하다고 주장하는 거죠." 스카티 넬이 설명했다.

"의식적으로, 아니면 무의식적으로?" 내가 물었다.

"꼭 의식적이어야만 할까요?"

"둘 다 해당된다고 생각해요." 스카티 넬이 대답했다.

"난 증오는 무의식적일 수 있다고 생각하거든요." 이 부분에서는 나와 의견이 같았지만 곧 애매해졌다. 사람들이 무의식적으로 누군가를 증오할 수 있다는 사실을 인정하는 것과 그 '사람들'에는 자기 자신도 포함된다는 사실을 인정하는 건 별개의 문제다. 물론 후자가 훨씬 더 어렵다. 어쩌면 나는 특별히 자조적인 성향이 강해서 내게도 무의식적인 증오가 존재한다는 걸 인정하고, 시간이 지나면서 내 의식과 행동 속에 존재하는 증오를 알게 됐다고 밝히는 게 더 나을지도 모르겠다. 스카티 넬과 나의 의견이 갈라지는 지점이 바로 이 부분이다. 스카티 넬은 무의식적인 편견이 존재하며 그 안에 증오도 포함된다는 것에는 동의했지만, 모든 사람이 편견을 가지고 있다는 생각에도 동의한 건 아니었다. 분명 자기 자신은 편견을 가졌다고 생각하지 않는 것 같았다.

CNN 방송해설가이자 내 친구인 스카티 넬은 2016년 대통령 선거 당시 뉴스 매체에서 가장 눈에 띄는 트럼프 지지자들 중 하나였다. 내가 그녀를 처음 만난 건 2012년 보수정치행동회의(CPAC)에서였고 당시 나는 폭스 뉴스에 근무하고 있었다. 나는 그때 어떤 부대행사에 와서 강연해 달라는 초청을 받았는데, 내 눈에는 '말쑥한 우파'로 보이는 사람들의 연례 모임이 과연 어떤 건지 늘 궁금하게 생각했기 때문에 그 제의를 수락했다. 나비넥타이를 매고 두뇌집단에서 일하는 그들은 보수주의 집단 중에서도 강경한 우파에 속했다. 대부분의 정치 회의와 마찬가지로 보수정치행동회의도 넓은 홀 안에 언론기관에서 나온 사람들의 자리가 마련되어 있었는데 줄지어 마련된 부스들에 낯익은 얼굴들이 보였다. 내가 어슬렁거리며 복도를 걸어가고 있을 때 어디선가 내가 있는 쪽을 향해 고음의 고함 소리가 들렸다. 스카티 넬 휴스였다. 그녀는 내게 아는 척을 하려고 티파티 뉴스 네트워크 쪽에서 나를 향해 뛰어왔다. 당시 그녀는 그쪽 뉴스 보도 국장을 맡고 있었다. 우리는 폭스 뉴스에서 몇 차례 같이 방송한 적은 있지만 한 번도 같은 방에 있었던 적이 없어서 그때가 공식적인 첫 만남인 셈이었다. 우리는 가볍게 포옹하고 인사를 주고받고 셀피도 같이 찍었다. 마치 내가 무슨 유해물질이라도 되는 듯 슬슬 나를 피하던 다른 참석자들 앞에서 그녀가 나를 변호했던 게 기억난다.

2016년 선거 기간 동안 거의 이틀에 한 번 꼴로, 아니 그보다 더 자주 CNN에 출연해서 스카티 넬을 포함해 케일리 맥이내니, 제프리 로드와 벳시 맥커기와 같은 트럼프 지지자들과 수시로 토론을 벌인 이후로, 거리에서 마주치는 사람들 모두가 내게 그 사람들의 얼굴을 한 대 갈기고 싶은 충동을 어떻게 참았느냐고 물었다. 솔직히 말하면 그런 마음이 든 적은 없었다.

물론 한두 번, 혹은 수도 없이 자주 소리를 지르고 싶은 적은 있었다.

예를 들면 힐러리 클린턴이 어린 소녀들에게 그들도 자라서 대통령이 될 수 있다는 걸 보여주겠다고 말한 것을 두고, 스카티 넬이 클린턴을 성차별주의자라고 비난했을 때도 그랬다. 스카티 넬은 클린턴이 소녀들의 '파워를 키우기' 위해서 소년들을 '깎아 내리려'한다고 주장했다. 그 말에 순간적으로 내 몸에 있는 모든 신경 세포가 일제히 곤두서며 소리를 지르고 싶어 하는 걸 느낄 수 있었다. '세상에 어이가 없네, 빌어먹을 지금 그걸 말이라고 하는 거야? 270년이 넘게 이어진 제도적인 불평등을 암시하는 힐러리의 말 한마디를 물고 늘어져서 그녀를 성차별 주의자라고 몰아세우겠다고?!?!'

물론 그런 말은 하지 않았고, 스카티 넬을 때리지도 않았다. 그 대신 동료 패널로 나온 작가이자 정치 운동가인 미카엘라 안젤라 데이비스와 두 손을 꼭 잡고 카메라 앞에서 흥분하지 않고 평정심을 유지하려고 무진 애를 써야 했다. 스카티 넬은 자신이 성차별주의자라고 생각하지 않았지만, 도널드 트럼프도 성차별주의자라고 생각하지 않았다.

그런데 힐러리 클린턴이 그렇다고? 진심으로?

실제로 힐러리 클린턴은 2016년 대통령 선거가 끝난 후 CNN의 인도계 미국인 작가이자 저널리스트인 파리드 자카리아에게 "우리 사회에 성차별주의와 여성혐오주의가 만연해있다고 생각한다"고 말했다. 클린턴은 우리 모두가 어느 정도의 성적인 편견을 가지고 있다고 말하고 싶었을 것이다. 맞는 말이니까.

반면에 첫 번째 대통령 후보 토론에서 NBC 뉴스 앵커 레스터 홀트 Lester Holt는 힐러리에게 이런 질문을 했다. "경찰이 흑인들에 대해 암묵적인 편견을 가지고 있다고 생각하십니까?"

힐러리 클린턴은 이렇게 대답했다. "암묵적인 편견은 경찰뿐만이 아니라 모두의 문제입니다. 불행하게도 위대한 미국에 사는 우리들 대부분은 서로에 대해 성급하게 결정하고 있다고 생각합니다. 그래서 나는 우리 자신에게 '나는 왜 이렇게 느끼는가?'라는 어려운 질문을 던지고 고민해봐야 한다고 생각합니다." 클린턴은 또 이렇게 말했다. "우리의 형사사법제도에 존재하는 조직적인 인종차별주의 문제를 꼭 다루어야 한다고 생각합니다."

우익은 폭발했다. 며칠 뒤 도널드 트럼프는 힐러리가 "기본적으로 경찰을 포함해 우리 모두가 인종차별주의자이며 편견을 가지고 있다고 암시했다"라며 강하게 몰아붙였다. 그리고 부통령 후보자인 마이크 펜스Mike Pence는 자신의 토론 논평에서 클린턴을 비난했다. "비극적인 사건이 일어날 때마다 암묵적인 편견 때문이라고 비난하고 대대적으로 법 집행기관을 깎아 내릴 기회만 노리는 태도가 지긋지긋하다"며 씩씩댔다. 펜스는 더 나아가 무기를 소지하지 않은 흑인들에게 총을 쏜 사건들 중 일부는 흑인 경찰관들이 쐈다고 지적했다. 그의 말 속에는 흑인 커뮤니티에서 발생하는 불균형적인 경찰의 폭력 사건들에는 흑인 경찰들도 연루되어 있으므로 암묵적인 인종차별적 편견 때문에 그런 사건이 발생했다고 말할 수 없다는 의미가 담겨 있다. 하지만 이 부분에 관한 펜스의 생각은 틀렸다. 모두가 편견을 가지고 있다.

펜스의 말에 보수주의 칼럼니스트 윌리엄 세일턴William Saletan은 "암묵적인 편견의 존재를 부정하기에는 거기에 관한 연구가 너무 많다"고 말했다. "암묵적인 편견은 비난이 아니다. 암묵적인 편견이 있다고 해서 나쁜 사람이라는 뜻이 아니며, 평범한 보통사람이라는 뜻이다." 암묵적인 편

　　　　　　　　　　　　　　　왜 반대편을 증오하는가

견은 정상적인 것이라서 정상적인 사람들에게 존재하며, 거기에는 흑인들도 포함된다.

이는 백인 대학생들이 흑인 경찰관들에 대해 갖는 공통적인 문제점들 중 하나로, 그들은 편견을 가지고 있다. 왜냐고? 전직 해군 사령관이며 뉴 아메리카 싱크탱크의 일원인 시어도어 R. 존슨Theodore R. Johnson은 이렇게 기록했다. "일부 흑인들과 백인들이 흑인들의 범죄성과 경박함에 대한 고정관념은 영구화시키고, 백인 문화를 미국적 가치와 동일시하는 기법으로 이미지를 만들어 간다."《애틀랜틱Antlantic》지에 실린 기사에서 존슨은 암묵적인 편견을 측정할 때 흔히 사용하는 '암묵적 연합검사IAT[30]'를 받아본 결과 흑인인 자신도 내면에 반 흑인 편견을 가지고 있다는 사실을 발견했다고 털어놓았다. 존슨은 "나 자신의 숨겨진 편견에 제대로 한 방 맞은 셈 이었다"고 썼다.

나는 스카티 넬과 저녁을 먹으면서 일 년 전에 그녀와 함께 갔던 여행을 떠올렸다. 편견과 고정관념들이 우리 마음속에 깊이 각인되어 있고, 누구나 그걸 깨닫는 건 매우 힘든 일이라는 걸 극명하게 일깨워준 기회이기도 했다.

2016년 10월에 스카티 넬과 나는 버지니아 주 팜빌에 있었다. 공화당 부통령 후보자였던 마이크 펜스와 민주당 부통령 후보자 팀 케인Tim Kaine이 선거 운동기간 동안 단 한번뿐인 토론을 위해 롱우드 대학교에 가 있었고, CNN 방송을 위해 스카티 넬과 나도 갔다. 이 토론이 있기 훨씬 오

---

30 Implicit Association Test 인종주의에 대한 대중들의 암묵적 편견 검사 - 주

래 전에 팜빌은 미국 역사에서 대단히 중요한 역할을 한 적이 있다.

1951년 로버트 루사 모튼 고등학교에 다니는 흑인 학생들이 학교의 견디기 힘든 인종차별적 분리정책에 항의하고, 버지니아 주를 비롯해 전국에 남아 있는 짐 크로우 법[31]의 잔재인 인종차별적인 교육에 항의하는 뜻으로 전원 학교에서 떠났다. 결과적으로 모튼 고등학교 학생들의 파업은 브라운대학교 교육위원회 판례를 이끌어내는 데 도움을 주었다. 1954년에 대법원에서 학교의 분리 교육이 부당하다는 판결을 내렸을 때, 그 사건 고소인의 3/4는 모튼 고등학교 출신이었다. 그러나 1959년에 가서야 버지니아 주는 연방정부의 압력을 받고 통합 절차를 시행하기 시작했다.

팜빌이 위치한 프린스 에드워드 카운티는 공립학교들의 통합을 원치 않았기 때문에 공립학교를 모두 폐쇄해버렸다. 그래서 5년 동안 프린스 에드워드 카운티에는 공립학교가 없었다. 백인 학생들은 통합에 반대하는 이들이 설립한 백인 전용 사립학교로 몰려갔다. 프린스 에드워드 카운티에 사는 흑인 학생들은 교회와 일반 가정집 기실로 모여 들었고, 커뮤니티 자원봉사자들과 북쪽에서 온 몇몇 교사들이 부족한 학생들의 교육을 보충하기 위해 애썼다. 또 다른 대법원 판결에 의해서 의무적으로 공립학교의 문을 연 것은 1964년의 일이었다.

그 모튼 고등학교는 현재 기념관으로 남아 있다. 잠시 동안 휴식시간이 생긴 스카티 넬과 나는 그곳을 방문했다. 우리는 나란히 서서 한마디도 하지 않고 예전 로버트 루사 모튼 고등학교의 복도를 천천히 걸어 다녔다. 교실마다 당시의 상황을 보여주는 사진과 글을 전시해서 역사의 한

---

31 Jim Crow laws 공공장소에서 흑인과 백인의 분리와 차별에 관한 법 – 주

왜 반대편을 증오하는가

순간을 담고 있었지만, 그 외에 직접 눈으로 확인할 수 없는 역사와 그 공간이 상징하는 바가 묵직하게 느껴졌다. 우리는 벽에 걸린 설명들을 최대한 많이 읽어보고 이해하려고 했다.

아무 말 없이 생각에 잠겨 한동안 이 교실 저 교실을 돌아다니고 난 후에 마침내 내가 말을 꺼냈다. "정말 끔찍하군요." 무슨 말을 해야 할지 몰랐지만 뭔가 말하고 싶었다.

"음, 정말 그래요." 스카티 넬도 말했다. 그리고 우리는 동시에 깊이 숨을 들이마셨고, 또 한동안 침묵이 이어졌다. 사실, 무슨 말을 더 할 수 있을까?

그러다 한 일분쯤 지났을까, 스카티 넬이 덧붙였다.

"하지만 모든 사람이 이것(분리정책)을 지지하지 않았으니 다행히죠."

"네?" 내가 되물었다. "그게 무슨 뜻이에요?"

"그러니까 내 말은 대부분의 백인들은 잘못된 처사라고 생각했잖아요." 스카티 넬이 말했다. "그저 일부 몹쓸 사람들이 (분리에)지지했을 뿐이죠."

"아니요, 스카티 넬, 그렇지 않아요." 나는 진지하게 얘기하려고 했지만 아마 그 순간 내가 느낀 충격이 고스란히 드러났을 것이다. "대부분의 백인들이 지지했어요. 거의, 거의 모든 백인들이 분리교육을 지지하고 옹호했다고요." 1942년에 실시됐던 여론조사가 그런 사실을 확인시켜주었다. 이 여론조사는 미국인들에게 "백인 학생과 흑인 학생들이 같은 학교에 다녀야 한다"고 생각하는지 물었고, 전국적으로 약 30% 정도만 그렇다고 대답했다. 1956년에 다시 똑같은 질문을 던졌을 때 통합정책을 지지하는 사람들의 숫자는 여전히 50%를 밑돌았다. 더구나 그 숫자는 조사원이 질문하니까 그냥 지지한다고 인정한 사람에 지나지 않았다.

나는 몸을 돌려 스카티 넬을 마주 보았다. "내가 그 당시에 살았다면 당연히 분리정책에 대항해서 싸웠을 거라고 생각해요." 내가 말했다.

"하지만 그러지 않았을 확률도 있을 거예요. 그게 당시의 현실이었고 다른 사람들과 마찬가지로 나 역시 그 시대의 산물이었을 테니까요."

그러자 그녀가 목소리를 높여 반박했다. "그거야 모르는 일이죠!" 점점 눈에 띄게 언짢아하는 기색이 느껴졌다. "조상들이 그 당시에 무슨 생각을 했는지, 뭘 믿었는지 어떻게 알겠어요?"

분명 스카티 넬은 인종차별주의자인 내 할아버지를 알 리 없지만, 중요한 건 조상들의 생각이 아니라 통계다.

"난 당시에 거의 모든 백인들이 분리정책에 지지했다는 걸 알고 있어요. 아마 나 역시 그들 중 한 사람이었을 거예요." 내가 말했다.

내가 딱히 악마 같은 사람이어서가 아니라 그게 증오가 작동하는 방법이기 때문이다. 증오에 둘러싸여 있다 보면 우리도 거기에 흡수되게 되고 똑같이 되풀이 하게 된다. 1950년대 미국에 존재했던 노골적이고 공격적인 인종차별주의에 대한 얘기였지만, 무의식적인 편견도 마찬가지다.

"나도 그 통계가 사실이 아니었으면 좋겠어요." 내가 스카티 넬에게 말했다. "하지만 사실이에요."

과거에 대해 이런 얘기를 들은 스카티 넬은 현재의 상황에 대한 힐러리 클린턴의 진술을 들었을 때만큼이나 심기가 불편한 것 같았다. 그러니까 흑인과 백인을 분리하는 불평등한 정책을 지지하는 백인들이 일부 소수가 아니라 우리 모두라는 암시가 담긴 얘기가 거슬리는 것 같았다. 스카티 넬은 나를 포함한 대부분의 좌파들이 '암묵적인 편견'과 같은 용어를

왜 반대편을 증오하는가

들먹일 때면 마치 이 말이 자기를(스카티를) 인종차별주의자로 모는 것처럼 느끼는 것 같았다.

나는 어느 누구도 '인종차별주의자'라고 부르지 않으려 노력하고 있다. 그 말 자체가 부정적인 반응을 유발시키기 때문이다.('유발'이라는 말도 가급적 쓰지 않는 말 중에 하나인데 알다시피 다른 사람들의 반응을 유발시키는 말이라서 그렇다.) 누구나 인종차별주의자라고 불리면 즉각 방어적인 태도를 취한다. 1950년대 버지니아 주에서는 분명 그 말이 흔히 쓰였고, 지금도 일상적인 대화 속에서 '인종차별주의자'라고 하면 의도적이고 노골적으로 편협한 사람을 일컫는다고 생각하기 쉽다.

여기서 정확히 밝히지만 나는 스카티 넬 뿐만 아니라 우파, 좌파, 그리고 그 중간을 포함해 대부분의 미국인들이 의도적이고 노골적으로 편협한 사람들이라고 생각하지 않는다. 그렇지만 우리 모두가 무의식적으로 어떤 집단은 우월하고 다른 집단은 열등하다는 견해를 가지고 있다는 것을 인정해야 한다고 생각한다. 비록 그런 견해가 1950년대의 버지니아 주에서처럼 겉으로 드러나지 않는다 해도 그와 동일한 역사와 악의적인 유산에서 나온 것이기 때문이다. 내가 우리 모두라고 말한 것은 진정 단 한 명도 빠짐없이 포함된 모든 사람을 의미하는 것이다. 물론 나도 포함되고, 여러분도 포함된 모든 사람이다.

신경과학 분야의 뛰어난 연구 결과들을 살펴보면 그 이유를 알 수 있다. 시카고 대학교의 신경과학부 교수인 제니퍼 쿠보타는 암묵적인 편견과 뇌를 연구하는 데 초점을 맞추었다. 쿠보타는 내게 고정관념들이 어떻게 암호화 되어 우리 뇌에 박혀 있는지 설명해주었고, 특히 뇌 속에 깊이 박혀 있는 편도체라는 작은 구조에 대해 알려주었다. 두 개의 빽빽한

핵 덩어리로 이루어진 편도체는 뇌의 중심 양쪽에 각각 위치하고 있으며 아몬드와 비슷한 모양을 하고 있다. 편도체를 뜻하는 원어인 '아미그달라 Amygdala'는 라틴어로 '아몬드'라는 뜻이다.

보통 편도체는 뇌의 감정 센터로 알려져 있고, 특히 좀 더 세분화해서 공포를 담당한다고 알려졌지만, 정확한 사실은 아니다. 편도체 자체는 감정을 발생시키지 못하며, 감정을 담당하는 어느 하나의 '센터'가 별도로 존재하는 것이 아니라고 쿠보타는 분명히 밝혔다. 쿠보타는 편도체가 "우리의 환경 속에서 중요한 것이나 위협적인 것, 혹은 새로운 것을 배우는데" 관여한다고 설명했다. 우리가 필요로 할 때 편도체가 재빨리 이전에 배웠던 것을 회상해서 우리가 처한 상황을 신속하게 판단하고, 그에 따라 반응할 수 있게 유도하는 것이다. 편도체를 효과적인 파일 보관함이라고 생각해보자. 그 보관함 속에는 사회가 우리에게 가르쳐 주었고 우리의 두뇌가 흡수한 모든 내용이 보관되어 있다. 편도체는 대중매체와 교육, 가족 및 우리 존재의 각 측면을 통해 스며드는 모든 메시지를 흡수하며, 여기에는 사회에 만연한 인종차별적 고정관념도 포함된다.

예를 들어, 쿠보타는 다양한 인종으로 구성된 대학 신입생들에게 미국 여성들에 대한 고정관념을 나열해보도록 한 적이 있다. "얼마나 똑같은 의견들이 나오는지 깜짝 놀랄 정도"라고 그녀가 말했다. 모두가 같은 이야기를 반복했고, "심지어 학생들 자신이 그런 얘기를 믿지 않는다 해도 그들이 알고 있는 얘기는 동일했어요… 즉 그런 연합 정보가 시스템에 박혀 있다고 볼 수 있죠." 그리고 강의실에 있던 여학생들도 남학생들과 마찬가지로 고정관념들을 잘 알고 있었다. 다시 말하면 편견은 사회의 시스템에 박혀 있고 그 결과 우리의 두뇌에도 박히게 되며, 특히 우리 머릿속에 있는 자그마한 두 개의 아몬드에 박히게 된다. 편도체가 증오를 품는 게 아니라 증오가 가득한 사회로부터 증오심을 배우는 것이다.

암묵적인 편견에 관해 광범위한 연구 조사를 실시한 버클리 소재 캘리포니아 대학교의 법학 교수 존 A. 파웰John a. powell은 무의식이 "빈도수를 바탕으로 연관성을 만든다"고 설명한다.

예를 들어 보자. 뉴스에서 흑인 범죄에 대해 "무의식적인 수준"으로 과장보도를 하기 때문에 "우리 머릿속에서 범죄와 흑인이라는 말 사이에 신경망의 연합이 만들어진다"고 파웰은 설명했다. 실제로 흑인들이 범죄를 저지를 가능성이 높은지 적은지 개인적으로, 혹은 의식적으로 생각하고 안하고는 별 상관이 없다는 것이다. 암묵적인 편견은 사회의 편견이 투사되어 우리의 무의식에 새겨진 것이라 할 수 있으며, 이는 예외 없이 우리 모두에게 일어나는 현상이다. "그것은 우리가 숨 쉬는 공기인 셈이에요." 파웰이 말했다. "성인이 될 때까지 그 공기를 들이마시고, 지속적으로 머릿속에 그런 연합 관계가 형성되죠. 백인들도, 흑인들도, 라틴계 사람들도 마찬가지예요."

그런 연합 관계는 뇌 연구에서도 분명히 나타난다. 최근에 실시되는 뇌에 관한 연구는 대부분 '기능적 자기공명영상법(fMRI)'을 사용한다. 자기공명영상(MRI) 기술을 이용해 뇌 속에서의 혈액 움직임을 스캔해서 여러 장의 사진을 보는 것과 같이 다양한 자극에 반응하는 뇌의 활동 정도를 측정하는 것이다. 이 기술의 기능적인 면은 실시간으로 벌어진다는 점이다. 다시 말해서 연구원들이 실험 대상자들에게 어떤 말이나 행동을 하면 대상자들의 뇌가 주어진 정보를 처리하는 과정에서 어떤 부분이 관여되는지에 따라 실험 대상자들의 뇌가 '밝아지는'걸 직접 관찰할 수 있다.

뇌의 특정 부분이 더 밝아질수록, 그 부분이 더욱 활발하게 관여한다는 뜻이다.

뉴욕 대학의 신경과학자 엘리자베스 펠프스Elizabeth Phelps와 그녀의 연구팀은 2000년에 부정적인 고정관념에 대한 신경적 특징을 파악하는 중요한 연구를 진행했다. 이 연구는 실험대상자들에게 무표정한 얼굴 사진을 보여주었을 때보다 두려워하는 표정의 얼굴 사진을 보여주었을 때 편도체가 더 활발하게 활동한다는 사실을 밝혀낸 이전의 연구 결과를 토대로 실행되었다. 위험을 감지해서 두려운 감정을 유발시키도록 하는 것이 편도체의 가장 잘 알려진 기능들 중 하나이며, 신경과학자들은 오래전부터 더 큰 위험을 감지할 때 편도체가 더 활발하게 활동한다고 믿어왔다.

펠프스의 연구는 이와 동일한 기본 과정을 따르면서 약간의 변화를 시도했다. 그녀의 연구팀은 실험 대상자들을 fMRI기계에 연결한 상태에서 백인과 흑인의 졸업 앨범 사진을 무작위로 보여주었다. 모두 감정이 드러나지 않는 무표정한 얼굴 사진이었고 겁을 내거나 두려워하는 얼굴 표정은 하나도 없었다. 결과는? "백인 실험대상자들의 대부분은 낯선 백인에 비해 낯선 흑인의 사진을 볼 때 편도체의 활동이 더 활발해졌다"라고 펠프스는 말했다. 다시 말하면 낯설고 무표정한 얼굴의 흑인 사진이 두려움을 유발시켰다는 뜻이다. 그리고 나서 펠프스와 연구팀은 암묵적 편견 평가에서 받은 점수를 비교했을 때, 암묵적 편견이 높은 것으로 나타난 사람들의 편도체가 더 많이 밝아졌다는 사실을 발견했다.

그녀와 연구팀은 또 무의식적인 두려움을 측정하는 일반적인 평가방법을 사용해서 백인 실험 대상자들에게 두 세트의 얼굴 사진을 보여주고 그들의 반응을 측정했다. '놀람 반응'이라고 부르는 이 평가방법은 두려

왜 반대편을 증오하는가

움을 나타내는 또 다른 지표인 눈 깜빡임 반사를 보는 것이다. 이번에도 암묵적 편견이 높고 활발한 편도체 활동을 보인 사람들이 더 강렬한 '놀람 반응'을 보였다.

과학자들은 그러한 결과들을 어떻게 해석할까? 편도체의 활발한 활동은 실험 대상자가 흑인의 얼굴을 봤을 때 위험을 인지했다는 사실을 보여준다는 결론을 내렸다. 그 후로 이어진 방대한 양의 fMRI연구 결과 역시 흑인에 대한 암묵적인 편견이 대개 비슷하다는 증거를 보여주게 되자, 엘리자베스 펠프스와 그녀의 동료들은 이렇게 요약했다. "암묵적 편견 측정에 대한 연구 결과는 암묵적인 편견들이 곳곳에 만연해있고 매우 강력하다는 것을 보여주었다."

암묵적인 편견이 사람들의 생활에 미치는 치명적인 영향을 보여주는 연구는 많이 나와 있다. 존 a. 파월과 다른 연구원들은 이러한 연구 내용을 요약해《평등의 과학The Science of Equality》이라는 제목의 광범위한 보고서를 썼고, 편견이 학교나, 사무실이나, 병원에서 활개치고 있으며 힐러리 클린턴의 말처럼 형사사법제도에도 많은 영향을 미치고 있음을 보여주었다.

의학적 치료의 경우를 보자. 연구 결과에 의하면 백인 의사들이 흑인 환자를 대할 때 진료시간이 평균적으로 좀 더 짧았고, 환자의 상태에 대해 덜 자세하게 알려주고, 치료법을 결정할 때 환자의 의견을 덜 반영하며, 절차와 치료를 위해 다른 의사에게 소개할 때와 약을 처방할 때도 편견을 보이는 것으로 나타났다. 실제로 어떤 연구는 가슴 통증을 호소한 흑인 환자들에게 심장 기능 측정을 위한 일반적 절차인 심장 도관 삽입을 제안하는 경우가 같은 증상의 백인 환자들과 비교해 40%나 적다는 사실을 밝혀냈다. 또 다른 연구 결과는 흑인 환자들이 "백인 환자들과 비교해 체계적인 통증치료를 충분히 받지 못하고 있다"고 밝혔다.

이런 연구들 가운데 보기 드문 연구가 있다. 2007년에서 2011년 사이에 환자들에게 발급된 6천만 건의 진통제 처방전을 검토한 이 연구 결과에 의하면 "똑같은 수준의 통증을 느끼고 나이와 사회 경제적인 수준, 보험의 종류 및 기타 요인들을 고려할 때 비슷한 처지의 백인 환자들에 비해서 흑인 환자들이 오피오이드[32] 처방전을 받을 가능성이 훨씬 더 적다"라는 것을 발견했다.

이는 형사사법제도에서 뿌리박힌 편견과 마찬가지로 걱정스러운 일이 아닐 수 없다. 스탠퍼드 법학대학의 제니퍼 에버하트 교수와 동료들이 공동 출간한 한 연구 보고서에 따르면 '좀 더 전형적인 흑인의 특징이 드러나는 외모(어두운 피부색, 넓은 코와 두툼한 입술)의 피고인들'이 더 강력한 처벌을 받았고, 특히 전형적인 흑인의 모습에 덜 가까운 외모의 피고인들과 비교해 사형 선고를 받을 가능성도 높다는 것을 발견했다. 저자들은 여기에 대해 이렇게 말했다. "많은 연구 결과들을 보면 사람들이 전형적인 흑인의 인종적 특징이 강한 외모의 흑인들에게 인종차별적인 고정관념을 더 쉽게 적용하고, 전형적인 흑인의 신체적인 특징이 많이 드러나는 사람을 범죄자로 인식할 확률이 더 높다는 사실을 알 수 있다."

경찰관과 단속 대상이 되는 사람들 사이의 상호작용에 존재하는 편견을 우려한 스탠퍼드 대학교연구팀은 경찰의 바디 캠[33]에서 수집한 장면을 토대로 또 다른 연구를 실시했다. 그 결과 연구원들은 "평균적으로 경

---

32 opioid-아편과 비슷한 작용을 하는 합성 진통 마취제 – 주
33 범죄 현장에서 동영상 증거를 수집하는데 사용되는 녹화 시스템 – 주

왜 반대편을 증오하는가

찰들은 백인들과 비교해 상대적으로 흑인들을 덜 정중하게 대우한다"는 사실을 발견했다. 쉽게 말해서 경찰이 흑인들에게는 "정식으로 인사를 하는 경우가 적고, 'sir' 나 'ma'am'과 같은 공식적인 호칭으로 부르는 경우가 드물었으며, 주로 날카로운 명령조로 얘기하고 사과나 감사의 말을 전하는 경우도 극히 드물었다"는 뜻이다. 연구원들은 "문제는 노골적으로 인종차별주의를 드러내는 공공연한 표현이냐 아니냐의 문제가 아니다…… 많은 경우에 경찰관들은 자기들이 하는 말이 상대방에게 해를 입힐 수 있다는 사실 자체를 깨닫지 못하고 있으며, 그런 말을 듣는 상대방은 자신들이 인종차별적인 경찰관과 대치하고 있는지 아닌지를 스스로 판단해야만 한다"는 결론을 내렸다.

교실에서 이루어지는 교사와 학생들 사이의 상호작용에 관한 연구를 통해서는 교사들이 수업 중에 흑인 학생들에게 관심을 덜 보이고, 질문을 덜 하며, 그들이 제출한 과제에 적어주는 피드백도 더 적다는 결과가 나왔다. 《U.S. 뉴스 & 월드 리포트》지의 보고에 의하면 "대학 교수들이 유색 인종 학생들의 질문에 관심을 덜 보이며, 모든 학생들이 제출한 동일한 과제물을 평가할 때 암묵적인 편견에 영향을 받을 수 있다"는 사실을 밝힌 연구가 여러 건 있다고 한다.

직장에서의 편견에 관한 많은 연구결과를 보면 비슷비슷한 수준의 기술과 경험을 갖춘 지원자들 중에서 흑인과 라틴계 지원자들에 비해 백인 지원자들이 50%나 더 많은 인터뷰 요청 전화를 받은 것으로 나타났다. 이러한 연구들 중 하나는, 연구원들이 똑같은 종류의 기술과 경력을 적은 이력서를 여러 장 만들어 1300개가 넘는 광고 회사에 돌렸다. 이력서 내용에서 유일하게 다른 부분은 지원자의 이름으로 절반은 라키샤 워싱

턴과 같은 전형적인 흑인 이름을, 나머지 절반은 수잔 베이커와 같은 전형적인 백인 이름을 붙였다. 그 결과 백인 이름을 가진 이력서에 50%나 더 많은 인터뷰 요청 전화가 걸려왔다. 우리는 이런 편견의 일부가 사실은 노골적인 것이라고 생각할 수 있지만, 연구원들은 흑인들에 대한 고정관념은 무의식적인 것이었다고 단언했다.

사실 무의식적인 편견은 측정은 고사하고 짚어내는 것조차 어려울 때가 많다. 그러나 한눈에 알아볼 수 있게 드러나는 일화들도 있다. 2016년에 고등학생이었던 흑인 미국인 에이디아 브라운이 대학입학 시험인 ACT 시험을 치르기 위해 덴버에 있는 자기 학교 교실에 들어섰을 때, 그녀를 한 번도 본 적이 없고 그녀의 학문적 배경에 대해 아무것도 모르는 감독관이 그녀를 보자마자 "특수 교육을 받는 학생들은 복도 끝에 있는 시험장으로 가세요"라고 말했다. 마찬가지로 2016년에 미국 흑인 산부인과 의사인 타미카 크로스가 델타 에어라인 비행기를 타고 있었는데 승객한 사람이 병이 났다. 크로스가 그 승객을 도와주려 하자 승무원들은 그녀가 의사라는 사실을 믿지 못하고 그녀의 접근을 막았다. 크로스가 당시의 상황을 페이스북에 올리고 난 뒤, 이에 대한 반응으로 해시태그 "#의사들은 어떻게 생겼나"가 시작되었고 수많은 유색인종 여의사들이 의사 가운을 입고 찍은 사진을 올렸다.

'마이크로 어그레션microaggressions'[34]이라고 불리는 미묘한 차별과 학대행위를 포함해 이와 같은 편견에 관한 사례는 끝없이 나열할 수 있을 만큼 많다. 이때 그런 행동을 저지른 사람들은 정말로 무의식적이었을지 모르

---

34 의도하지 않은 말이나 행동이 상대방에게 모욕감을 느끼도록 만듦 - 주

지만, 그 대상이 되는 사람들은 편견이 깔린 차별을 강렬하게 느끼며 개인에게나 사회에나 매우 심각한 영향을 미친다. 존 파웰과 그의 동료들은 이렇게 기록했다 "미묘한 차별은 일상의 사소한 행동 속에 복제되면서 인종이 사회적인 인식에 영향을 준다는 사실을 증명한다. 흑인 남자가 엘리베이터에 타면 무심코 가방을 꼭 움켜쥐거나, 흑인 변호사들을 보면 우편물 관리나 누군가의 비서로 일할 것이라는 추측들이 그런 예이다."

심리학자 앤서니 그린월드와 마자린 바나지는 특히 암묵적인 편견을 구체적으로 측정하는 방법을 찾아내면 수준 높은 학술 연구와 기록으로 남길 수 있는 문서화를 지원하고 그 문제에 관해 대중의 경각심을 일깨울 수 있다는 생각에서 1998년에 암묵적 연관검사IAT-Implicit Association Test를 만들었다. 바나지와 그린월드가 운영하는 프로젝트 임플리싯Project Implicit 웹사이트에 들어가면 누구나 무료로 IAT 테스트를 받을 수 있다. 나도 직접 해봤는데 테스트 설계가 매우 독창적이었다. 기본적인 절차는 스크린에 깜빡이는 일련의 단어나 사진을 보고 응답하는 것이며, 얼마나 빨리 연관시키는지 컴퓨터가 시간을 측정한다. 이 테스트는 어떤 개념을 연결시키는 데 걸리는 시간이 짧을수록 그런 개념이 이미 우리 마음속에 밀접하게 연관되어 있다는 이론을 바탕으로 한다. 예를 들어 우리는 '공'과 '체스'보다 '공'과 '축구'를 더 빨리 연결시킨다. 그 이유는 공과 체스는 연결될 수 없어서가 아니고, 둘 다 경기인 건 같지만 대부분의 사람들에게 공과 축구 사이의 연합이 더 강하기 때문이다. 그래서 더 신속하게 떠오르게 된다.

암묵적 연관검사의 핵심 아이디어는 이와 같은 무의식적인 연결이 일어나는 속도를 측정하고 비교해서 상대적인 편견을 확인할 수 있다는 것이다.

 학계에서는 이미 암묵적 연관 테스트가 만들어지기 훨씬 전부터 암묵적인 편견의 현실을 인지하고 있었다. 그러나 암묵적 편견을 측정할 수 있는 이러한 혁신적인 방법 덕분에 새로운 연구와 공개 토론이 폭발적으로 일어났다. 미국 심리학 협회에서 발행하는 잡지는 암묵적 연관검사를 '사회 심리학의 혁명'이라고 불렀다. 작가 말콤 글래드웰은 베스트셀러인 저서 《블링크Blink》에서 "암묵적 연관검사IAT는 태도에 관한 추상적인 평가 방법 그 이상이며, 자연스러운 상황에서 우리가 어떻게 행동할지 예측할 수 있는 강력한 지표다"라고 말했다.

 그러나 암묵적 연관검사는 일부 연구원들과 과학 분야 저널리스트들에게 비판도 받았다. 암묵적인 편견이 실제 현상인지 아닌지에 관한 논쟁은 아니었다. 그 부분에 있어서는 광범위한 동의가 이미 이루어져 있으니까. 심지어 대표적인 암묵적 연관검사 비평가 중 한 사람인 코네티컷대학교의 사회 심리학자 하트 블랜튼도 《와이어드wired》지 기자에게 이렇게 말했다. "전반적으로 연구원들은 암묵적인 편견이 문제가 된다는 것과 그 말을 사람들에게 광범위하게 알릴 필요가 있다는 데 동의해요."

 암묵적 연관검사 비판자들이 주장하는 요지는 어떤 사람이 생각하고 행동하는 방식을 예측할 수 있는 믿을 만한 지표로 삼기에는 암묵적 연관검사 점수의 정확성이 떨어진다는 것이었다. 그러면서 사람들이 여러 번 테스트를 해보면 매번 다른 평가 결과가 나올 수 있다는 점을 지적했다. 앤서니 그린월드와 마자린 바나지도 실제로 테스트가 그렇게 정밀한

왜 반대편을 증오하는가

진단은 아니라고 인정했다. '프로젝트 임플리싯' 웹사이트에도 안내문을 올려 각자의 점수를 근거로 꼭 어떤 편견을 가지고 행동할 것이라고 예측하지 않도록 당부했다. 그 대신 어느 정도 각자의 마음속에 들어와 자리 잡고 있는 부정적인 고정관념들을 잘 인식할 수 있는 도구 정도로 생각해야 한다고 덧붙였다. 나 역시 그런 점에서 암묵적 연관검사가 새로운 면에 눈을 뜨게 해줄 거라고 장담한다. 내게도 꼭 필요한 테스트였다.

그리고 바로 그것이 여러 논쟁으로 인해 다소 모호해지긴 했지만 암묵적인 편견에 대한 내용을 핵심적으로 잘 설명해주고 있다고 생각한다. 우리 스스로가 자각하는 것이 가장 중요하며, 실제로 어떤 편견에 맞서는 데도 도움이 된다. 신경 과학자 제니퍼 쿠보타가 강조한 것처럼 암묵적인 편견이 반드시 우리의 행동을 좌지우지하는 건 아니다. 만약 우리가 편견을 가지고 행동한다면, 그런 문제를 깨달아야 의식적으로 그 편견에 맞설 수 있다.

일단의 연구원들은 '습관적인 편견을 깨는 중재 역할'이라고 하는 것에 대한 영향력을 연구했다. 이는 암묵적인 인종차별적 편견을 가진 사람들에 대해 교육하는 것으로, 그들의 편견에서 "중재를 받아들인 사람들은 인종차별적 편견이 극적으로 감소하는 결과를 보였다"고 기록했다. 나는 혼자서는 깨닫기 어려웠을 편견들을 직시할 수 있게 도와주는 암묵적 연관검사가 전 세계에 큰 도움을 줄 거라고 생각한다. 궁금해 할지 모르겠지만 참고로 말하면 아르노 마이클리스와 스카티 넬 휴스, 그리고 나까지 우리 모두 인종에 대한 암묵적 연관검사를 했다. 그 결과 우리 모두는 흑인보다 백인을 선호하는 사람인 걸로 나타났다.

캘리포니아에서 그녀와 저녁식사를 하는 동안 접시 위에 놓인 치즈와 토마토를 먹어치우며 스카티 넬이 내게 말했다.

"당신은 부정적인 것에만 초점을 맞춰서 변화를 만들고 싶어 하는 것 같아요."

"그건 아니에요." 내가 말했다.

"내가 가진 편견을 인정하는 게 부정적인 거라고 생각하지 않는데요."

"그럼 어떤 편견을 가지고 있어요?" 스카티 넬이 포크를 내려놓으며 수상쩍은 눈초리로 나를 빤히 쳐다보았다.

"모두가 편견을 가지고 있는 것에 나도 똑같이 편견을 가지고 있어요." 내가 말했다.

"그게 뭔데요?" 스카티 넬이 집요하게 물었다.

"글쎄, 나는 여자보다 남자를 선호하는 편견이 있어요." 내가 말했다.

스카티 넬은 어리둥절한 것 같았다. 내가 레즈비언이라는 사실을 알기 때문에 혼란스러운 모양이었다.

"잠깐만. 당신이 남자를 선호한다고요?" 그녀가 웃는 둥 마는 둥 하며 물었다.

"맞아요." 내가 대답했다.

이때 여종업원이 다가와 디저트를 주문하겠냐고 물었다. 물론 디저트는 원치 않았다. 우리는 텔레비전에 나오는 여자들이고, 다이어트에 엄청나게 신경을 쓰고 있으니까. 더구나 이제야 대화가 좀 제대로 시작되려는 참이었다.

"그러니까 당신도 편견이 있다는 거예요? 당신이 성차별주의자라고요?" 종업원이 가고 나서 스카티 넬이 다시 한 번 물었다.

"그렇다니까요. 당연히 그렇죠." 나는 지속적으로 어떤 주제에 대해 여자들보다 남자들이 더 자격이 많고, 아는 게 많다고 추측하는 편이다. 내 여자 동료들은 내가 어떻게 그 일자리를 잡았는지 궁금할 때가 종종 있지만 남자 동료들의 자격은 믿어 의심치 않았다. 그런 내 안의 편견을 깨닫고 정신을 차려 맞서기도 하지만, 그 편견들은 여전히 존재하고 있다. 뿐만 아니라 남자 같은 옷을 즐겨 입고 남성적인 레즈비언인 내 대외적인 모습 때문에 표면적으로 남성적인 힘과 특권의 혜택을 누리고 있는 것도 엄연한 사실이다. 그러나 스카티 넬은 아직 그 정도 수준의 성찰까지 받아들일 준비가 안 된 것 같아서 입을 다물었다. 그 대신 내가 가진 편견에 대해 다른 사례를 들어주었다.

"내가 사는 동네는 구역별로 분리된 동네예요, 하지만 꽤 다양한 인종이 모여 있는 곳이죠."

나는 스카티 넬에게 말했다. 미국 인구 조사 자료에 따르면 뉴욕은 미국에서 두 번째로 가장 다양한 인종이 모여 사는 곳(첫 번째는 캘리포니아의 산호세이다)이며, 우리 집 우편번호가 속한 지역은 그중에서도 가장 다양한 인종이 모여 사는 상위 25%에 드는 지역이다.

"들어봐요. 나도 편견에 휘둘리는 자신을 발견할 때마다 안 그러려고 노력을 해요." 내가 말했다. "하지만 메르세데스를 타는 백인을 보면 별 의심 없이 의사나 변호사 정도 되나 보다 생각하고, 당연히 부자들일 거라고 추측하죠. 반면에 메르세데스를 타는 흑인들을 보면 한 번 더 눈여겨보게 되고 왜 그 차를 타고 있을까 궁금해요. 그게 편견이죠. 내가 가진 편견."

내 머릿속에 인종별 부의 차이에 관한 통계적 패턴이 저장되어 있는 탓이라고 부연 설명을 할 수도 있는데, 어느 정도는 그것도 사실이다. 미국, 그리고 뉴욕에는 분명 돈 많은 백인들이 훨씬 많고, 그래서 돈 많은 백인들이 메르세데스를 운전할 가능성이 훨씬 더 높다. 그러나 내가 미처 깨닫기도 전에 무의식이 먼저 나서서 그런 가정을 모든 상황에 적용하고 있는 것이다. 심지어 조금도 합당하지 않을 뿐더러 사실은 일부만 차별적인 데도 말이다. 나는 메르세데스를 타는 흑인의 10% 혹은 5%, 아니 3%도 의사일 거라고 생각하지 않는다. 솔직히 말하면, 혹시 그들이 마약 딜러는 아닐까 의심하는 경우가 거의 100%이다. 그게 내 편견이다. 앞에서 언급한 델타 비행기에 타고 있던 사람들이 흑인이 진짜 산부인과 의사일 리가 없다고 생각한 것과 똑같은 편견이다.

다시 말해서, 스카티 넬의 질문에 대해 모든 사람이 편견을 가지고 있다고 대답했을 때 그 모든 사람에는 당연히 나도 포함된다. 왜냐하면 나는 대중 매체가 불균형적으로 앞 다투어 흑인들의 범죄 보도에 열을 올리고, 범죄자로 고발당한 흑인들을 몇 배 더 위험한 인물로 묘사하는 나라에서 나고 자랐기 때문에 그런 편견들이 내 무의식 속에 각인되어져 있다. 나는 본질적으로 남학생들이 과학을 더 잘하고, 더 공격적이며, 여학생은 세심하고 더 창의적이라고 믿었는데, 이 또한 사회에 만연한 패턴과 메시지들에 노출되었기 때문이다. 그 모든 것들이 내 태도와 추측과 행동 속에서 지속적으로 반복되고 복제되어 왔다. 내 자신이 나서서 어떤 행동을 취하기 전까지는 말이야.

여기에서 잘못과 책임이 복잡하게 얽히게 된다. 물론 미국이 인종차별적이고, 성차별적이고, 증오심으로 가득 찬 역사를 가지고 있는 것이 내 잘못이라고 생각하지는 않는다. 그러나 거기에 대해 어떤 조치를 취해야 하는 게 내 책임이라고 생각한다. 스카티 넬과 나의 대화가 다시 끊어진 것이 이 지점이다. 나는 다시 2016년 가을에 팜빌을 방문했던 여행을 떠올리고 있었는데, 스카티 넬이 먼저 1990년대 후반에 그녀가 테네시 대학교 마틴 캠퍼스에 다녔던 신입생 시절의 얘기를 꺼냈다. 당시 백인 신입생과 흑인 신입생을 같은 방에 배정하는 새 프로그램이 실시됐다. 바람직한 프로그램이라는 데는 흑인 학생과 스카티 넬 둘 다 동의했다. 백인들이 모여 사는 작은 시골 동네 출신인 스카티 넬은 자신의 시야를 넓힐 수 있을 거라는 기대감에 들떴다고 말했다.

스카티 넬의 얘기에 의하면 그녀와 흑인 룸메이트는 둘 다 비슷한 중산계층 집안 출신이었다. 그런데 스카티 넬은 학교에 다니는 동안 학비를 내기 위해 두 가지 일을 병행하며 돈을 벌어야 했지만, 흑인 룸메이트는 전액 장학금을 받았다고 말했다. "정말 불공평한 일이었어요"라고 스카티 넬이 말했다.

"그녀가 흑인이라서 전액 장학금을 받았을 거라고 생각하는군요. 그래서 화가 난 거고." 내가 말했다.

스카티 넬은 내 말에 동의했다. "바로 그거예요." 마치 내가 너무 당연한 사실을 물어본다는 투였다. "당연히 그래서 그녀가 장학금을 받았겠죠!"

그러면 그녀는 룸메이트의 학업 성적이 우수해서 장학금을 받은 게 아니라고 어떻게 확신하는 걸까? 혹은 여러 과외 활동에서 활발히 활동해서 장학금을 받았을 수도 있을 텐데? 만약 룸메이트가 백인이었고 똑같이 전액 장학금을 받았다면, 스카티 넬은 아마 장학금을 받을 만한 충분한 이유가 있을 거라고 생각했을 것이다. 다만 룸메이트가 흑인이라는 이유로 똑같이 생각하지 않은 이유는 무엇일까?

하지만 다른 무엇보다도 스카티 넬은 그녀 자신이 인종차별 정책으로 인한 부당한 혜택을 받은 장본인일수도 있다는 생각은 전혀 안 해본 것 같았다. 미국의 모든 백인들도 마찬가지이다. 1927년에 설립된 테네시 대학교는 설립 후 처음 34년 동안은 오로지 백인 학생들만 입학시켰다. 당시 학교에 입학한 학생들은 흑인 학생들보다 실력이 좋아서 들어간 것이 아니라 배타적인 인종차별 시스템의 혜택을 받아 공정하게 경쟁할 필요가 없었기 때문이었다. 흑인 학생들을 입학 대상에서 제외시킨 정책은 보다 높은 수준의 일자리를 얻을 수 있는 기회를 차단해서 대대로 먹고 살기 힘든 생활수준에서 벗어나지 못하도록 했고, 결국 흑인 가정에 대한 역사적이고 경제적인 압박을 더욱 강화시킨 셈이다. 그 결과 스카티 넬과 그녀의 룸메이트가 대학에 입학할 시기에는 전국적으로 백인 가구의 순소득이 흑인 가구의 순소득보다 평균 100,700달러나 더 높았다.

스카티 넬은 흑인 가정들이 오래 전부터 겪어왔고 지금도 계속 겪고 있는 엄청난 경제적 불평등에 대해서는 어떤 해결책이 필요하다는 생각을 해본 적이 없는 것 같았다. 더구나 역사적으로 백인들만 다니던 대학에서 흑인 학생에게 장학금을 지급했다는 사실이 긍정적인 출발점이 될 수 있다고는 전혀 생각하지 않는 것 같았다. 내가 스카티 넬의 룸메이트와 그녀의 조상들이 겪었을 역사적인 불평등에 관한 얘기를 꺼내자 스카티 넬이 반문했다.

"그게 왜 내 잘못이에요? 왜 내가 아니라 그녀에게 혜택이 주어져야 하는 거죠?"

지금, 캘리포니아에서 함께 저녁 식사를 하며 편견에 대해 활발한 대화를 나누던 도중에도 그녀는 똑같은 항변을 되풀이했다. 스카티 넬은 과

거의 잘못된 점들을 바로잡는 것이 그녀의 책임이라고 생각하지 않았다. 대다수의 미국인들도 이와 비슷한 생각을 가지고 있다. 그들이 사회와 그 사회 속에서 각자가 차지하고 있는 위치에 대해 듣고 자란 얘기를 생각해보면 과거에 저질러진 잘못을 그들이 책임져야 한다는 것이 부당하게 느껴지기 때문이다. 어쩌면 그런 얘기 자체가 잘못된 것일 수도 있다.

2016년에 사회학자인 알리 러셀 혹실드는 《자기 땅에 사는 낯선 사람들Strangers in Their Own Land》이라는 책을 출간했는데, 이 책은 저자가 루이지애나 주 어느 시골에서 스카티 넬 같은 트럼프 지지자들과 티파티 회원(극우 보수주의 정치 운동가)들과 시간을 보내며 경험한 내용을 바탕으로 쓴 것이다. 그 책에서 혹실드는 그 사람들이 굳게 믿고 있는 '진지한 이야기'에 대해 자세히 서술했다. 이는 사실인지 거짓인지는 중요하지 않고 마치 '그럴듯한' 감정적인 이야기로서 그들에게는 주관적인 프리즘 역할을 한다. 그래서 이들은 그 이야기를 바탕으로 정치적 스펙트럼이 서로 상반된 입장에 있는 사람들의 관점에 대해서도 역시 주관적으로 해석한다. 저자 혹실드가 요약한 진지한 이야기를 일부 발췌해서 옮겨본다;

"당신은 마치 순례자들의 행렬처럼 언덕 위로 이어지는 긴 줄 어딘가에 서서 참을성 있게 기다리고 있다. 당신은 긴 줄의 중간쯤에 서 있다고 하자. 주위에 서 있는 사람들은 당신과 같은 백인이고, 나이가 더 많고, 기독교 신자이고, 주로 남자들이며 대학교 졸업장이 있거나 혹은 없는 사람들이다. 언덕 너머에는 긴 줄에 서서 하염없이 기다리는 모든 사람들의 목표인 아메리칸 드림이 있다. 늘어선 긴 줄의 뒤쪽에는 있는 건 대부분 유색 인종들이다. 가난한 사람들, 젊은이와 노인들, 주로 대학교 졸업장이 없는 사람들이다. 뒤를 돌아보기가 겁난다. 당신 뒤로 늘어서 있는 사람들은 너무나 많고, 원칙적으로는 당신도 그들이 행복하길 바라지만 당신도 역시 오래 기다려왔다. 열심히 일했지만, 줄은 움직일 기미를 보이지 않는다……그런데 바로 저기! 어디선가 나타나서 '당신보다 앞쪽으로 새치기 하는' 사람들이 보인다! 당신은 규칙을 지키고 있지만 그들은 아니다. 그들이 끼어들면서 당신은 뒤로 밀리는 느낌이 든다. 저 사람들은 어떻게 저럴 수 있지? 도대체 누구지? 일부는 흑인들이다. 차별 철폐 조처를 외치며 연방정부를 등에 업고서 대학과 대학교 내에 자리를 차지하고, 직업훈련, 일자리, 복지수당과 공짜 점심 등의 특혜를 받고 있다…… 여성들, 이민자들, 난민들, 공공부문에서 일하는 사람들까지 – 도대체 어디까지 확대될 것인가?"

혹쉴드는 이런 '진지한 이야기'의 좀 더 긴 내용을 많은 티파티 회원들에게 들려주고 인터뷰했는데, 그들은 자신들의 관점을 잘 요약하고 있다는 반응을 보였다. 그리고 나도 스카티 넬과의 대화 속에서 혹쉴드가 말하는 진지한 이야기를 접할 수 있었다. 그녀는 백인이라는 이유만으로 부당한 대우를 받는 동안 그녀의 룸메이트는 장학금을 받으며 자기 앞으로 새치기했다는 스카티 넬의 믿음이 바로 그것이다. 애초에 스카티 넬이 어떻게 그 줄의 중간쯤에 들어갈 수 있었는지는 거의 드러나지 않는다. 그녀의 조상들이 줄의 중간으로 끼어들었을 뿐만 아니라, 그러기 위해서 줄의 뒤쪽에 있던 사람들을 말 그대로 두들겨 패고, 노예로 삼고, 죽였을지도 모른다는 생각은 전혀 하지 않는다. 행여 그녀의 조상들이 누구에게도 해를 입히지 않았다 해도, 역사와 백인이라는 사실 덕분에

왜 반대편을 증오하는가

처음부터 그녀는 남들보다 앞자리를 차지할 수 있었다. 조직적으로 남자들이 그녀보다 앞에 위치하는 것이나 마찬가지이다. 그리고 만에 하나, 스카티 넬이 그런 부분까지 생각할 수 있다고 하더라도, 지금 그걸 문제 삼아야 한다고는 생각하지 않는다.

스카티 넬이 그녀의 대학시절 룸메이트에 관한 얘기를 들려주는 방식은 마치 금방 생긴 상처 같았고, 지나간 과거의 어떤 순간이 오늘날 훨씬 더 고통스럽게 느껴지고 지금도 영향을 받는 것처럼 들렸다. 줄은 줄이다. 수세기 동안 노예제도로 고통 받아야 했던 것이 그때는 부당했다 하더라도, 그렇다고 지금 줄을 새치기하는 것도 부당하다는 것이다. 이탈리아의 정치 이론가인 안토니오 그람시Antonio Gramsci는 "문화적 헤게모니"라는 개념을 처음 언급했는데 이로 말미암아 엘리트라는 세계관이 사회적인 기준으로 받아들여졌다. 역사적으로 백인들이 당연히 더 많은 권리와 힘을 가져야 한다는 미국의 지배적인 인식은 일종의 문화적 헤게모니이다. 그리고 그 헤게모니로 인해 혜택을 받는 집단은 자신들의 편견은 보려 하지 않고 단순히 '그래야 마땅하다'고 생각한다.

"특권에 길들여지면 평등은 억압처럼 느껴진다"라는 말처럼.

그러나 스카티 넬을 비롯해 많은 사람들에게 '특권'과 '암묵적인 편견' 같은 개념은 정치적으로 올바른 암호 문자로 느껴진다. 그녀와 같은 사람들에게 줄 뒤로 물러나라고 화를 낼 것이 아니라 죄책감을 느끼라는 의미를 담은 암호 같은 것이라고 생각되기 때문이다.

스카티 넬의 얘기를 들어보면 인종차별주의가 도널드 트럼프를 대통령으로 뽑은 게 아니라는 것이다. 그녀의 말이 전적으로 틀린 것도 아니다. KKK 지지자와 알트-라이트 지지자처럼 노골적인 인종차별의 영향을 받은 건 분명하지만 다행히도 트럼프 지지자들 대다수가 받아들이는 건 아니다. 그러면서도 트럼프를 향한 지지는 명백히 백인들의 인종차별적 분노와 암묵적 편견에 의해 도움을 받았다. 미국 흑인들의 정치 문화적 이슈를 다룬 작가로 알려진 타-네히시 코츠Ta-Nehisi Coates의 표현을 빌면, 도널드 트럼프는 "이런 편견이 아니었다면 대통령에 당선되지 않았을 백인"이다. 코츠는 또 그에 앞선 전직 백인 대통령들은 "피비린내가 밴 역사를 안고 대대로 이어진 백인이라는 수동적인 힘에 의해서 백악관에 입성했고, 반드시 모든 측면을 장악할 수 있는 지배력을 보장할 수는 없으나 대체로 순조롭게 끌고 갈 수 있는 정도의 능력을 가졌을 뿐이다"라고 말했다. 그리고 그의 얘기는 다음과 같이 계속됐다;

"초기 지배자들은 훔친 땅과 인간 약탈을 저지르며 트럼프와 그 앞 세대를 위한 길을 터주었고 다른 이들의 앞길은 막았다. 과거에 그들은 이 땅에서 군인이 됐고, 정치인이 됐고, 학자가 되어 제1차 세계대전 전후 처리 문제를 위한 파리 강화 회의에서 재판을 주재했으며, 프린스턴의 총장을 역임했고, 버지니아 주 동북부의 들판에서 전쟁에 참가했다가 백악관으로 입성했다. 그들의 개별적인 성공들이 모여 특권층 집단이 됐고, 미국의 건국 원죄보다 중요해 보이도록 부각시켰다. 바로 그 특권층 집단이 미국 건국의 원죄에 책임이 있다는 사실과 그들이 이룩한 모든 업적은 장애물이 말끔히 제거된 땅에서 이루어진 것이라는 사실도 모두 잊혔다."

이런 개인적인 업적에 관한 신화 같은 얘기 속에는 추악한 진실이 숨겨져 있다. 그리고 그 안에는 또 다른 '진지한 이야기'가 존재하는데, 이 이야기는 틀림없이 진실에 훨씬 가까운 얘기일 것이다. 대다수의 유색 인종과 진보적인 백인들이 생각하는 진지한 이야기 속에 등장하는 아메리칸 드림은 질서정연한 줄이라기보다 무질서하게 엉켜 있는 사람 더미에 더 가깝다. 오랜 역사가 이어지는 동안 특정 집단의 사람들이 다른 사람들을 짓밟으며 맨 위로 오르고 있으며 지금도 크게 다르지 않다.

오늘날 평균적으로 봤을 때 백인 가정이 흑인 가정보다 두 배 이상 부유한 이유는 백인들이 더 똑똑하거나 더 열심히 일해서가 아니다. 백인들이 여러 세대에 걸쳐 자신들만의 이득을 위해 노예제도와 흑백 분리정책과 차별을 통해 흑인들을 착취했기 때문이다. 그리고 그런 백인들의 손자의 손자의 손자들은 노예를 소유하고 있지도 않고, 한때 식수대까지 따로 나누어 사용했다는 사실을 믿지 않더라도 백인이기 때문에 여전히 사람 더미의 윗자리에서 금수저로 태어난다. 그렇다고 부모나 조부모가 불균형적으로 많은 재산이나 교육, 혹은 좋은 일자리 때문에 이들에게 반드시 윗자리를 물려준다고 할 수는 없다. 물론 그런 경우들도 분명히 존재하긴 한다. 그러나 그런 편견은 사람들의 행렬이 늘어서 있는 언덕의 모습과 누가 사람 더미의 위에 있고 아래에 있는지 결정짓는데 영향을 미쳤고, 지금도 우리 생활에 많은 영향을 주고 있다.

무질서한 인간 더미의 윗부분을 차지하고 있는 사람들 중에는 역사의 은덕이나 운이 좋아서 그 자리를 차지하고 있는 게 아니라 그럴 만한 자격이 있기 때문에 성취한 것일 수도 있을 것이다. 그렇지만 얄궂게도 질서정연한 줄에 새치기하는 다른 버전의 '진지한 이야기'를 믿고 싶어진다. 사람 더미의 중간과 위쪽에 위치한 사람들은 종종 인생이 질서정연한 공정한 줄이라고 믿지만, 바닥에 깔린 사람들은 제발 질서정연하고 기회가 평등한 줄이 되기만을 간절히 바란다. 사람 더미의 바닥에 깔린 사람들이 간절히 바라는 건 진정한 기회 균등과 업적을 기반으로 한 성취도를 인정하는 세상이다. 그러나 그들 위에 있는 사람들은 이미 세상은 그렇게 돌아가고 있다고 주장한다. 무엇이 이상적인지에 대해서는 모두 같은 생각을 가지고 있는 것 같다. 다만 이미 그런 이상을 성취했는지 안했는지에 따라 의견 차이가 존재할 뿐이다.

그렇다고 어려움을 겪는 백인은 하나도 없고, 꼭대기에 올라간 유색 인종이 전혀 없다는 뜻은 아니다. 물론 그렇게 단순한 문제가 아니다. 버락 오바마와 오프라 윈프리의 성공 사례를 보라. 그러나 여전히 여성들과 유색인종들, 이민자들, 가난한 사람들과 장애가 있는 사람들은 다른 이들에 비해 자신들이 불리한 상황이라는 걸 잘 알고 있다. 객관적인 증거가 그것이 불공평하다는 것을 입증하고 있으며 또한 현실인 것이다. 반면에 긴 역사가 이어져오는 동안 많은 사람들이 부당하게 누려온 잘못된 혜택을 또 다른 사람들이 나눠 가져가는 것은 전체적으로 봤을 때 정당하다. 비록 반드시 그렇다고 느껴지는 것은 아니라고 해도 말이다.

그러므로 우리 조상들이 백인 우월주의를 지지했고 분명히 그로 인한 혜택을 누린 것이 그녀의 잘못이나 내 잘못은 아니라는 스카티 넬의 말에는 나도 동의한다. 그러나 나는 앞으로 그 부분에 대해 뭔가 조치를 취해야 하는 것이 우리의 의무라고 생각한다. 물론 다른 사람이 저질러놓은 잘못을 뒤치다꺼리하는 셈일 수도 있다. 얼마든지 분노해도 좋다. 그러나 공기 오염과 마찬가지로 그런 잘못들이 우리 모두를 병들게 하고 있는 게 사실이다. 아메리칸 드림은 오래전에 이미 끝났다. 수많은 사람들은 일자리가 사라졌고, 급여는 정체되고, 집값은 붕괴되고, 자녀들의 미래는 불투명하다. 보수주의자들이 믿는 '진지한 이야기' 속에는 우리 모두가 서로를 밀치고 앞으로 나가기 위해 잔인하게 경쟁해야 하는 사회를 보여주지만 진보주의자들이 믿는 '진지한 이야기' 속에서는 우리 모두가 다 함께 일어서 나아가야 함을 보여준다. 그렇지 않으면 함께 넘어지고 만다.

"만약 당신의 룸메이트가 백인이었고, 그녀가 장학금을 받았다면 어땠을 것 같아요?" 나는 저녁을 먹으며 스카티 넬에게 물었다. "그랬다면 그녀가 뭔가 그럴만한 자격이 있다고 생각했거나, 운이 좋았다고 생각했을까요?"

"아마도요." 그녀가 말했다.

내가 스카티 넬을 높이 평가하는 이유는 그녀의 솔직함이다. 그녀는 기본적으로 다른 백인들은 그녀와 나란히 서 있거나 그녀보다 앞에 있어도 괜찮지만, 흑인들은 반드시 차단해야 한다고 생각한다는 사실을 인정하는 것이나 다름없었다. 이런 것이 바로 암묵적이고 내재된 편견이다.

우리가 나눈 다른 대화 도중에 스카티 넬은 시카고의 흑인 커뮤니티가 가난과 마약 사용, 폭력문제들을 두고 보기만 한다며 벌컥 화를 냈다.

"그들이 왜 그런 걸 두고 본다고 생각해요?" 내가 물었다.

"아직 아무것도 해결할 능력이 없으니까요." 그녀가 쏘아붙였다. 그녀의 말에는 흑인 커뮤니티가 문제를 일으켰고, 그 문제를 해결하는 것도 그들의 몫이라는 의미가 담겨 있었다. 나는 스카티 넬에게 가난한 백인들이 모여 사는 러스트 벨트[35]에 만연한 심각한 실업난과 약물 남용도 백

---

35 Rust Belt 미 북동부 5대호 연안지역의 쇠락한 공장지대. – 주

인들의 잘못인지 물었다. 그녀는 방어적으로 주장했다. "그건 다른 문제죠!" 과연 그럴까?

아프리카계 미국인 작가이자 기자인 타-네히시 코츠는 편견에 사로잡힌 백인들이 현실을 보는 관점에서 나타나는 핵심적인 위선을 정확히 꼬집었다. 그는 "흑인 노동자들이 고통을 받으면 과거에나 지금이나 숙명이라서 그렇다고 치부하면서, 백인 노동자들이 고통을 받으면 분명 뭔가 잘못되어서 그렇다고 생각한다."고 말했다. 바로 그게 우리 머릿속에 깊게 뿌리박힌 암묵적으로 내재된 편견 속에서 작용하는 '궁극적 귀인오류'이다.

혹시나 스카티 넬만을 몰아붙인다고 생각할까 봐 다시 한 번 강조하자면, 우리 모두가 다 똑같다. 최근에 내가 초청받아 강연하고 싶은 콘퍼런스가 있었지만 나는 초대받지 못했다. 대신 네 명의 백인 남자와 흑인 여자 한명이 초대받았다. 나는 그 흑인 여자가 단지 흑인이라는 이유로 선정됐을 거라고 생각하는 나 자신을 발견했다. 그런데, 뭐랄까, 네 명의 백인 남자들에 대해서는 그들이 남자라서 초대받았을 거라는 생각은 전혀 하지 않았다. 나는 자동적으로 백인 남자들은 나와 같은 동등한 전문 자격을 갖추었을 거라고 예상했지만 흑인 여자에 대해서는 그렇게 생각하지 않았다. 그녀가 나와 동등한 지식을 갖췄었기 때문이 아니라 흑인이라는 이유 때문에 배려차원에서 선택되었을 거라고 추측한 것이다. 스카티 넬이 그녀의 룸메이트에 대해 가졌던 생각과 한 치도 틀림없이 똑같은 상황이었다. 머릿속에 각인된 편견들이 미묘하거나 공공연한 분노로 나타난 것이었다.

이와 유사하게 내 친구들 중에는 '좋은 식견을 가진' 백인 친구들이 대학원에 들어가지 못하거나 일자리를 얻지 못했을 때 "아마 유색인종을 뽑았을 것"이라며 한탄하는 경우들도 여러 번 있었다. 물론 차별 철폐 조처를 지지하는 참신한 진보주의자들인 그 친구들은 서운한 불평을 드러냈지만 곧바로 "하지만 그건 잘된 일이지"라는 말을 덧붙인다. 나 역시 그랬을 것이다. 물론 그 친구들 대신 수십 혹은 수백 명의 다른 백인들이 뽑혔을지도 모른다. 그러나 실제로 자격을 갖춘 백인들이 수적으로 훨씬 더 많았을 것이고, 유색 인종은 오로지 유색인종이라서, 혹은 유색인종이라는 이유가 주된 요인으로 작용하여 뽑혔을 거라는 검증되지 않은 가정이 분명 존재한다.

뉴욕 대학교 교수이자 사법제도 개혁 지지자인 브라이언 스티브슨은 "나는 미국에 살고 있지만 자유롭다고 생각하지 않아요. 우리 모두가 인종 차별적인 불평등한 역사의 짐을 지고 있다고 생각해요. 우리에게는 피부색을 근거로 사람들을 끔찍하게 학대하고 혹사한 역사가 있습니다. 그리고 그런 학대를 정당화하기 위해 만들어낸 인종적 차별에 대한 이야기가 일종의 스모그처럼 퍼졌고 우리 모두 그 안에서 숨 쉬고 있다고 생각해요"라고 말했다.

물론 무의식적으로 흑인들이 더 위험하다고 인식하는 것과, 근본적으로 또는 전체적으로 흑인들이 열등하다고 믿기 때문에 모든 흑인들을 통제해야 한다고 생각하는 것은 다르다. "암묵적인 편견을 가지고 있지만 공공연한 편견은 없는 사람들도 있어요"라고 존 a. 파웰이 내게 말했다. 그러면서 "의식과 무의식은 단절되어 있는 것이 아니다"고 말했다. 공공연한 편견을 드러내는 사람들은 마찬가지로 높은 수위의 암묵적인 편견을 보일 가능성이 있다고 파웰은 설명했다. 우리가 무의식 속에 흡수하는 사회의 편견들은 긴 역사가 배어 있는 노골적인 편견과 증오를 품은 유산의 흔적이다. 그렇지 않은 척 하는 건 자기 방어적인 백인의 허약함이거나 자기 부정일 따름이다.

암묵적 연관검사(IAT)의 공동 개발자이며 하버드에서 잠재의식 프로젝트를 운영하는 심리학자 마자린 바나지 교수는 무의식적인 편견과 명백한 증오, 그리고 사회의 전반적인 관계를 생각하는 데 도움이 될 만한 방법을 제안했다. 함께 연구한 동료 앤서니 그린월드와 브라이언 노섹은 "편견이 입 밖으로 표현되지 않는다고 해서 편견이 아니라고 주장한다면 실질적인 증거에 대한 터무니없는 반박일뿐더러 솔직하지 못한 것이다"라고 말했다. 그 대신 바나지는 "문화의 지문the thumbprint of the culture"을 생각해 볼 것을 제안했다.

"우리는 의식적으로 미처 인식하지 못하는 방식으로 행동할 수도 있다. 그러나 반드시 명백한 편견이 있어서가 아니라 머릿속에 문화의 지문이 각인되어 있어서 그런 방식으로 행동하는 것일 수도 있다." 바나지는 미국 공영 라디오 방송인 NPR에 출연해 샹카르 베단탐 기자에게 이렇게 말했다. 차별에 관한 연구 결과가 분명히 나타내고 있는 것처럼 그런 지문은 매우 뚜렷한 흔적을 남긴다.

시민권법과 차별금지법을 보면 의도적인 차별은 '차별적인 대우'라고 명시적으로 표시되어 있고, 고용주나 사업체 혹은 정부기관이 기본적으로 다 인지하고 있으면서도 성, 인종, 종교 등을 이유로 명백하게 개인이나 집단을 다르게 대우하는 것을 가리킨다. 그러나 1971년, '그릭스 대 듀크 파워 회사Griggs vs Duke Power Co'의 사례에서 대법원은 1964년의 시민권법이 "공공연한 차별을 금지할 뿐만 아니라 형식적으로는 공평해 보여도 실제로는 차별하는 행위 또한 금지하고 있다"고 판결을 내렸다. 다시 말하면 의도적인 차별만 불법인 것은 아니라는 것이다.

다시 말하지만, 아마도 우리는 도덕적으로나 철학적인 면으로 볼 때 명백한 차별이 더 나쁘다고 주장할 수 있다. 그러나 그릭스 회사의 사례를 통해 보듯이 시민권 옹호론자들은 차별에 의한 영향 역시 차별적인 의도보다 더 중요하며, 때로는 그보다 훨씬 더 중요하다는 사실을 주장하는 데 성공했다. 편견에 관해서도 똑같이 말할 수 있다. 물론 공공연한 편견은 분명히 드러난다. 그러나 그보다 더 중요한 것은 편견이 미치는 영향이며, 암묵적 편견에 뿌리를 두고 있든 노골적인 증오에 뿌리를 두든 그 영향은 똑같이 치명적인 것이다.

우리의 머릿속에 깊이 박혀 있어 미처 감지되지 않은 증오심도 여전히 증오다. 자그마한 암도 암인 것과 마찬가지다. 아주 미미한 흔적조차 우리 안에 존재하지 않기를 바라는 마음은 똑같다.

다행히도 연구원들은 '중재 역할'이 효과가 있다는 증거를 점점 더 많이 보여주고 있다. 그래서 우리는 증오에 대응하는 방법의 다음 단계로 넘어갈 수 있다. 나는 이를 '연결의 사고connection-thinking'라고 부르는데, 이는 학습과 감정 등의 정보를 담당하는 우리의 편도체에 각인되어 있는 모든 고정관념을 중립화하기 위한 의도적인 노력을 의미한다. 연구원들은 일반적으로 이를 '편향오류 제거debiasing'라고 부르며 이 부분에서 상당히 고무적인 연구 결과를 얻고 있다.

이 연구를 살펴보자. 뉴욕 대학교의 심리학자 대니얼 유드킨Daniel Yudkin과 제이 밴 바벨Jay Van Bavel은 실험 대상자들에게 온라인상에서 서로 다른 사람들과 게임을 하도록 했다. 한 실험에서 실험 대상자들이 게임 참가자 중의 어떤 사람(실제로는 연구 팀의 일원)이 다른 참가자의 돈을 훔치는 것을 직접 목격하도록 유도했다. 그리고 나서 실험 대상자들에게 훔친 자의 돈을 모두, 혹은 일부 빼앗는 벌과 아예 게임에서 퇴출시키는 벌 중하나를 선택하도록 했다. 이때 연구원들은 돈을 훔친 자의 신분을 감추고서 때로는 실험 대상자와 같은 팀인 것처럼, 때로는 상대 팀의 팬인 것처럼 위장했다. 또 실험 대상자와 훔친 자가 같은 나라 출신이거나 혹은아닌 것으로 신분을 조작하기도 했다. 우리가 지금까지 배운 사실을 고려하면 별로 놀라운 사실도 아니지만, 유드킨과 밴 바벨은 어떤 집단으로 규정하든 실험 대상자들은 외집단의 구성원들을 더 가차 없이 처벌하고 내집단의 구성원들은 대충 봐주는 경향을 보인다는 결과를 얻었다. 그러나 그보다 더 흥미롭고 고무적인 결과는 실험 대상자들이 처벌의 종류를 결정하기 전에 먼저 심사숙고해서 결정하도록 유도하자 기본적으로 그들의 편견이 사라졌다는 것이다. 숙고한 후 그들은 도둑이 내집단에 속해있던 외집단에 속해있던 관계없이 모든 경우에 동일한 처벌을 내렸다.

또 다른 실험에서는 프린스턴 대학교의 심리학자 수잔 피스크가 사람들의 편견을 없애기 위해 간단한 전략을 사용했다. 피스크가 백인 실험참가자들에게 처음 보는 흑인의 얼굴 사진을 보여주었더니 예상대로 참가자들의 편도체 활동이 급증했다. 그러나 피스크가 실험 참가자들에게사진 속의 사람들이 가장 좋아하는 채소가 무엇일지 추측해보라고 유도한 후에는 백인의 얼굴 사진을 보여줬을 때나 흑인의 얼굴 사진을 보여줬을 때나 편도체 활동에 변함이 없었다. 처음 보는 사진 속 인물이 어떤채소를 좋아할지 생각해보는 것만으로, 그리고 상대의 관점을 이해하기 위해 노력하는 과정에 참여하는 것만으로도 편견을 줄이기에 충분했다.

엘리자베스 펠프스와 연구팀이 실험 대상자들에게 중립적이고 무표정한 얼굴의 흑인과 백인의 졸업사진을 무작위로 보여줬던 실험을 떠올려보자. 흑인들의 얼굴 사진을 보여줬을 때 백인 실험 대상자들의 편도체가 더 많은 자극을 받는 것을 관찰한 뒤 펠프스와 팀원들은 다른 실험을 진행했다. 연구팀이 백인 대상자들에게 대중들의 사랑을 받는 유명한 백인과 흑인의 사진을 모두 보여주었더니 이번에는 편도체 활동이 눈에 띄게 줄어들었다. 즉 다시 말하면, '그 사람들'을 알고 있고, 실생활에서 그들과 더 접촉하고 교류함으로써 우리의 두뇌가 반응하는 방식이 달라진다는 것이다. 이는 연결의 사고를 촉진하는 데 도움을 주는 연결의 공간이 더 많이 필요하다는 사실에 힘을 실어주는 중요한 연구 결과임에 틀림없다.

물론 이런 연구들은 모두 실험실 안에서 이루어졌고, 실제 삶은 다양한 변수가 존재하기 때문에 통제된 실험과는 다르다. 그러나 여기서 나는 또 다른 연구 내용을 소개하고자 한다. 이 연구는 일단 우리 모두가 암묵적인 편견을 가지고 있다는 사실을 알게 된다면 스스로가 훈련을 통해 의식적으로 그 편견을 무시할 수 있다는 가능성을 보여준다. 텔아비브 대학교의 탈마 헨들러와 신경 과학자들은 실험 대상자들이 직접 자신의 기능적 자기공명영상(fMRI) 결과를 볼 수 있도록 고급 컴퓨터에 연결시켜서 대상자들에게 실험이 진행되는 동안 자신의 편도체 활동을 실시간으로 직접 지켜보게 했다. 약간의 훈련과 많은 격려를 통해 실험 대상자들에게 공포 메커니즘을 유발하는 자극제를 보여주고 동시에 스크린을 통해 그들의 편도체가 밝아지는 걸 확인시켜 주었다. 그러자 대상자들은 의도적인 노력을 통해 자신들의 편도체 자극을 줄일 수 있었다. 피드백을 받기만 해도 자신의 무의식적인 정신작용을 통제할 수 있었다는 것이다.

이 연구 결과는 우리의 두뇌도 컴퓨터와 마찬가지로 하드웨어와 소프트웨어로 이루어져 있다는 사실을 암시하는데, 이는 지난 수십 년 동안 신경과학자들이 엄청난 양의 연구를 통해 알아낸 사실이기도 하다. 편도체는 하드웨어의 일부분으로 똑같은 가게에서 구입한 컴퓨터 내부의 메모리카드나 프로세서처럼 기본적인 기능을 수행한다. 그러나 개별적인 편도체가 두려워하거나 심지어 증오하도록 배우는 내용은 우리 자신과 우리를 둘러싼 사회가 만든 특정 코딩(프로그래밍)과 같은 것이다. 임상 치료사인 아테나 스타이크는 이를 "프로그램화 된 정보"라고 부른다. 이 말은 프로그램을 다시 만들 수 있다는 뜻이며, 그러기 위해서는 깨닫는 것에서 부터 시작해야 한다.

유드킨과 밴 바벨은 "자신에 대한 진실을 깨닫는 것, 즉 우리 모두가 여러 집단의 영향을 받아 형성된 관점으로 세상을 본다는 사실을 깨닫는 것이 발전을 위한 첫 번째 단계다"라고 말했다. 그러니 편견을 무시하는 게 답이 아니라 인종차별철폐 같은 논쟁이나 개인의 정체성에 관한 정치적 현상을 공격할 때처럼, 편견을 인정하고 의식적인 노력을 기울여 편견에 맞서야 하는 것이다. 하룻밤 사이에 편향적인 사고를 바꿀 수는 없듯이, 그때그때 다른 사람들이 좋아하는 것을 상상만 한다고 해서 장기적인 변화를 가져올 수는 없는 것이다. 그러나 오랫동안 꾸준히 의식적인 노력을 계속한다면 큰 진전을 이룰 수 있다.

1990년대 말, 초보 운동가였던 나는 대학생활을 마무리하는 동안 성소수자(LGBT) 권리 향상 운동에 참여했는데, 당시 일부 과학자들이 동성애 유전자의 존재를 규명하려고 시도하고 있었다. 과학자들 자신도 동성애자였으며, 동성애가 자기 마음대로 바꿀 수 없는 것이라는 사실을 입증한다면 동성애자들의 평등권을 거부하는 사람들의 마음을 돌리는 데 도움이 될 거라 생각했다. 그러나 문제가 있었다. "누구도 동성애자가 되겠다고 선택한 것은 아니다"라는 주장은 따지고 보면 평등함이 아니라 열등함에서 기인한 생각이며, 똑같은 원칙에 입각한 권리 인정을 요구하는 게 아니라 동정심에 호소하는 꼴이 된다는 추론이 나왔다. 그건 정의가 아니다. 예를 들면 종교는 유전적인 게 아니라 대부분 의식적으로 선택하는 것이지만, 아무도 종교의 자유를 보호하는 것이 부당하다고 주장하는 사람은 없다.

결국 이러한 동성애 유전자 연구는 특히 동성애자들의 생물학적 가치에 대한 기존의 논쟁을 부채질하는 결과를 초래했다. 뿐만 아니라 인간으로서 동성애자들의 특징은 생물학으로서만이 아니라 논쟁의 여지가 없는 불변의 생물학으로 받아들여져 졌다. 수세기동안 주관적인 증오심을 바탕으로 구축된 사회는 시간이 갈수록 쓰레기 같은 과학을 끌어다 그런 증오심을 객관적으로 합리화하려고 애썼다. 게다가 특정 집단들은 생물학적으로 범죄와 성적 문란함과 가난에 쉽게 빠져든다고 주장한다. 그것도 모자라 증오심 자체는 주관적이고 부도덕한 것이 아니라 세상에 미리 예정된 것이며 생물학적으로 선택된 반응이라고까지 주장한다.

그래서 미국 사회에서 일어나는 믿기 힘든 부당함과 불평등이 드러날 때마다 누군가는 그런 부당함과 불평등에는 '선천적인' 뿌리를 가지고 있다는 걸 증명하려고 시도 했고, 그런 불균형한 상황이 지속되도록 일조함으로써 알게 모르게 혜택을 받은 우리들에 대해서는 애써 면죄부를 주려고 한다. 물론 우리 마음은 어느 정도 증오를 수용할 수는 있다. 그러나 우리가 누구를 증오하고 어떻게 증오하는가 하는 부분은 사회에 의해 우리의 머릿속에 '프로그램화' 된 것이다. 그리고 우리는 그 중간에서 어떻게 할 것인지 선택할 수 있다. 내가 동성애자라는 사실은 알려지지 않은 생물학적 특혜와 사회적 압력 사이의 상호작용에 의해 결정된 것이 아니다. 매일매일 내가 어떻게, 어느 정도 수준까지 동성애자다운 행동을 할 것인지 결정할 수 있는 것처럼, 여러분도 나를 증오할 것인지 아닌지 선택할 수 있다. 이것은 사회나 신경 생물학의 문제가 아닌 선택의 문제이다.

공교롭게도, 저녁식사가 끝나갈 무렵 스카티 넬과 나는 유전과 양육에 관한 열띤 논쟁을 벌이게 됐다. 불평등이 얼마나 많이 인간성 안에 내재해 있는가 하는 것과 사회와 우리의 편견에 의해 얼마나 많이 '프로그램화' 되어 있는가에 관한 얘기였다.

"최소한 이 나라에 인종차별적인 문제가 존재하고, 체계적으로 흑인들을 열등하게 대우한다는 사실을 당신도 인정해야 해요." 내가 스카티 넬에게 말했다. "그걸 인정하지 않는다면 절대 해결할 수 없으니까요."

"우리가 1950년대에 살고 있는 게 아니잖아요?" 스카티 넬이 대답했다. "1960년대도 아니고 1970년대나 80년대에 살고 있는 것도 아니에요. 바로 지금 현재를 얘기하는 거예요."

"흑인들이 더 가난하고 졸업하는 비율이 낮은 이유가 뭐라고 생각해요?" 내가 물었다.

스카티 넬의 답변은 단호했다. "그건 그들의 커뮤니티 안에서 다룰 문제라고 생각해요."

나는 고등학교를 중퇴한 백인들이 대학을 졸업한 흑인보다 평균적으로 더 높은 순자산을 보유하고 있다는 통계를 지적했다. 그게 사실이라면 오로지 두 가지 설명만 가능했다. "그 이유는 우리 사회가 감춰진 무의식적인 인종차별 같은 큰 문제를 안고 있으면서도 오랫동안 그걸 다루지 않았기 때문이거나, 게을러터진 흑인들이 충분히 노력하지 않아서 가난한 거겠죠." 내가 말했다.

"난 그렇게 생각하지 않아요." 스카티 넬이 반박했다.

"어느 부분을요?"

"양쪽 다요." 그녀가 말했다.

"그럼 이유가 뭐라고 생각해요?" 내가 집요하게 물었다.

"주변 환경도 봐야죠. 그 주변 환경이 무엇에 초점을 맞추고 있었는지 살펴봐야 한다고 생각해요." 스카티 넬이 말했다.

"그러니까 그들의 잘못이라는 거네요." 내가 말했다.

"아니에요," 스카티 넬이 말했다. "힙합 음악 문화를 생각해봐요. 난 힙합을 좋아하고 흑인 음악을 좋아해요. 하지만 흑인들의 힙합 음악에 존재하는 문화와 컨트리 음악을 비교해 보세요! 그들 음악에는 여성을 비하하고, 경찰에 대항하는 폭력을 부추기고, 서로 폭력을 부추기는 그런 내용들이 가득하잖아요!"

"컨트리 노래에는 여성혐오가 없나요?" 내가 물었다.

"그런 노래 하나만 대봐요." 그녀가 말했다.

"나도 몰라요. 알 수가 없죠." 내가 고백했다. "난 컨트리 음악을 잘 모르거든요."

"거봐 못하잖아요!" 그녀가 의기양양하게 말했다.

"그런데 난 힙합도 몰라요." 내가 덧붙였다.

"좋아요, 둘 사이에는 큰 차이가 있어요." 스카티 넬이 말했다. "때때로 그런 팝 문화와 그런 환경에 담겨 있는 증오는 당시에 일어나고 있는 사회 현상들을 반영한다고 봐요. 그렇지 않으면 인기를 얻지 못하니까요. 어떤 노래들은 아예 존재하지도 않았을 거고……" 그녀가 말끝을 흐리다가 다시 덧붙였다. "이건 80년대부터 계속되고 있는 일이라고요!"

글쎄, 뭔가 당시 상황을 반영하는 건 맞겠지만 스카티 넬이 생각하는 증오는 아마 아닐 것이다. 1999년에 사회 심리학자인 캐리 프라이드는 바로 이 문제에 대해 혁신적인 보고서를 출간했다. 그녀는 킹스턴 트리오Kingston Trio의 잘 알려지지 않은 포크송 "배드 맨스 블런더Bad Man's Blunder"라는 노래의 가사만 따로 적었는데, 이 노래는 의도적으로 경찰을 총으로 쏘아 죽인 젊은이에 관한 이야기였다. 프라이드는 가사의 일부분을 종이에 출력해서 대부분 백인으로 구성된 실험 대상자들에게 나누어주었다. 그리고 대상자들의 절반에게는 컨트리 노래의 가사라고 말했고, 나머지 반에게는 랩 노래의 가사라고 말했다. 그 한 마디로 큰 차이가 생겼다. 랩 노래의 가사라고 생각한 실험 대상자들은 컨트리 노래 가사라고 생각한 사람들에 비해 매우 불쾌하고 위험한 노래라고 평가하며 훨씬 강경한 입장을 보였다. 다시 말하면 음악에 대한 인식과 전반적인 문화는 객관적인 현실에 영향을 받는 게 아니라 무의식적인 편견에 좌우된다는 사실을 알 수 있다.

"인종은 팩트가 아니고 개념이다"라고 역사학자 넬 어빈 페인터Nell Irvin Painter는 말했다. 그렇지만 과거에도 그랬고 지금도 여전히 우리의 역사와 정신의 틀이 인종에 대한 미국의 독특한 개념과 표현에 의해 돌이킬 수 없게 만들어졌다는 것이 사실이다. 암묵적인 편견 또한 사실이다. 우리의 머리와 반작용, 추측과 관습 속에서 암묵적인 편견을 발견할 수 있다. 만약 우리가 가진 모든 편견들을 보려 하지 않고, 거기에 대해 어떤 조치를 취하려 하지 않으면 그런 편견들이 왜곡되고, 뒤틀려서 더 심각한 결말을 향해 치닫는 위험에 맞닥뜨리게 된다. 실제로 우리의 무의식적인 편견들에 대해 생각하고 파악하는 게 어렵긴 하지만, 그런 편견들이 조직적인 수준으로 악화되고 부당하게 사용되면 상상할 수 없이 끔찍한 결과를 초래할 수 있다.

The Opposite of Hate

전염병처럼 번지는 증오

5장

The Opposite of Hate

전염병처럼 번지는 증오
대학살

용서는 잊는 게 아니다. 용서는 증오로부터의 자유로워지는 것이다.

– 발라리 카워Valarie Kaur 미국 변호사. 민권운동가

2016년 11월, 르완다의 키갈리 공항 밖으로 걸어 나왔을 때 대기 중에서 쓰레기 타는 냄새가 났다. 22년 전에 왔다면 살이 썩는 냄새가 진동했을 거라고들 말했다.

물론 미국인인 내가 그때 그곳에 갔을 리는 없다. 미국을 비롯해 다른 모든 나라의 대사관 직원들과 외교관들, 그 나라에 남아 있던 외국인들은 거의 모두가 빠져나갔으니까. 1994년, 약 100일 동안 다수 집단인 후투족이 소수 집단인 투치족을 공격해 약 80만 명을 학살했다. 실제로 르완다의 대학살은 세계 역사상 가장 짧은 기간에 벌어진 대학살 사건으로 일컬어진다. 매일같이 평균 약 8천명이나 되는 수많은 사람들이 죽어나갔고, 대부분 친구와 이웃의 손에 목숨을 잃었다. 약 20만 명의 후투족 사람들이 대학살에 참여한 것으로 추정되는데 대학살을 연구하는 학자

대니얼 골드해이건의 말을 빌면 수천 명이 넘는 보통 사람들이 '자발적인 사형집행인'으로 돌변했다고 한다. 마치 들불처럼 의도적인 증오가 온 나라를 집어삼킬 때 벌어진 현상이다.

악이 전국을 휩쓸 정도로 엄청난 수준에 도달하면 직접적인 피해자가 아닌 사람들은 못 본체하기 쉽다. 대학살이 직접적으로 우리에게 벌어진 일이 아니면 우리, 우리의 역사, 우리의 증오와는 아무 상관없는 일인 것처럼 마음이 아프긴 해도 크게 연관성을 느끼지 못한다. 특히 서구에 사는 우리들에게 대학살이란 특이한 곳에 사는 특이한 사람들에게만 일어나는 특이한 일이라고 생각하는 경우가 종종 있다. 우리에게는 절대 그런 일이 일어나지 않을 것이고, 절대 우리 때문에 일어난다고 생각하지 않는다. 이 얼마나 잘못된 생각인가.

르완다 대학살이 벌어졌을 때 투치족인 존 기라네자John Giraneza는 스무 살이었다. 존은 르완다 동쪽에 위치한 부게세라 구역에서 자랐으며 르완다의 수도인 키갈리에서 자동차로 한 시간 거리에 있는 마을이었다. 그가 살던 마을 주변은 르웨르 지구라고 불렸는데 푸른 숲이 우거진 르웨르 호수에서 따온 이름으로 이 호수는 르완다와 부룬디의 국경에 걸쳐 있다. 르완다의 시골은 극과 극의 대조를 보이는 곳인데 온통 먼지와 흙으로 뒤덮인 지역 한복판에서 아보카도와 망고, 오렌지 나무가 신기루와 같은 군락을 이루며 푸르게 우거져 있었다. 나는 가이드를 맡은 솔란지 우웨라와 함께 차를 타고 존의 마을로 향했다. 솔란지는 머리카락을 가닥가닥 땋아서 때로는 머리 위로 올려 묶기도 하고 때로는 등 뒤로 내려뜨리는 젊은 르완다 여자였다. 부게세라로 가는 길에 어떤 마을을 통과하는데 한 무리의 어린아이들이 들판에서 달려 나와 도로까지 우리 차를 쫓아왔다. 남자아이 여자아이 할 것 없이 모두가 머리카락 하나 없는 민머리라는 게 눈에 들어왔다. 르완다에서 머리를 관리하려면 돈이 많이 들었다. 솔란지의 땋은 머리는 드문 사치였다.

마침내 우리 운전사가 주요 도로에서 벗어나 덜컹거리며 몇 킬로미터를 달리는 동안 화려한 색깔의 전통 천으로 두른 치마와 티셔츠를 입고 머리위에 커다란 나일론 꾸러미를 얹고 걸어가는 여성들을 지나쳐갔다. 꾸러미 속에는 아마도 콩이나 쌀이 들었을 거라고 솔란지가 말해줬다. 그들 중 한 명은 허리춤에 또 다른 천을 두르고 있었는데 그 안에서 삐죽 나와 있는 아기 머리가 보였고, 여성의 걸음걸이에 따라 머리가 가볍게 오르락내리락했다. 그들을 지나고 난후 낙타가 보였다. 나는 사파리 구경에 나선 어린아이처럼 신이 나서 손가락으로 낙타를 가리키며 사진을 찍으려고 서둘러 휴대폰을 꺼냈다.나뿐만이 아니라 솔란지와 운전사도 마찬가지였다. 그들은 웃으면서 르완다와 사하라 사막 이남 아프리카 어디에서도 낙타를 본 적이 없다고 말했다. 두 사람 모두 낙타가 왜 거기 있는지 모르겠다며 어리둥절했다. 그때 무슨 생각에서였는지 나는 바보처럼 《영화 주토피아Zootopia》에서 나무늘보 한 마리가 친구 나무늘보에게 들려준 농담을 꺼냈다. "혹이 세 개 달린 낙타는 뭐라고 부를까요?… 임신한 낙타!" 솔란지는 웃지 않았다. 그녀가 내 얘기를 통역했는데 운전사도 웃지 않았다. 르완다에서 낙타는 재미있어도 내 말은 재미없는 모양이었다. 르완다의 시골에서 낙타들은 이례적인 풍경일지 몰라도 소는 사방에 널려 있었고, 모두의 마음속에도 있었다. 미국에서는 비록 화학성분 범벅이지만 대량 생산된 소고기 450g 정도를 단지 1.99달러에 살 수 있는 것이기 때문에 처음에는 르완다에서 소가 그렇게 중요한 이유를 선뜻 이해하기 힘들었다. 르완다는 역사적으로 방대한 소 중심 국가였다.

르완다에서 영어로 발행하는 일간 신문인 《뉴 타임스New Times》에서 "르완다 사람들의 소에 대한 집착은 긴 뿔을 가진 소를 몇 마리나 가지고 있느냐에 따라 남자의 재산과 남성성이 결정되던 시대로 거슬러 올라간다"라는 기사를 읽었다. 과거에는 오로지 소가 유일하게 인정받는 지참금이었고, 지금도 친구에게 줄 수 있는 최고의 선물로 각광받고 있다. 르완다 사람들은 소에게 이름을 붙여줄 뿐만 아니라 소의 특징을 따서 자식의 이름을 짓는 경우도 있다. 문가닝카(소처럼 귀중한 딸)라는 이름, 자닌카(소를 가져오는 아이)라는 식의 이름이다. "이런 이름들을 보면 르완다 문화에서 소가 얼마나 중요한 위치를 차지하는지 짐작할 수 있다"고 뉴 타임스의 기사를 통해 배웠다.

시골 마을 곳곳을 방문해 인터뷰를 할 때 사람들은 대학살에 관해 얘기하면서도 소에 관한 얘기를 빼놓지 않았다. 투치족 아무개에게 소가 아주 많아서 다른 사람들이 질투했다는 둥, 어떤 투치족이 후투족인 이웃에게 목숨을 잃을까 봐 뇌물로 소 한 마리를 건넸다는 둥의 얘기였다. 르완다에서 소는 매우 강력한 상징이자 확실한 화폐가치를 가지고 있었다.

투치족인 존 기라네자 가족은 소가 아주 많아서 200마리도 넘게 소유하고 있었다. 마을 기준으로 따지면 그의 아버지는 큰 부자였다. 존의 아버지는 또 부인도 많았는데 정확히 10명의 부인을 두었고 각자 집이 따로 있었다. 서구의 기준으로 보면 근사한 집이라고 할 수는 없어도 집이 하나 밖에 없는 대다수 후투인의 집만큼 좋거나 그보다 훨씬 좋은 집이었다.

존의 아버지는 소처럼 많은 자식을 두진 않았지만 그래도 적진 않았다.

10명의 아내를 비롯해 다른 여자들에게서 태어난 자식까지 존의 형제자매는 총 36명에 달했다. 존을 낳아준 친엄마는 아버지의 정식 아내가 아니었고, 존이 태어나자 아버지에게 맡기고 떠나서 존은 10명의 엄마 밑에서 자랐다. 식사시간이 되면 존과 형제자매들은 한 엄마의 집에서 밥을 먹기 시작해서 다른 엄마들의 집으로 옮겨가며 배가 부를 때까지 시끌벅적하게 먹고 또 먹었다. 밤에는 자고 싶은 집에 가서 잠을 잤다. 그런 얘기를 들으니 솔직히 꽤 재미있는 어린 시절을 보낸 것 같았다. 마치 텔레비전에 나오는 리얼리티 쇼 같기도 하다. 말이 난 김에 나도 궁금하고, 여러분도 궁금할 것 같아 덧붙이자면 존의 아버지는 스케줄을 정해서 돌아가며 각 부인의 집에서 이틀씩 지냈다고 한다.

존의 인생은 갑자기 모든 게 변하기 전까지는 순탄했다. 존의 아버지는 본격적인 대학살로 이어지던 단계 직전에 목숨을 잃었고, 대학살의 둘째 날에 존의 나머지 가족들이 모두 살해당했다.

살인은 질척거리듯 졸렬한 방법으로 시작되었다. 나는 후투족이 이끄는 군대와 후투족 과격주의자들에게 훈련받은 민병대 '인터함웨interhamwe'로부터 대학살이 저질러진 줄 알았다. 그러나 놀랍게도 그들뿐만 아니라 후투족 민간인들까지 가담했다고 들었다. 이들은 뒷마당에서 사용하던 마체테[36]를 들고 나와 서로의 눈을 마주볼 수 있을 만큼 가까운 거리에서 이웃들을 난도질했다고 한다.

나는 르완다에 가기 전에는 후투족들이 정말로 친구들을 죽였다는 이야기가 사실이 아니라고 생각했다. 처음 역사가들이 하는 말을 들었을

---

36 날이 넓고 긴 정글용 칼 – 주

때는 그저 한 동네에 살기는 하지만, 이름도 모르고 오고가며 눈인사를 나누는 정도이긴 하지만 서로에 대해 정확히 아는 게 없어서 친구라고는 할 수 없는 그런 사람을 공격하는 정도일거라고 생각했다. 물론 그렇다 해도 끔찍하긴 마찬가지다. 그러나 나는 곧 후투족들이 평소에 친한 친구 사이로 지내던 투치족들을 죽인 경우가 대부분이었음을 알게 되었다. 그것도 아주 가까운 친구. 내가 만난 몇 명의 후투족 가해자들은 투치족 친구 자녀의 대부모(신앙 후원자)였고 주말마다 가족들이 함께 모여 저녁을 먹었다고 말했다. 실제로 후투족과 투치족이 섞인 어떤 가족의 경우에는 자기 남편이나 부인을 직접 죽였다고 한다.

내가 어느 모임이나 대화 중에 르완다 대학살에 관한 얘기를 꺼내면(그렇다고 내가 어딜 가나 심각한 얘기를 꺼내는 사람은 아니고, 파티에서는 재미있게 잘 논다) 예외 없이 모두가 가족은 말할 것도 없고 친하게 지내던 이웃을 절대 죽일 수 없을 거라면서 손사래를 쳤다.

내가 얘기를 나눠본 사람들 중 많은 사람들이 악성 댓글과 남을 괴롭히는 행동, 정치적인 무례함에 반대하지만 자신들의 내면에는 동일한 증오의 싹이 있다는 걸 인정했다. 곰곰이 생각해보면 아주 극단적인 환경에 처하면 아르노와 같은 인종차별주의자나 바쌈과 같은 테러리스트가 될 수도 있다고 상상할 수 있다. 하지만 가까운 이웃을 무참하게 살해한다고? 괴물이 아니고서야 어떻게 그런 짓을 할 수 있지? 안 그래?

사실 르완다 대학살과 같은 대규모 잔혹행위에 대해 이해하기 힘든 이유는, 셀 수없이 많은 진짜 '보통'사람들이 끔찍한 사건을 외면했을 뿐만 아니라 종종 적극적으로, 심지어 열정적으로 그 사건에 동참했다는 사실이다. 르완다에서 수백 수천 명의 사람들이 살해당하거나 강간당했고 신체장애를 얻었으며, 수백만 명의 삶이 초토화되고 갈 곳을 잃어 쫓겨났다. 그런 그 끔찍한 사건이 소수의 악마 같은 괴물들 때문이 아니라, 선량하고 심지어 다정하기까지 한 보통 사람들이 입에 담을 수 없는 끔찍한 짓을 저질러서 벌어진 사건이었다. 나는 많은 가해자들을 만나 인터뷰했는데, 그들은 괴물이 아니었다.

또 하나 혼란스러운 건 통제 불가능한 분노로 인한 엄청난 발작 때문에 후투족이 제정신이 아니었던 것이 아니라는 사실이다. 대학살은 100일이라는 짧은 기간 동안 계속됐다. 내가 만난 후투족 가해자들은 그런 만행을 저지르는 동안 제정신을 잃지도, 양심을 잃지도 않았다고 말했다. 그 순간에 자신들의 행동이 잘못됐다는 걸 알고 있었고, 일부 가해자들은 투치인들을 죽이면서 한편으로는 투치족 아이들이나 친구들을 구하고 숨겨주기도 했다. 후투족 갱단의 일원이었던 자는 기자에게 이렇게 회상했다. "어쩌다 불행하게도 축구팀 동료처럼 아는 사람의 얼굴이 눈에 띄면 가슴이 찢어질 것 같았어요. 그리고 그를 근처에 있는 다른 사람에게 숨겨달라고 부탁했죠. 하지만 야단법석을 떨 수는 없었어요. 선한 마음을 드러낼 수 없었으니까요." 그는 '선한 마음'의 소리를 들을 수 있었지만, 또 계속해서 다른 투치인들을 죽여야 했다.

전직 UN 미국 대사인 사만다 파워는 대학살에 관한 책을 집필하고 《지옥에서 온 과제A Problem from Hell》라는 제목을 붙였다. 프랑스의 철학자 장 폴 사르트르는 "타인이 곧 지옥이다"라고 기록했지만, 미국의 극작가 테네시 윌리엄스는 "자신이 곧 지옥이다"라고 말했다. 미국의 윤리학자 넬 노딩스는 "악마는 역겨운 냄새를 풍기며 나타나는 것도 아니고, 살벌한 한기와 캄캄한 어둠에서 자신의 존재를 알리지도 않는다. 우리가 불행에 빠진 것도 아니고 악마가 우리를 옭아매는 것도 아니다. 오히려 우리가 의도적으로 그렇게 행동하는 경우가 더 많다"라고 경고했다.

이처럼 엄청난 잔혹행위는 근본적으로 선한 사람들이 많이 참여했고, 또 다른 많은 선한 사람들이 중재에 실패하기 때문에 벌어진 것이다. 그런 사실을 곰곰이 생각해보면 대학살이 그들에게 일어났을 뿐만 아니라 우리에게도 일어날 수 있기 때문에 무섭다는 걸 깨닫게 된다. 그리고 우리 역시 너무나 쉽게 희생자가 될 수도, 가해자가 될 수도 있다는 사실이 겁나는 것이다.

모든 대학살에는 저항하는 사람들도 분명히 있다. 많은 사람들은 폴 루세사바기나라는 후투인을 기억한다. 키갈리 소재의 고급 호텔인 밀 콜린스 호텔의 안내인이었던 그는 1200명이 넘는 투치인과 후투인들이 피신할 수 있게 도와주고 보호해주었다. 그의 기지와 활약을 바탕으로 한 영화 《호텔 르완다Hotel Rwanda》가 제작되기도 했다. 그 외에 다른 구조대원들도 있지만 정확한 숫자는 알려지지 않았다. 대학살로 인해 후투인들도 25,000명~45,000명의 목숨을 잃었지만 대부분 극단적인 정부를 지지하지 않는 온건파라는 이유로 죽임을 당했으며 투치인들을 살리려다가 목숨을 잃은 것이 아니었다. 또한 투치인으로 오인되어 목숨을 잃은 사람들도 있었다.

2016년 현재, 대학살 당시 활약한 구조대원 중 확인된 사례는 50명을 밑돈다. 물론 이렇게 용감한 사람들이 존재한다는 사실이 희망과 교훈을 주긴 하지만, 이런 수치는 1994년 당시 르완다에 거주하던 후투족 전체 인구 595만 명 중 극소수에 지나지 않는다. 마찬가지로 홀로코스트가 벌어졌을 당시에도 유대인에 대한 나치의 잔학행위에 적극적으로 저항했던 운동가들의 수는 전체 인구의 1%에도 못 미치는 절반 정도로 추정되었다.

모튼 기념관Moton Museum에서 나눈 스카티 넬과의 대화에서 그녀가 말했던 것처럼 만약 우리 자신이 역사 속에서 그런 순간에 놓인다면 옳은 일을 했을 거라고 믿고 싶을 것이다. 그러나 통계적인 수치가 반복적으로 보여주듯이 실제로는 많은 사람들이 그렇지 않다는 게 문제다.

르완다 대학살에 관한 의문은 이런 거다. 우리들에게 증오가 퍼지는 것을 막고자 하는 우리가 대학살에서 얻을 수 있는 교훈은 무엇인가? 선량한 사람들이 그처럼 악의적인 잔혹 행위에 자발적으로 앞장서고, 극단적인 결과가 따를지 뻔히 알면서도 어떻게 가담할 수 있었을까? 나는 강렬한 증오가 어떻게 체계적으로 사회 전체를 집어삼키는지, 증오가 널리 퍼지는 걸 어떻게 체계적으로 막을 수 있는지 대학살을 통해 이해하고 싶었다. 그리고 오랫동안 끓고 있던 분노와 노골적인 인간성 말살에 대한 선동, 폭력행위에 대한 공식적인 허용이 복합적으로 합쳐져 폭발적인 증오에 기름을 부었다는 사실을 배웠다. 대학살은 그냥 갑작스럽게 벌어지는 게 아니다. 르완다의 대학살처럼 격렬하고 빠르게 진행된 경우도 마찬가지다. 불꽃은 전략적으로, 사회적으로 점점 거세게 타오른다. 그리고 미국을 비롯한 전 세계가 르완다의 상황에서 얻을 수 있는 교훈 중에서 내가 가장 우려하는 부분은 오늘날 대단히 많은 곳에서 대단히 비슷한 방식으로 증오의 불씨가 살아나고 있다는 점이다.

2016년 미국의 대통령 선거기간 당시 나는 르완다 대학살에서 살아남은 투치족 청년 야닉 토나를 만났는데 그는 장학금을 받으며 텍사스 크리스천 대학교에 다니고 있었다. 야닉은 나를 만나자마자 불길한 예감을 알리는 듯한 목소리로 말을 꺼냈다. "보세요, 지금 당신들은 우리나라에서 대학살이 벌어지기 25년 전, 아니 10년 전에 했던 행동을 그대로 따라 하고 있어요"라고 말하며 대학교 휴게실에 놓인 소파에서 벌떡 일어나다시피 흥분했다. "물론 똑같은 수준이 아닐 수도 있어요. 그때 당시 우리나라에 있던 과격주의자들과 똑같지 않을지는 몰라도 많은 요소들이 아주 비슷해요. 그래서 '이 나라에 도대체 무슨 일이 일어나고 있는 거지?'라는 생각에 불안할 정도예요. 여기 더 오래 살수록 난 점점 더 암울해져요. 내가 생각했던 것보다 훨씬 더 심각하다는 생각이 자꾸 들거든요."

야닉은 르완다 대학살 때 전체 친척의 3/4을 잃었고, 그와 똑같은 일이 여기서도 일어날 수 있다고 경고하고 있었다. 어쩌면 르완다와 나치 독일과 캄보디아와 전 유고슬라비아의 인종청소가 기이한 변종 미치광이들이 아니라 어떤 나라의 어떤 문화도 한 순간 괴물처럼 무시무시하게 변할 수 있다는 사실을 보여주는 단순하고도 명확한 사례일지도 모른다.

물론 미국이 조만간 대학살이 일어날 수도 있는 위험에 처해있다는 뜻은 아니다. 하지만 우리는 르완다 대학살에서 살아남은 생존자가 자기 나라를 집어삼킨 악마의 불길을 일으킨 것과 같은 증오가 미국에서 쏟아져 나오고 있다는 말을 듣고 적어도 위협을 느껴야 한다. 증오의 목소리가 점점 커지고 있는 유럽 사람들도 마찬가지다. 어쨌든 역사상 가장 끔찍한 대학살이 벌어진 곳은 아프리카나 중동 지역이 아니라 유럽에 위치한 독일이었으니까. 르완다의 대학살은 사회 집단들이 서로에게 적대감을 갖도록 교묘하게 부추기는 게 얼마나 위험한 일인지 많은 것을 시사한다. 미국뿐만 아니라 전 세계적으로 이론가들이 욕심 사납게 증오를 퍼뜨리고 있는 상황은 매우 파괴적인 결과를 초래할 수 있다. 또한 우리가 별거 아니라고 가볍게 생각하는 우리 자신의 증오가 어떻게 치명적으로 돌변할 수 있는지 생각하게 한다.

후투족과 투치족 사이의 갈등과 증오는 유럽 식민통치 정책 때문에 시작됐다 해도 과언이 아니다. 후투족과 투치족은 오랫동안 뚜렷한 정체성을 가진 집단이었고, 주로 농사를 짓는 농부들이었던 후투족과 달리 소를 몰고 유목생활을 하던 투치족이 더 높은 지위를 누렸다. 두 집단은 19세기 말의 독일과 20세기 초 벨기에 식민제국이 그 지역을 장악하고 통제하기 전까지는 열띤 논쟁에 휘말린 적이 없었다. 실제로 르완다 대학살에 관해 《내일 우리 가족이 모두 살해당한다는 걸 알려드립니다》라는 책을 쓴 작가 필립 구레비치는 식민지 점령이 있기 전, 후투족과 투치족 사이에는 오랜 시간 동안 서로 결혼도 성행했기 때문에 "민족연구 학자들과 역사학자들은 후투족과 투치족이 다른 별개의 민족 집단이라고 불리기에 적절하지 않다는 데 동의했다." 대학살에 관한 UN 리포트는 "식민지 시대 이전, 사회 시스템 상에서 소를 많이 소유한 투치족들이 좀 더 높은 위치에 있었고 농사를 짓던 후투족들은 사회적 지위가 낮았다. 그러나 사회적 수평이동이 가능했기 때문에 소나 다른 부를 많이 획득한 후투족은 투치족 그룹에 동화될 수 있게 되었고, 상대적으로 빈곤해진 투치족은 후투족으로 여겨질 정도였다"고 설명했다.

소위 '아프리카 쟁탈전'이라고 하는 유럽 열강들의 식민지 정책 과정에서 유럽 국가들은 아프리카 대륙을 자기들끼리 나눠 갖는 게 적절하다고 판단했다. 그 결과 르완다 왕국이 포함된 지역은 독일에 '할당'되었다. 독일은 심각한 인종적 비하와 이질화로 점철된 역사 왜곡을 통해 상대적으로 덜 검은 피부를 가진 투치족이 후투족보다 우월한 것으로 구분했고,

현지 지배권과 경제적 특권을 투치족에게 더 많이 부여했다. 이때부터 두 종족간의 갈등과 증오가 정치적으로 싹트기 시작했다. 제 1차 세계대전이 끝난 후 국제연맹은 르완다를 다시 벨기에에 넘겼는데, 벨기에는 독일인들이 규정해놓은 민족 간의 세력 구분을 그대로 유지했다. 그리고 한술 더 떠서 고약하게도 르완다 국민들을 후투족과 투치족, 그리고 르완다 인구의 1%도 되지 않는 소수 피그미 부족인 트와Twa족으로 나누고 신분증까지 발급했다. 이렇게 독일인들과 벨기에인들은 민족 간의 구별을 주요한 정치 경제적 분열로 바꾸어놓았다.

르완다의 정체성 정치(앞쪽 1장 참조)의 역사는 한 나라의 사회적 집단의 정체성이 강대국들의 이익을 위해서 어떻게 세계 곳곳에서 날조되고 활용되어 왔는지 알게 해준다. 예를 들어보자. 시온주의자들이 이스라엘 땅의 전체를 장악한데 대한 정당성으로 내세우는 근거는 대부분 이스라엘이 건설되기 전에는 역사적으로 팔레스타인의 정체성이란 존재하지 않았다는 그럴듯한 주장이다. 그 주장에 담긴 의미는 자신들의 종족을 국민으로 분류하지 않는 사람들은 그들만의 정치적인 자주권을 가질 권리가 없다는 것이다. 이와 유사하게 동티모르 사람들의 문화적 정체성도 포르투갈의 식민지화와 그 뒤에 이어진 인도네시아의 점령에 대한 반발 투쟁으로 부분적으로 나마 자주권을 가질 수 있었다. 그런 억압에 대한 반작용으로 등장한 독립적인 정체성은 곧 정치적인 독립성에 대한 갈망으로 이어졌다. 부족중심주의가 인간의 내면가운데 내재되어 있을지는 몰라도, 그런 '부족들'이 형성되는 방식이나 다른 집단과 대립하는 방식은 종종 부족중심주의를 의도적이고 정치적으로 조작함으로써 생겨난다는 걸 잊지 말아야 한다.

왜 반대편을 증오하는가

르완다에서 식민지배 국가들이 벌인 행위들은 지속적인 사회 불안으로 이어졌다. 《르완다 스토리》를 쓴 미국 기자 구레비치는 "1950년대 후반 벨기에의 식민 통치가 약해지기 시작하던 때부터 르완다 내에서 후투족이 투치족을 죽이는 일이 간헐적으로 벌어지고 있었다"고 기록했다. 1960년대에 들어와 르완다가 독립을 쟁취하기 위해 투쟁하는 과정에서 수천 명의 투치인이 목숨을 잃었다. 살아남은 투치족 인구의 40-70%는 다른 나라로 도망쳤으며, 상당수가 국경을 넘어 우간다로 피신했다.

1959년에 다수 종족인 후투족이 이끄는 '독립 전선'이 신생 독립국이었던 르완다를 장악하자, 이후부터 수년간 우간다로 도망한 투치족 망명자들이 후투족 정부를 공격하고 전복시키려고 끊임없이 시도했다. 그러한 시도의 일환으로 결성된 투치족의 르완다 '애국 전선RPF'이 1990년에 르완다 정부를 습격하여 북동지방의 일부 영토를 장악하는 데 성공함으로써 르완다 내전이 시작됐다.

르완다 외부에서 사정을 모른 채 지켜보는 사람들에게는 투치족에 대한 후투족의 대학살 사건이 순간적인 광기에 휩쓸려 즉흥적으로 벌어진 사건처럼 느껴질 수도 있다. 실제로 대학살을 지시했던 후투족 과격 정부도 나중에 그런 쪽으로 유도하면서 축소시키려고 시도 했다. 그러나 실재로는 르완다의 후투족 대통령 쥐베날 하브자리마나Juvenal Habyarimana와 그의 아내 아가테Agathe는 1973년에 쿠데타를 일으켰고, 정권을 잡은 후부터 투치족의 몰살을 계획하고 있었다. 아내 아가테는 후투족 과격주의자들 단체를 편성해 치밀하게 대학살을 모의했고, 후투족 민병대 '인터아함웨'를 모집하여 훈련시키는 등 직접적으로 관여했다. 1992년에 후투족 과격주의자들이 대학살을 위한 예행연습 삼아 전국적으로 수백 명의 투치인을 살해했고, 존 기라네자의 아버지도 그때 목숨을 잃었다.

그 당시 존은 열여덟 살이었다. "학교에서 집으로 오는 길에 한 무리의 공격자들과 마주쳤어요." 존이 회상했다. "그들은 내게 우리 집을 공격하고 나를 죽이겠다고 협박했어요." 그날 밤 그들이 정말로 존의 집으로 쳐들어와 마체테(정글용 칼)로 존의 아버지를 가격했지만 나머지 식구들은 건드리지 않았다. 그러나 치명적인 부상을 입은 존의 아버지는 결국 다음 날 아침 목숨을 잃었고 본격적인 대학살의 다음 단계가 시작되고 있었다.

국가적인 차원에서 행해지는 선동은 점점 더 대놓고 투치족을 겨냥했다. 한 유명한 라디오 방송은 유행음악을 틀면서 몇 시간동안 투치족이 이끄는 '르완다 애국전선'에 대해 악의적인 거짓말을 늘어놓았고, 모든 투치족을 싸잡아서 '인옌지inyenzi', 즉 바퀴벌레라고 부르기도 했다. 친정부 과격주의 신문에는 후투족 운동가들의 '후투인 십계명' 목록이 실렸는데 그중에는 "모든 후투인은 사업을 하는 투치인이 하나같이 거짓말쟁이라는 사실을 명심해야 한다. 그들의 유일한 목적은 자기 민족 집단의 우월성을 확보하는데 있다"는 내용이 들어 있었다. 후투족 과격주의자들은 대학살에 필요한 기계장비들을 모았고 그와 동시에 끊임없이 살인을 위한 마인드를 부추겼다.

1994년 4월 6일, 하브자리마나 대통령이 타고 있던 비행기가 르완다 수도 키갈리 공항에 착륙하던 중 격추되어 하브자리마나 대통령을 비롯한 탑승자 전원이 사망하는 사건이 발생했다. 선동적인 라디오 방송들은 즉각 모든 게 투치족의 짓이라고 모함하고 무차별하게 학살하기 시작했다. 사실 비행기를 격추시킨 당사자가 누구인지는 지금도 논쟁중이지만, 투치족의 소행이라는 근거 없는 주장은 대학살에 불을 댕긴 결정적인 불씨가 되었다. 몇 시간 만에 대통령 부인 아가테의 측근들은 후투족 과격주의자들이 이끄는 군대와 '인터아함웨 민병대'에게 투치족 대학살을 시작하라고 명령을 내렸다. 선동적인 라디오 방송은 후투족에게 투치족을 찾아내서 "가까이에서 그들을 둘러싼 채 투치인들을 모두 죽여 버려라"고 노골적인 명령을 내렸다.

소를 돌보고 집에 돌아온 존 기라네자가 나머지 가족들이 모두 처참하게 학살당한 것을 발견한 것은 겨우 하루 뒤인 4월 7일이었다. 정부군과 인터아함웨 민병대, 그리고 그 마을에 살던 다른 후투인들이 잔혹한 공격에 가담했다. 존이 언덕 위에 숨어서 지켜보는 동안 누이 두 명이 후투인 가해자들에게 번갈아가며 강간을 당했다. 그것도 모자라 가해자들은 나무막대를 두 소녀의 질 속으로 집어넣고 그 막대가 머리를 뚫고 나올 때까지 계속 밀어 넣었다. 또 다른 후투인 무리들은 존의 남동생 하나를 산채로 땅에 묻고는 그 위에 서서 어린 동생이 탈출하지 못하도록 버티고 서 있었다. "우리 집들은 모두 불탔어요." 존이 여러 차례 깊은 한숨을 내쉬며 천천히 회상했다. "사방에서 수류탄이 터졌고, 소들은 날뛰었어요."

모든 게 끝났을 때 열 명의 어머니와 스물일곱 명의 형제자매들이 모두 살해당했다. 존이 그 학살을 막기 위해 할 수 있는 일은 아무것도 없었다. 살인자들은 숫자가 많고 무기를 들고 있었으며, 상당한 훈련을 받은 사람들이었다. 존은 오로지 그들 눈에 띄지 않게 숨어서 고통 속에 숨죽여 지켜볼 수밖에 없었다. 그리고 나서 그는 다른 투치인들을 찾아 산속 깊숙이 들어갔다. 존은 다른 투치인들과 무리를 형성해 후투족에 맞서 싸우고 싶었다.

후투인과 투치인 대다수는 분명 그런 선동이 대학살을 자극했다며 비난했다. 그렇다면 그런 선동이 효과적이었던 이유는 무엇일까? 분명 수십 년 동안 두 민족 간의 적대감으로 나라가 몸살을 앓았지만 실제로 대부분의 후투인들이 처음부터 광적으로 가담한 건 아니었다. 내가 만난 후투인 가해자들은 대부분 자신들이 죽인 사람들에게 개인적인 증오심은 없었다고 말했다. 레너드도 그런 사람들 중 하나였다.

나는 존 기라네자와 같은 동네에 사는 투치인 여성 마리Marie의 집 거실에서 레너드를 만났다. 마리는 대학살 때 남편과 여덟 자녀 중 다섯을 잃었다. 그녀의 남편을 죽이고 당시 여섯 살, 아홉 살이었던 두 아이를 우물에 밀어 넣은 뒤 아이들이 탈출하지 못하고 서서히 굶어죽을 때까지 지키고 서 있던 사람이 레너드였다. 대학살이 일어나기 전까지는 두 가족이 가깝게 지내며 함께 휴일을 즐기고 기념일에 같이 식사를 하는 등 사이좋게 지냈다. 존 기라네자의 아버지처럼 마리의 남편은 부자였고 소를 많이 소유하고 있었다. 사실 소가 너무 많아서 레너드를 포함해 이웃들에게 몇 마리씩 나눠줄 정도였다.

우리가 마리의 집에서 마주했을 때 마리는 내게 말했다. "그 전엔 한 번도 후투족과 투치족 사이에 증오심을 느껴본 적이 없어요."

레너드는 "투치인은 죽어야 한다"는 라디오의 선동방송을 비난하는 사람들 중의 하나였다. 그리고 계속해서 "나는 대학살 기간 동안 한 번도 투치족에게 증오심을 느끼지 않았어요"라고 주장했다.

기가 막혔다. "그래요?" 나는 냉소를 감추려 애쓰며 반문했다.

"정말이에요." 레너드가 말했다. 그리고 그는 학살을 부추긴 또 다른 동기에 대해 언급했다. "그러니까 말하자면 그들을 죽여야 할 것 같았어요. 투치인을 죽이면 그들의 재산을 차지할 수 있다고 세뇌 당했죠. 그들의 재산을 손에 넣기 위해서라도 그들을 죽여야만 했어요." 레너드는 마리의 남편을 죽이고 그 가족의 소를 빼앗았다.

내가 만났던 대부분의 후투인 가해자들과 다른 후투인들도 학살을 부채질한 건 증오보다 욕심이었다는 걸 지적하고 싶어 했다. 마리−진Marie-Jeanne도 그들 중 하나였다.

대학살이 시작됐을 때 마리−진은 열 살이었다. 그녀는 부모님과 언니와 살고 있었고 존 기라네자의 가족들이 살던 집에서 대략 1.5km 정도 떨어진 곳에 살았다. 같은 마을은 아니었지만 존의 가족들을 알고, 존의 가족들도 그녀의 가족을 알고 지낼 정도는 가까웠다. 결과적으로 존과 마리−진은 훨씬 더 가까워졌지만 그건 대학살로 인해 두 사람의 삶이 갈기갈기 찢어지고 난 후의 일이었다.

마리−진의 아버지는 농부였고 어렸을 때 아버지를 도와 아보카도를 팔던 즐거운 기억이 그녀의 머릿속에 남아 있었다. 그녀는 어느 날 저녁에 집에 돌아온 아버지가 그녀와 언니에게 새로운 물건을 가져다준 걸 기억했는데, 그 물건들은 그가 살해를 도운 투치인의 집에서 훔쳐온 것들이었다. 그녀의 아버지가 죽인 투치인 중 한명은 마리−진의 가족이 농사를 지을 수 있도록 땅을 대주던 가족들의 친구였다.

나는 마리−진에게 그녀의 아버지가 학살에 가담한 이유가 뭐라고 생각하는지 물었다.

"우리가 먹고 살 수 있게 도와주던 사람을 죽인다고 생각해보세요." 그녀가 내게 말했다. 그녀는 "그들이 투치족을 살해하도록 훈련받은 건 사실"이라고 인정했다. 인터아함웨 민병대에서 공식적으로 훈련을 받았든,

선동에 의해서 세뇌되었든 마찬가지였다. "하지만 학살에 참가한 사람들 대부분은 욕심에 사로잡혀 있었어요"라고 마리-진이 분명하게 말했다.

그래도 나는 여전히 도둑으로 지적되는 게 괴물이 되는 것보다 낫기 때문에 그런 변명을 하는 게 아닐까 하는 의구심을 떨칠 수 없었다. 레너드가 어린 아이 두 명을 죽인 걸 어떻게 욕심만으로 설명할 수 있을까? 재산에 아무 영향력이 없는 여성들에게 가해진 광범위한 잔혹행위는 또 어떻고?

앞에서 언급한 텍사스 크리스천 대학교에 다니는 투치인 학생 야닉 토나는 대학살이 시작됐을 때 고작 네 살이었다. 그는 엄마와 세 명의 형제자매, 숙모와 삼촌들까지 총 16명의 가족들과 함께 할머니 집에 숨어 있었다. 결국에는 둘씩 짝을 지어서 도망치는 게 제일 낫겠다고 판단하고 모두들 집에서 빠져나왔다. 그렇지만 오직 야닉과 어머니, 그의 누이와 삼촌만 살아남았다.

야닉은 할머니가 자신의 어린 남동생과 집에 남았고 뒷마당에 숨어 있었다고 말했다. 그러나 아기가 울음을 터뜨린 게 문제였다.

"동생은 겨우 한 살이었으니 그저 본능적인 소리였을 뿐이죠." 대학교 서점에 있는 휴게실에서 야닉은 내게 말했다.

후투족 공격자들이 아기의 울음소리를 듣고 동생과 할머니를 찾아냈다.

"할머니는⋯ 강간을 당했어요." 야닉이 담담한 목소리로 말했지만 커다란 눈에 눈물이 그렁그렁했다. "그리고 내 동생은⋯ 그들이 할머니 품에서 동생을 빼앗아 벽에 내동댕이치고, 머리를 박아 산산 조각내고는 강제로 할머니에게 그 피를 마시게 했어요."

그러고 나서 그들은 할머니도 죽였다.

야닉은 후투인 가해자들이 "몇 세대에 걸쳐 할머니의 가족들과 가깝게 지내온 이웃들"이었다고 말했다.

르완다에 머무는 동안 나는 엔타라마에 있는 교회에 들를 수 있었다. 엔타라마는 존과 마리−진이 나고 자란 부게세라 구역으로 가는 길에 있는 마을로 대학살이 시작됐을 때 주변 지역에 살던 투치인들이 피난처를 찾아 교회로 몰려들었다. 그러나 다른 국외거주자들과 마찬가지로 이탈리아 출신의 성직자들은 이미 그들을 따르던 신도들을 버리고 자신의 안위를 위해 떠나고 교회는 텅 비어 있었다.

교회로 모여든 수천 명의 투치인들은 엔타라마에 있는 작은 교회 문을 걸어 잠그고 후투족 군인들을 피할 수 있기를, 어떻게든 하나님이 도와주시기를 다함께 간절히 기도했다. 평소에 주일학교로 사용하던 작은 별채는 어린 아기들의 피신처였다. 후투족 군대는 수류탄을 터뜨려 주일학교 건물 벽의 일부를 무너뜨렸고, 어린 아기들의 다리를 잡고 앞쪽 벽을 향해 세게 부딪혀 머리를 깨뜨렸다. 그 벽에는 지금도 검붉은 얼룩이 남아 있다.

욕심이 대학살에 영향을 준 것은 분명한 사실인 것 같고, 전반적으로 경제적인 분노가 투치족에 대한 후투족의 갈등에 기름을 부은 것도 사실인 것 같다. 그러나 르완다에서 일어난 사건이 그저 욕심 때문 만이라고 말할 수는 없다. 대학살은 외집단을 이질화하는 전형적인 광풍이며, 상대 사회집단들을 악마로 몰아감으로써 그들을 향한 집단적 피해의식과 분노, 혐오감과 같은 강력한 감정들이 얼마나 극단적이고 치명적인 결과를 유발할 수 있는지를 보여주는 섬뜩한 증거이다.

이 얘기의 핵심은 정부가 군대 세뇌 훈련과 선동을 통해 투치족을 죽이는 것이 마치 후투족의 임무인 것처럼 몰아갔다는 점이다. 그러니까 정부는 후투족이 준수 할 의무가 있다고 생각하는 새로운 사회 규범을 제정한 셈이다.

1750년대와 1850년대, 1950년대 북미 지역에 인종차별과 폭력이 사회적 규범이 되었던 것과 마찬가지다. 르완다에서는 잔혹함이 규범이 되었는데, 이는 레너드와 같은 '보통' 사람들이 평소 증오하지도 않는 사람을 죽일 수 있었던 이유를 설명해준다. 레너드를 비롯한 모든 인간은 인간적으로 사회적 규범을 따르려는 경향을 가지고 있다. 그렇기 때문에 그런 규범들의 바탕에 증오가 깔려 있을 때는 매우 위험해질 수밖에 없다.

잔혹함이 어떻게 규범이 되고 기준이 될 수 있는지 이해하기 위해서 나는 철학자인 엘리자베스 미닉을 만나 얘기를 나눴다. 그녀는 역사상 가장 유명한 철학자 중 하나인 한나 아렌트의 제자이며, 한나 아렌트는 악에 대한 세상의 이해를 뒤엎은 장본인이다.

아렌트는 1906년에 독일에서 태어났고 홀로코스트를 피해 도망쳤으며, 최종적으로 미국에 정착했다. 1950년대에 그녀는 《전체주의의 기원》과 《인간의 조건》이라는 제목의 중요한 저서 두 권을 출판했는데, 두 권모두 개인과 사회, 그리고 정치적 체제와 관련해 자유의 주제를 탐구하고 있다. 그러나 한나 아렌트의 이름이 널리 알려진 건 1961년이었다. 그해 《뉴요커》지는 그녀를 예루살렘으로 보내 홀로코스트 당시 아돌프 히틀러의 친위 장교였던 아돌프 아이히만의 전범재판을 취재하도록 했다. 아이히만은 유럽에 있던 수 백 만 명의 유대인들을 강제수용소로 이송하

왜 반대편을 증오하는가

기 위한 실행 계획을 짜고 관리했으며, 강제 수용소로 이송된 유대인들은 거의 그곳에서 살해당했다.

재판을 참관하고 돌아온 아렌트가 미국과 전 세계에 전한 기사는 충격적이었다. 그녀는 아이히만은 머리에 뿔이 난 괴물이 아니라 그저 평범한 사람에 불과했으며 아무 생각 없이 상관의 지시를 따른 것뿐이라고 전했다. 그러나 아이히만이 괴물이 아니었다면 괴물 같은 그의 행동은 어떻게 설명할 수 있을까? 아렌트는 그 의문에 대답하며 "악의 평범함"이라는 말을 썼다. 악마 같은 아이히만이 저지른 만행이 평범했다는 뜻이 아니라, 그 사람이 평범했다는 뜻이다. 그는 엄청나게 끔찍한 만행을 저지른 보통 사람이었다. 아이히만의 평범함에 대해, 아렌트는 "그 시대 최고의 악랄한 범죄자 중 한 명이 되도록 만든 것은 결코 어리석음과 같은 것이 아니라 순전히 스스로 사유하는 능력이 모자라기 때문이었다"고 썼다.

아이히만의 평범함에 대해 아렌트는 이렇게 기록했다. "그는 사유 능력이 없는 꼭두각시 관료일뿐이며, 이는 멍청한 것과는 전혀 다른 개념이다. 아이히만은 자기 주도적인 생각 능력이 없었기 때문에 그 시대의 가장 끔찍한 범죄자가 되었다." 그리고 그는 "신기할 정도로, 스스로 생각할 수 있는 능력이 전혀 없었다"고 했다. 아렌트는 특히 나치당이 새로 제정한 잔혹행위 규정에 대해서 아이히만이 추호도 의문을 품지 않았던 점을 강조했다. 그런 잔혹 규정은 르완다에서 벌어진 투치족 말살 시도와 마찬가지로 시간이 흐르는 동안 조심스럽게 퍼져나갔다. 아렌트는 사회적 규범에 도전하고, 필요할 때 반항하는 것은 개인의 책임이라고 주장했다. 그녀는 그런 독립적인 사고를 "난간이 없는 사고방식"이라고 불렸다. 그러나 많은 사람들이 계단을 오를 때 난간 구조물을 붙잡고 의지하는 것처럼 사회적 규정에 매달린다고 아렌트는 주장했다.

엘리자베스 미닉의 연구는 이렇게 난간에 의지하는 사고방식 즉 스스로 생각할 수 없는 사고방식을 해체하는 데 초점을 맞추고 있다. 미닉은 저서 《악의 평범성The Evil of Banality》에서 "처음으로 극적인 부당함을 접하고 난 후… 나는 사고방식뿐만 아니라 몰지각함과 여러 형태로 나타나는 평범함을 이해하는 것이 도덕적, 정치적으로 가장 시급히 탐구해야 할 과제라는 생각이 점점 강해졌다"라고 기록했다.

현재 미국 대학교육협의회의 선임연구원인 미닉은 자신이 "광범위한 악extensive evil"이라고 부르는 게 무엇인지 설명해주었는데, 은행을 털거나 연인을 살해하는 것처럼 절망이나 열정에서 기인한 개인적인 범죄와는 차원이 다르다고 그녀는 말했다. "기본적으로 두 가지 종류의 악이 있어요." 그녀는 노스캐롤라이나 주에 있는 자택에서 전화기 너머로 내게 말했다. "하나는 집약적인 악으로, 비교적 빨리 시작해서 빨리 끝나며 정상적인 상태에 둘러싸여 있기 때문에 그것을 어겼을 때 매우 큰 충격을 받게 되죠." 이처럼 집약적인 범죄의 예로는 마구잡이 신체 공격이나 묻지마 살인 등을 들 수 있다. 미닉은 설명을 계속했다. "또 다른 종류의 악은 광범위한 악이에요. 이것은 대량 범죄와 관련이 있고 개인이나 소수의 가해자들이 저지르는 게 아니라 커뮤니티나 사회 전체가 가담하지요."

그녀가 말하고자 하는 요점은 집약적인 범죄는 누가 봐도 그것이 명백한 잘못이고 혐오스러운 일이라는 걸 알 수 있지만 광범위한 범죄는 다르다는 것이다. "광범위한 악이 우리를 충격에 빠뜨리고 섬뜩하게 할 수도 있어요." 멀리서 그녀가 수화기 너머로 설명했다. "그러나 중요한 건 그 당시에는 그게 정상으로 여겨진다는 거죠."

미닉의 설명을 들으며 나는 소름이 돋았다. 대학살이 어떤 식으로든 정상으로 보일 수 있다는 생각 자체가 처음에는 매우 충격적이었다. 그러나 나는 곧 정상으로 보일 수 있다는 그녀의 말뜻이 특정한 사회적 규범을 정상화한다는 의미라는 것을 깨달았다. 그러니까 버지니아 주에서 내가 스카티 넬과 옥신각신했던 인종차별의 규범도 같은 의미라고 생각했다.

"일단 폭력이 시작되고 나면 가해자들 사이에서 점점 진화해요." 미닉이 계속했다. "즉 더 높은 수위의 폭력이 더 자주 더 쉬운 방향으로 사회적인 규범과 제도, 문화가 변화하는 거죠."

또 다른 대학살 전문가인 심리학자 도널드 더튼의 진단도 그녀의 얘기와 일맥상통했다. 그는 "이전에는 상상조차 할 수 없었던 피해자들을 향한 가혹 행위가 받아들여지고 '일반적'이라고 여겨진다. 그래서 결국 피해자를 죽이는 것이 곧 '옳은' 일이 된다"고 기록했다.

대학살을 연구하는 학자 제임스 윌러는 이렇게 표현했다. "끔찍한 악행을 저지르는 가해자들은 그들 자체가 끔찍한 것이 아니라 그들이 저지른 행동이 끔찍한 것이다."

1995년에 보스니아 대학살이 벌어진 이후 전범재판들을 지켜본 크로아티아의 작가 슬라벤카 드라쿨릭은 이렇게 기록했다.

『매일매일 법정에 앉아 피고를 지켜보고 있으면 프리모 레비[37]가 그랬던 것처럼 처음에는 정말 "저게 인간인가" 의심하게 된다. 아니, 당연히

---

37 Primo Levi, 이탈리아 태생 유대인으로 세계적인 작가이자 화학자. '이것이 인간인가'를 비롯해 여러 권의 저서를 남김 – 주

인간이 아니라고 생각했지만 시간이 지날수록 범죄자들이 점점 인간적으로 느껴지기 시작한다. 못생기거나 잘생긴 얼굴을 지켜보고, 하품을 하거나 메모를 하고 머리를 긁적이거나 손톱을 파는 사소한 습관들을 지켜보면서 스스로에게 묻는다. 만약 이 사람이 정말 인간이라면? 그들을 알게 되면 될수록 우리 눈앞에 앉아 있는 웨이터들과 택시운전사들, 선생님들과 농부들이 어떻게 그런 끔찍한 범죄를 저질렀을까 더욱 의구심을 갖게 된다. 그리고 전쟁 범죄자들이 평범한 사람일 수도 있다는 걸 깨달을수록 점점 더 두려워진다. 당연히 그들이 괴물일 때보다 훨씬 더 심각한 결과가 따르기 때문이다. 평범한 보통 사람들이 극악무도한 전범이 될 수 있다면, 우리들 역시 그럴 수 있다는 뜻이니까.』

　대학살이 어떻게 정상적일 수 있다는 건지 고민하면서 나는 미국의 역사에 대해 생각했다. 식민지 시대와 건국 초기의 원주민 학살에서 아프리카인의 대량 노예화에 이르기까지 당시에도 집단적인 악이 하나의 규정이었다. 1877년~1950년 사이에 최소한 3,959명의 흑인들이 인종차별적인 테러와 폭력으로 목숨을 잃었고, 폴 롭슨Paul Robeson을 비롯한 여러 민권 운동가들은 이 수치가 UN 협약에 명시된 '대학살'의 정의에 부합하는 수준이라고 주장했다. 더구나 어두운 곳에서만 쉬쉬하며 몰래 벌어진 폭력이 아니라 공공연한 기념행사로 벌어지기도 했다. "종종 수천 명에 달하는 엄청난 수의 백인들이 모여서 피해자를 질질 끌고 다니며 고문하는 행위와 신체를 훼손하거나 절단하고, 심지어 불태우기도 하는 극악무도한 살해행위를 구경했다. 이는 사전에 미리 계획된 일이었다"고 인권보호단체인 '이퀄 저스티스 이니셔티브'가 미국의 폭력 사례를 기록한 광범위한 보고서에서 말했다.

앨라배마주 터스키기 대학교의 사회학자 스튜어트 톨니Stewart Tolnay와 이엠 벡E.M.Beck은 공동 저서에서 남부에서 벌어진 폭력 집회에 대해 이렇게 기록했다. "백인 언론사는 이런 행위를 정당화하고 무슨 축제인양 선전했다. 푸드 트럭을 부르고 폭행 현장과 피해자 시신의 사진을 담은 엽서도 발행했으며, 피해자의 신체 일부는 무슨 소장품 취급을 받았다." 이를 구경하던 백인들은 실제로 폭행에 가담했던 백인들과 마찬가지로 자신들을 선량한 사람들이라고 생각했을 것이다. 아이들까지 데려와 구경시킨 백인 부모들은 자기들이 좋은 부모라고 우쭐했을 것이다. 그들은 규범이 된 행위에 참가한 것이고, 계속 그렇게 할 것이다. 그렇다고 그들의 죄가 결백해지는 것은 아니다. 다만 그 시대의 공간과 장소에서는 그들은 '정상'이었다.

아무리 위험한 규범일지라도 규범을 지키고자 하는 인간의 욕망이 갖는 엄청난 힘은 1960년대에 심리학자 스탠리 밀그램이 실시한 몇 번의 실험에서 충격적으로 드러났다. 널리 알려진 이 실험의 결과는 말 그대로 충격적이었다. 아돌프 아이히만이 정상적인 사람이라는 한나 아렌트의 보고내용에 혼란스러워진 밀그램은 사람들이 폭력을 행사하도록 유도하는 상관에게 어느 정도까지 복종하는지 실험해 보기로 결심했다.

실험에 참가하기 위해 도착한 사람들은 둘씩 짝을 이뤘고 뽑기를 통해 각각 '교사'와 '학생' 역할을 맡았다. 사실 실험 팀이 사전에 뽑기를 조작해서 실험 참가 대상자들은 모두 '교사' 역을 맡았고, '학생' 역을 맡은 사람들은 밀그램 실험 팀의 실험 보조원들이었다. 각 실험 대상자들은 '학생'이 방으로 들어가 의자에 앉아 줄에 묶이고, 팔에 전기충격장치가 부착되는 과정을 직접 보았다. 그러고 나서 '교사' 역할의 실험 참가 대상자들은 옆방으로 안내되었고, 그곳에는 '학생'들에게 전기 충격을 가할 수 있는 기계가 있었다. 기계에는 "15볼트(미미한 충격)에서 375볼트(위험: 심각한 충격), 최고 450볼트(XXX)까지 표시되어 있었다." 사실 기계는 아무 기능도 없는 가짜였지만 실험 대상자들은 진짜 전기 충격기라고 믿었다.

'교사' 역할의 실험 대상자들은 '학생'들에게 암기할 단어를 가르쳐주고 난 뒤 퀴즈를 내서 '학생'들이 틀린 대답을 할 때마다 전기 충격을 주라는 지시를 받았다. '학생'들은 의도적으로 거의 틀린 대답을 했다. 실험 대상자인 '교사'가 지시를 거부할 때는 "당신은 실험을 계속해야만 한다" 라거나 "실험에 참여하는 것 외에 다른 선택의 여지는 없다"라는 식으로 독촉했다.

밀그램은 치명적인 수준이라고 표시된 450볼트까지 올리는 대상자들은 10%정도에 불과할 것으로 예측했다. 그러나 실제로는 65%나 됐고, 실험 대상자 모두가 최소한 300볼트까지 올렸다. 밀그램은 이와 비슷한 실험을 열여덟 차례나 실시했지만 모두 비슷한 결과가 나타났다.

하지만 그건 그 당시에 국한된 얘기겠지, 그렇지? 아니, 불행히도 그렇지 않다. 1960년대 이후에 미국에서는 학문적 실험에 대한 윤리적 기준이 더욱 강화되었는데, 밀그램의 실험과 같은 사례들 때문이기도 하다. 2017년에 폴란드에서는 일부 연구원들이 기본적으로 밀그램의 실험을 그대로 옮겨놓은 것 같은 실험을 실시했다. 아마도 폴란드의 기준은 그렇게 엄격하지 않은 모양이었다. 그 실험에서는 실험 참가자의 90%가 기꺼이 가장 높은 수위의 전기충격을 선택한 것으로 나타났다.

밀그램은 자신의 연구 결과가 대다수의 사람들이 권위에 복종하고자 하는 성향이 얼마나 강한지 보여준다고 말했다. 밀그램보다 앞선 또 다른 연구원으로 솔로몬 애쉬가 있는데 밀그램도 그의 연구에 관심을 보였다. 애쉬는 상관이 직접적으로 복종을 강요할 필요조차 없다는 걸 보여주었다. 또래들의 압력만으로도 충분했다. 1950년대에 애쉬가 실시한 획기적인 실험은 밀그램의 실험과 더불어 사회 심리학 분야에서 가장 널리 인용되는 실험 중 하나이기도 하다. 각 실험 대상자는 다른 사람들과 한 방에 들어갔다. 실험 대상자는 다른 사람들도 자기와 같은 실험 참가자라고 생각했지만, 사실은 연구팀의 일원들이었다. 애쉬는 그들에게 분명히 길이가 다른 세 개의 줄을 보여주고 나서 그 세 개의 줄 가운데 한 개와 길이가 똑같은 네 번째 줄을 보여주었다.

그리고 방안에 있는 사람들에게 네 번째로 보여준 줄과 길이가 똑같은 줄을 고르라고 했는데, 누가 봐도 바보스러울 만큼 쉬운 과제였다. 정답은 뻔했다. 그러나 실험 대상자를 가장한 연구팀원들이 의도적으로 틀린 답을 제시했을 때, 진짜 실험 대상자들도 똑같이 틀린 답을 말한 경우가 전체 실시 회수 중 32%에 달했다. 비슷한 실험을 12회 실시한 결과 총 25%의 실험 대상자들은 확실히 틀린 답을 따라하지 않았지만, 최소한 한 번 이상 틀린 대답을 말한 대상자가 75%에 달했다.

그들은 무슨 생각을 했을까? 자신들이 무리에 어울리기 위해 규범을 따랐다는 사실을 인식하고 있었을까? 아니면 정말로 정답을 말하고 있다고 생각했을까? 애쉬의 실험이 나온 지 반세기가 지난 후 정신과 의사 그레고리 번스와 에모리 대학교의 연구 팀은 애쉬의 실험을 재현했는데 이

때 fMRI(기능적 자기공명영상) 장비를 실험 대상자의 뇌에 연결해서 실험을 하는 동안 뇌의 움직임을 스캔했다. 이 실험에서는 테트리스 게임에 나오는 것 같은 입체 모형들이 제시됐고, 실험 대상자들은 머릿속으로 모형들을 회전시켜보고 동일한 모양인지 아닌지 결정하라는 과제를 받았다. 이번에도 역시 정답은 누가 봐도 뻔했다. 그러나 실험 대상자와 한 방에 들어간 연구팀원들이 의도적으로 틀린 답을 말했을 때 마찬가지로 틀린 답을 말하는 대상자들이 전체 회수의 41%에 달했다.

번스는 실험 대상자들이 거짓말을 하는 거라면 의식적인 속임수와 관련된 뇌의 일부분이 밝아질 거라고 생각했다. 그러나 그런 일은 없었고, 대신 시각적 인식 및 공간 인지와 관련된 뇌의 일부분이 밝아졌다. 다시 말하면 실험 대상자들이 거짓말을 한 게 아니라는 뜻이었다. 이 실험에서 얻어진 데이터는 실험 대상자들의 정신이 무리의 의견에 따르기 위해 실질적인 인지 내용 자체를 정말로 변경시켰다는 사실을 보여준다. 만약 나머지 사람들이 삼각형을 봤다고 주장하면, 그들의 의견에 따르는 실험 대상자들도 말 그대로 삼각형을 '보는' 셈이다. 반면에 나머지 무리의 주장을 따르지 않은 실험 대상자들의 경우는 오른쪽 편도체의 움직임이 활발해지는 것으로 나타났다. 이는 자신의 믿음을 지키기 위해 다수의 의견에 맞선 상황에 대해 어떤 감정적인 어려움, 심지어 두려움일 수도 있는 감정적인 변화가 있다는 의미였다.

또한 번스와 연구 팀이 동일한 실험 내용으로 실험 대상자들과 다른 사람들이 아닌 컴퓨터를 대상으로 테스트했을 때는 편도체가 밝아지지 않았다. 이에 연구팀은 단호한 입장을 취할 때가 아니라 또래 집단에 맞서야 할 때 감정적인 괴로움을 느낀다는 결론을 내렸다. 심리학자인 크리

왜 반대편을 증오하는가

스천 크랜달과 에이미 에셸만은 직업적인 차별이나 증오가 깔린 농담을 듣고는 웃는다든지 하는 등 여러 가지 상황에서 드러나는 105가지 종류의 선입견을 연구했는데, 편견이 지배 그룹으로부터 사회적인 인정을 받고자 하는 욕구와 상관관계가 있음을 발견했다. 이는 잠재의식적으로도 나타나는 것 같았다.

여기서 분명히 짚고 넘어가야 할 건, 순응하고자 하는 경향이 반드시 나쁜 것은 아니라는 점이다. 사회가 유지되려면 어느 정도의 순응이 필요하다. 만약 전체 인구의 25%, 아니 10%만이라도 규칙적으로 신호등을 따르지 않겠다고 결심한다면 매우 심각한 문제가 일어날 것이다. 그러나 여기서 말하는 건 저항해야 할 해로운 규범에 순응하는 게 문제라는 점이다.

당시 르완다에서 놀라운 용기를 보인 사람들이 있었다. '세인트 마리 여학교'는 민족 그룹에 따라 후투족과 투치족으로 구분해서 모이라는 군대의 명령을 거부했고, 결국 모든 여학생이 목숨을 잃었다. 그들은 다 같이 신념을 따랐다. 학살이 진행되는 동안 후투족 여성 조세핀 두사미나마는 자기 집안에 열 세 명의 투치인을 숨겨주었고, 나중에는 몰래 배를 타고 국경을 건너 콩고 민주공화국으로 넘어갈 수 있게 도와주었다. 또 다른 후투족 여성 올리브 무칸쿠시는 세 명의 투치인을 구해서 바나나 맥주를 만들 때 사용하는 뒷마당의 구멍에 숨겨주었다. 무칸쿠시는 자신이 어떤 위험을 감수하고 있는지 잘 알고 있었다. 그녀는 국영 라디오 방송 NPR에서 "나와 내 가족에게 무슨 일이 일어난다 해도 나는 그들과 함께 죽을 준비가 되어 있었어요."라고 말했다.

그런 긴박한 순간이 닥쳤을 때 좀 더 많은 사람들이 맞설 수 있는 용기를 보여주려면 어떻게 해야 할까? 물론 간단한 대답은 없다. 그러나 대학살을 연구하는 학자 어윈 스텁이 발견한 사실에서 한 가지 단서를 찾을 수 있다. 혼란의 상황 속에서 용감하게 활약한 구조자들의 대부분은 평소에 사회로부터 소외당했던 사람들로 주로 소수 종교 집단의 일원이나 복수민족 혈통을 가진 사람들이었다. 예를 들면 대학살이 일어났을 때 르완다의 무슬림 후투인들은 거의 대부분 학살에 가담하지 않았을 뿐만 아니라 무슬림 투치인들과 비무슬림 투치인들을 숨겨주고 구조하는 데 많은 도움을 주었다.

사회 심리학자인 아우렐리아 모크와 마이클 모리스는 실험을 통해 스텁의 주장을 뒷받침하는 강력한 증거를 얻었다. 그들은 아시아계 미국인들을 대상으로 번스의 기능적 자기공명영상(fMRI)연구와 마찬가지로 테트리스 게임에 나오는 모양 중에서 똑같거나 서로 다른 모양으로 구성된 한 쌍의 입체 모형을 보여주었다. 그리고 번스와 애쉬, 그리고 밀그램의 연구에서와 같이 이번에도 연구원들이 실험 대상자로 가장하고 참석해서 틀린 답을 제시했다. 앞서 애쉬의 연구에서 실험 대상자의 75%가 적어도 한 번 이상은 틀린 답을 똑같이 따라했다는 실험 결과를 기억할 것이다.

그러나 모크와 모리스의 실험에서는 다른 결과가 나타났다. 실험 대상자들은 "이중문화의 정체성 통합이 낮은" 아시아계 미국인 실험 대상자들이었는데 이들은 아시아인으로서의 정체성과 미국인으로서의 정체성이 하나의 사회적 정체성으로 완전히 통합될 수 있다고 생각하지 않았다. 이러한 실험 대상자들은 신분을 위장하고 같이 실험에 참가한 연구원들이 어떻게 유도해도 꿋꿋하게 또래 압력에 맞서 정답을 말하는 경향이 높았다. 이 실험의 결과는 다양한 정체성을 가진 집단의 존재 자체를 인정하면 그 집단에 대한 차별이나 증오를 방지할 수 있다는 사실을 보여준다. 그렇다고 자신이 외집단에 속한다고 느끼는 사람들이나 문화적 소속감을 온전히 하나의 정체성으로 통합시키지 못하는 사람들이 더 많이 필요하다는 뜻도 아니다. 오히려 두 가지 문화 정체성을 하나로 통합하지 못하면 불안과 절망감이 더 커질 수 있다. 여기서 얻을 수 있는 교훈은 상대에게 동질화나 복종을 강요하지 않고 부정적인 이질화와 싸워 이겨야만 한다는 것이다. 서로 다른 그룹들은 존재할 수 있다. 그들이 우성과 열성의 관계로 갈라져서 서로 대립할 때가 문제다.

인류학자 제니 버넷의 조사에 의하면 상호 인간성의 가치와 존중의 가치를 키우는 것 또한 증오에 맞설 수 있는 방법이 된다.

버넷은 르완다에서 후투족 구조자들을 폭넓게 만나 인터뷰하면서 그런 사실을 분명히 느꼈다고 말했다. "선량한 인간이라면 누구나 당연히 했을 일이라고 말했다"고 버넷은 기록했다. 그들은 자신들을 "그런 종류의 한 사람"으로 인식하고 있었다고 했다.

한 구조자는 그녀에게 이렇게 말했다. "위험에 처한 다른 사람들을 구한 첫 번째 이유는 모든 사람이 자기 자신과 같다고 생각했기 때문이에요. 그러니까 오늘 그가 쫓겼다면 내일은 내 자신이 쫓길 수 있고, 그가 오늘 죽으면 내일은 내가 죽을 수 있는 거지요… 우린 그 누구에게도 다른 사람의 목숨을 좌지우지할 권리가 없다는 걸 잘 알고 있어요."

또 다른 구조자는 이렇게 말했다. "짐승같이 잔인한 마음을 가진 사람은 다른 사람을 구하지 않아요. 그러나 자비로운 마음을 가진 사람, 인간으로서 인간을 이해하는 사람은 다른 사람을 구해요. 그래서 우리는 사람들을 구했어요."

그 외에 다른 몇 가지 연구들 역시 대학살 당시 활약한 구조대원들의 동정심과 애타심이 평균보다 강했음을 보여주었다.

"인간성의 말살은 말하는 방식이 아니라 사고방식에 관한 것이며 슬프게도 우리 모두가 매우 쉽게 접하게 되는 사고방식"이라고 철학자 리빙스턴 스미스는 적었다. 그러나 엘리자베스 미닉의 얘기처럼 개성을 말살시키는 터무니없는 흡수·동화 정책을 통해 사고방식을 지배함으로써 개인의 사고방식을 다른 것으로 교체하려는 시도가 중요한 것이 아니다. 문제는 우리가 인간으로서 또는 집단으로서 독립적인 사고방식을 체득할 수 있도록 도울 수 있는 방법을 찾는 것이다. 그리고 학교와 교회, 국가에 이르기까지 다 함께 모이는 공간 속에서 우리 모두가 서로 연결되어 있으면서 동시에 독립적으로 생각할 수 있다는 사실을 깨달을 수 있도록 도울 수 있는 방법을 찾아야 한다. 매우 어려운 숙제가 아닐 수 없다.

그가 살던 마을 근처에 있는 산꼭대기로 숨어 들어간 존 기라네자는 숨어 있던 다른 투치인들을 만났다. 그들도 기라네자처럼 저항군을 조직하고 싶은 마음은 굴뚝같았지만, 그들은 훈련도 받지 않고 무기도 없었다. 얼마 안 있어 존과 투치인 무리는 후투족 군대에게 발각되었다. 투치인들은 죽을힘을 다해 싸웠지만 거의 대부분 살해당했다. 존도 머리에 총을 맞았고, 한쪽 다리는 후투족의 '마체테' 칼에 베어 심각한 부상을 입었다. 그는 의식을 잃고 땅에 쓰러졌다. 존이 죽었다고 생각한 후투족 군인들은 그를 다른 시체들과 함께 버려둔 채 떠났다. 결국 그곳을 지나던 다른 투치족 무리가 숨을 쉬고 있는 존을 발견했고, 그를 키갈리에 있는 병원으로 데려갔다. 존은 135일간 혼수상태에 빠져 있다가 대학살이 끝나고 몇 주 후에 깨어났다.

존은 살아남았지만 르완다에 살던 투치인의 10명 가운데 7명은 처참한 운명을 맞았다. 대학살이 끝난 후 르완다에는 95,000명의 고아가 발생했다.

존이 혼수상태에서 깨어났을 때 그에게는 아무것도 남은 게 없었다. 가족들은 거의 다 죽었고 재산도 남김없이 파손되고 약탈당했다. 스무 살 나이에 존은 르완다 사람들이 '거리의 소년'이라고 부르는 신세로 전락해서 집 없이 키갈리 도시를 떠도는 노숙자 신세가 되었다. "쓰레기매립지에서 쓰레기를 주워 먹으며 살았어요." 존이 내게 말했다. 호텔과 병원들은 그들의 쓰레기를 커다란 방수포에 싸서 매립지에 갖다 버리곤 했는데, 존은 다른 거리의 소년들과 함께 방수포를 나무 위에 매달아 묶어 피신처를 만들고 먹을 것을 찾아 쓰레기를 뒤졌다. 존은 그렇게 14년을 살았다.

"정말 죽지 못해 살았던 힘든 삶이었어요." 존은 땅에 시선을 떨어뜨린 채 말했다. "10번 정도 자살을 시도했지만 실패했어요. 하나님께서는 오늘 이렇게 내가 당신과 만날 것을 알고 계셨기 때문이에요." 그는 시선을 들어 나를 보았고, 쟁반같이 둥근 눈이 슬프게 웃고 있었다. "정말 힘들었어요." 그가 말했다. "하지만 마침내 내 심장은 치유되었어요."

대학살이 끝난 후 1년 뒤, 데오Deo 목사라고 불리는 사람이 폭력에 반대하고 화해를 촉진하는 단체인 '르완다 펠로우십 선교회'를 만들어 교도소를 찾아다니기 시작했다. 데오 목사의 가족은 1959년에 르완다 독립투쟁 과정에서 도망쳐 나와 콩고 자유민주공화국에서 살았다. 1994년에 르완다 대학살이 끝나자 데오 목사는 친척들을 찾으려 르완다로 갔다. 그러나 살아남은 친척은 없었다. 그는 3일 내내 울음을 그치지 못하며 방황하다가 하늘로부터 어떤 목소리를 듣게 되었다고 했다.

"눈물을 거두어라. 내가 너를 화해를 위한 도구로 쓰리라."

데오 목사는 내가 자기를 미쳤다고 생각하리라는 걸 안다는 듯한 미소를 지으며 내게 말했다. 그러나 르완다 사람들은 이처럼 하나님의 메시지를 들었다는 얘기에 눈 하나 깜빡이지 않을 만큼 르완다는 신앙심이 깊은 나라였다.

데오 목사는 친척들을 죽인 사람을 찾을 수 있을지 모른다는 생각으로 르완다의 감옥을 찾아갔다. 한편으로는 그가 받은 말씀을 전도할 마음이었던 데오 목사는 결국 감옥에 갇혀 있는 후투인들을 보살피게 되었다. 후투인들은 데오 목사에게 그들을 위해 용서를 구하기를 원했고 그의 도움을 바랐다고 그는 말했다.

대학살에 가담했던 어떤 사람이 물었다. "언젠가 내가 감옥에서 석방된다 해도 내 희생자는 잘 곳이 없는데 내가 어떻게 집에서 잘 수 있겠습니까?" 그래서 그는 화해 마을이 탄생하는 계기를 만들기로 했다.

2005년에 데오 목사와 르완다 교도소 선교회는 첫 번째 화해 마을을 건설했고, 마을의 반은 대학살 가해자들이, 나머지 반은 생존자들이 거주했다. 데오 목사의 생각이 점차 퍼져나가서 결과적으로 르완다 교도소 선교회는 여덟 곳의 화해 마을을 건설했다.

한때 존의 가족이 살았던 지역 근처에 마을이 건설되기 시작했을 때 동네 사람들은 데오 목사에게 존 기라네자에 관한 얘기를 들려주었다. 지금은 거리를 전전하며 겨우겨우 살아가고 있다는 소문을 들은 데오 목사와 그의 팀은 존을 찾아 나섰다.

"그들이 나를 찾아오기 시작했어요." 존이 회상했다. "하지만 처음 며칠 동안은 경찰들과 같이 왔을까 봐 숨어 있었어요." 당시 키갈리에서는 경찰들이 정기적으로 순찰을 돌며 노숙자들을 괴롭히고 체포했다고 한다.

그러나 얼마 지나지 않아서 존은 며칠 동안 매일 그를 찾아온 사람들이 자기 마을에서 온 사람들이라는 걸 알게 되었다. "그래서 교류하기 시작했죠." 존이 말했다.

데오 목사와 화해 마을은 존에게 그의 가족이 살던 옛날 집에서 가까운 곳에 있는 집을 무료로 주겠다고 제안했다.

존은 회의적이었다. 누구라도 그렇지 않겠나? 그는 후투족이라면 근처에도 가고 싶지 않았다. 생각만 해도 끔찍하고 치가 떨렸다.

마침내 그는 자포자기하는 심정으로 그들의 제안에 동의했고, 화해 마을로 들어간 후 매일 밤 침대 머리맡에 마체테 칼을 두고 잤다. 밤새 근처에 사는 후투인이 들어와 그를 죽이려 할 거라고 확신했기 때문이었다. 그 정도로 그들을 두려워했고, 분노하고 있었다.

존이 사는 화해마을은 100여 채의 양철 지붕 집들이 격자무늬로 모여 있었고, 집집마다 진흙 벽돌로 만든 벽에 콘크리트 반죽이 덮여 있었다. 집 안에는 벽과 출입구로 서너 개의 방이 구분되어 있었지만 문은 없었다. 내가 방문한 집들은 대부분 출입구에 문 대신 침대 시트가 걸려 있었다. 집 안에 구멍을 파서 만든 화장실은 있었지만 수도시설은 없었고, 마을 중심 근처에 모든 사람들이 공동으로 사용하는 우물이 있어서 사람들은 19리터 정도의 물통에 우물물을 가득 채워 집으로 날랐다.

집안 바닥도 흙바닥이었고 마당과 거리도 흙바닥이었다. 학교 수업이 없는 날이면 마을에 사는 어린이들이 삼삼오오 짝을 지어서 하루 종일 나뭇가지로 흙바닥을 긁거나 무릎으로 기어 다니며 시간을 보냈다. 나는 내 딸을 떠올리며 지금 윌라도 나와 함께 여기 있다면 좋겠다는 생각을 했다. 그랬다면 자기가 얼마나 복 받은 사람인지 깨닫고 장난감 가게에서 이미 집에 수도 없이 많은 동물 인형을 안 사준다고 찡찡거리지 않을 텐데.

나는 존을 찾아갈 때 축구공을 가져갔는데 마을 사람들이 처음 갖는 축구공이었다. 6달러짜리 공이었다. 르완다 인구의 절반은 하루에 2달러가 채 안 되는 돈으로 생활하고 있었다.

르완다 전체 인구의 90%가 교회에 다닌다. 존은 마을로 거처를 옮기고 난 뒤 곧 데오 목사가 담당하는 교회에 나가기 시작했다. 한 달 정도가 지나서야 데오 목사의 설교가 귀에 들어왔다. "너희들이 먼저 용서하지 않으면, 하나님께도 용서받지 못할 거라고 말씀하셨다"고 존이 회상했다. 그게 다였다. 존은 그 말을 듣고 이제 준비가 됐다고 결정했다. "내가 입 밖으로 '나는 용서 하였습니다'라는 말을 하자마자 내 심장이 깨끗해졌다"고 말했다. 그리고 잠재적인 살인자들로 보았던 주변의 후투인들을 선량한 사람들로 보기 시작했다.

"정말이에요?" 나는 믿을 수 없어서 물었다.

아르노와 바쌈과 마찬가지로 존에게 일어난 이처럼 순간적인 변화를 나로서는 정말 이해하기 어려웠다. 특히 존이 겪어야 했던 끔찍한 공포를 생각하면 더더욱 납득할 수가 없었다. 존은 내가 상상조차 할 수 없는 끔찍한 고통을 겪었다. 나도 그를 위해서 분노를 느끼고, 사랑하는 사람

왜 반대편을 증오하는가

들을 잃고 자신들의 목숨도 잃은 모든 투치인을 생각하면 분노가 끓어올랐다. 내 친구 아미나투 소우의 말처럼 그런 엄청난 증오와 맞닥뜨리면 그걸 증오하는 게 정당화되는 정도가 아니라 당연한 반응인지도 모른다.

증오하지 않는다니, 그는 영웅일까 아니면 멍청이일까? 그리고 존 같은 사람을 용서의 짐을 떠맡은 롤 모델로 추켜세우고 축하해야 마땅하다고 한다면 어이없고, 심지어 모욕적인 일이 아닐까? 난 존의 후투족 이웃들이 매일같이 그를 찾아와 그의 발 앞에 엎드려 사죄해도 모자란다는 생각을 버릴 수 없었다. 존을 도량이 넓은 사람이라고 찬양하는 건 오히려 그에게 더 많은 짐을 지우고 살인자들을 살인의 굴레에서 해방되도록 자유를 부여하자는 논리와 무엇이 다르단 말인가.

용서는 복잡한 것이다. 철학자 프리드리히 니체는 용서는 나약함이라고 적었다. 거기서 한발 더 나아가 미국 시인이자 페미니스트인 오드리 로드는 용서는 부당한 것이라고 했다. 그리고 "흑인과 제3세계 사람들이 나서서 백인들에게 사람의 인간성에 대해 일깨워줘야 한다고들 생각한다. 여성들이 나서서 남성들을 일깨워야 한다고 생각하며, 레즈비언과 게이들이 나서서 이성애자들을 일깨워주기를 기다린다. 억압하는 자들은 자신들의 위치는 그대로 고수하면서 행동에 대한 책임은 회피한다. 그렇기 때문에 우리가 우리 자신을 재정립하고, 현재를 변화시키고 더 나은 미래를 위해 현실적 계획을 세우는데 필요한 에너지를 지속적으로 유출시키고 있다"고 말했다;

개인적으로 나는 분노가 그 분노를 품고 있는 사람을 아프게 한다고 생각한다. 실제로 우리 몸의 면역 체계를 약화시키고, 고혈압과 스트레스, 불안감을 초래한다. 그러나 때때로 용서는 나에게 정신적 은총을 가장한 정의의 왜곡처럼 느껴질 때도 있다. 억압받는 사람이 억압하는 자를 용서할 것이라고 기대하는 건 억압받는 사람들에게 또 다른 짐을 지우는 것이라는 생각에서이다.

그래서 존의 이야기를 들으며 후투인들을 용서한다는 것이 말도 안 된다고 느껴졌고 그런 생각을 존에게도 전했다. 그는 내 말을 듣고 어깨를 으쓱했는데, 마치 내가 생각하고 싶은 대로 생각해도 좋지만 그에게는 그게 올바른 선택이었다고 말하는 것 같았다. 존은 그에게 영향을 미친 것이 데오 목사의 설교만은 아니었다고 말했다. "교도소 선교회가 내게 베풀어 준 행동 역시 내가 변화하는 데 도움을 주었어요." 교도소 선교회 공동체는 존에게 마음을 열었고 그에 대한 보답으로 존 역시 그들에게 마음을 열었다. 후투족에게도.

그리고 여기서 존이 어린 시절 알고 지낸 옆 마을 후투족 여성 마리-진이 등장한다.

"교회 예배 중에 그녀의 이름을 듣게 됐고 궁금한 생각이 들어서 그녀의 가족이 어디에 살고 있는지 수소문 했다"고 존이 마리-진에 대해 말했다. 그는 이 얘기를 하면서 조금은 수줍은 듯 보였고 심지어 좀 부끄러워하는 것 같았다. 어렸을 때 두 사람의 나이 차이가 꽤 있었음에도 존이 마리-진에게 관심이 있었다는 게 분명했다.

어느 날 저녁에 "하나님께서 마리-진이 있는 곳을 내게 보여 주셨어요"라고 존이 말을 이었다. 물론 꿈속에서 봤다는 뜻이었지만 어떤 쪽이든 이런 말을 이상하게 생각하는 사람은 아무도 없을 것 같았다.

존은 그녀를 찾아가 구애하기로 마음먹었고 삼일 후 그녀에게 청혼했다. 존과 다른 사람들의 말에 의하면 르완다에서, 특히 시골에서는 그런

왜 반대편을 증오하는가

초고속 구애가 일반적이라고 했다. 또 한편으로는 끔찍한 고통을 겪고 난 후에 사랑을 갈구하는 마음이 훨씬 간절해질 거라는 생각도 들었다. 그러나 아무리 그래도 나로서는 도저히 이해 불가능한 사실이 또 하나 남아 있었다. 존의 가족을 무참하게 학살한 후투족 군대에게 존의 집을 알려준 사람이 바로 마리-진의 아버지였으며, 존도 그 사실을 알고 있다는 것이다.

마리-진 또한 그녀의 아버지가 존의 가족이 몰살당한 것과 관련이 있다는 건 알았지만 자세한 내용은 모르고 있었다. 어쨌든 그녀는 그런 사실 때문에 주춤하지 않았다. "내가 그를 봤을 때 난 그가 청혼하러 왔다는 걸 단숨에 알 수 있었어요." 마리-진은 존이 그녀의 집 문 앞에 나타났던 날을 회상했다. 그녀는 그의 청혼을 받아들였다.

그러나 그녀는 먼저 가족들에게 알려야만 한다고 존에게 말했다.

"가족들에게 그 소식을 전했을 때 모두들 자기 귀를 의심했어요." 그녀가 회상했다. 그녀의 엄마와 언니는 마리-진에게 아버지가 한 짓을 소상하게 들려주었다. 하나도 빠짐없이 모든 사실을 알려주었다. 그러나 마리-진의 결심은 변하지 않았다. 그녀의 가족들은 존이 그녀에게 복수하고 학대하려고 청혼한 게 분명하다며 결혼을 적극 말렸다.

이런 가족들의 반대에 대한 마리-진의 반응은 독립적인 사고방식 즉 '난간에 매달리지 않는 사고방식'의 놀라운 예라고 할 수 있다. "가족들에게 말했어요. 아버지가 존의 가족에게 잘못을 저질렀다 해도 그건 내 탓이 아니라고 말예요. 그건 아버지의 일이지 내 일이 아니라는 결론에 도달했거든요."

마리-진은 스스로 "존이 진정으로 나를 사랑한다면 그 무엇도 나와 그 사람의 결혼을 막을 수 없다고 생각했다"고 말했다.

미국인 페미니스트 로빈 모건은 "증오는 일반화하고, 사랑은 구체화한다"고 적었다. 사랑을 통해서 우리는 모든 것에 도전하고 모든 종류의 가정을 내려놓는다. 존과 마리−진의 급속한 구애 과정에 대해 내가 가졌던 냉소적인 시각은 그들이 함께 있는 모습을 보고 눈 녹듯이 사라졌다.

2016년 가을, 르완다에 가서 마리−진과 존을 만났을 때 그들은 존이 살던 데오 목사의 화해 마을에 위치한 집에 살고 있었다. 결혼 10년째였다. 두 사람 사이에서 태어난 귀여운 네 명의 아이들은 탁자 다리 뒤에 숨어서 아이폰과 노트북을 들고 있는 꺽다리 백인 여자를 훔쳐보기 바빴다. 보고만 있어도 느껴지는 존과 마리−진의 서로에 대한 깊은 애정은 나까지 행복하게 했다.

마리−진은 그녀의 엄마와 언니가 "우리가 행복하게 사는 모습을 보고 무척 놀라워했어요. 그들이 상상조차 할 수 없는 모습이었으니까요"라고 말했다.

그럼 마리−진의 아버지는 어떻게 됐을까 궁금해졌다. 마리−진은 그동안 아버지를 수소문했다고 말했다. 그녀는 아버지가 대학살 당시 저지른 죄에 대한 처벌을 피해 우간다에서 살고 있다고 믿었다. 그래서 마리−진은 아는 사람이 우간다를 방문할 때마다 아버지의 행방에 관해 사소한 것 까지 그녀가 알고 있는 정보를 알려주고, 그를 찾으면 집으로 돌아오라는 말을 전해달라고 부탁했다. "난 아버지를 미워하지 않아요." 마리−진이 내게 말했다. "미워할 수 없어요." 그녀의 기억 속에 남아 있는 아버지는 좋은 아버지였고, 좋은 사람이었다고 설명했다.

그럼 존은? 그는 아내의 아버지를 미워하지 않을까, 엄청난 고통 속으로 밀어 넣은 장본인인데? 그렇지 않다고 존은 강조했다. 그는 진정한 사랑 속에서 극적인 변화를 경험한 것 같았고 과연 몇 사람이나 그런 사랑을 경험할 수 있을까 싶었다. "나는 그 분을 정말 사랑해요." 존이 내게 말했다. "유일하게 아쉬운 건 내 다리가 튼튼하지 않다는 거죠. 내 다리가 튼튼했다면 그 분을 번쩍 안아 올려서 내가 얼마나 사랑하는지 보여주고 싶거든요." 존은 열심히 두 팔을 허공으로 들어 올리며 마리―진의 아버지를 얼마나 높이 들어 올리고 싶은 지 보여주었다.

"악한 사람을 비난하는 것만큼 쉬운 것은 없고, 그를 이해하는 것만큼 어려운 일은 없다"라고 표도르 도스토예프스키는 말했다. 자신의 온 가족을 학살한 악한 사람을 사랑하는 건 그야말로 불가능해 보인다.

그러자 존의 얼굴 가득 미소가 번졌다. "내가 사랑하는 아내를 세상에 있게 해준 그 분을 정말 사랑해요"라고 분명히 말했다.

"존과 난 영원히 함께 살 거예요." 마리―진은 그녀의 남편을 보고 미소 지으며 말했다. "모든 인간은 똑같이 대우받아야 한다는 걸 모두가 알아야 해요. 나는 사람들이 우리처럼 서로를 사랑하며 사는 모습을 보고 싶어요."

대학살을 연구하는 학자 스티븐 봄Steven Baum은 자신의 책《대학살의 심리학The Psychology of Genocide》을 잔혹한 행위가 벌어졌을 때 거기에 저항하고 위험에 처한 사람들을 구조한 사람들에게 헌정했다. 그런 사람들을 네덜란드어로 "alles goeie mensen"이라고 표현했는데 풀이하자면 "증오를 초월해서 살아가는 선량한 사람들"이라는 뜻이다. 존과 마리―진은 증오를 뛰어넘어 사랑하는 법을 배웠다. 그들의 이야기는 이 세상 어디에서나 사람들의 가슴을 따뜻하게 해 줄 것이며, 한때 거센 증오의 불길에 휩싸였던 나라에서 살아남은 마리-진과 존은 르완다의 미래에 대한 희망을 품고 잿더미 속에서 날아오르는 두 마리 불사조처럼 하늘 높이 솟아오를 것이다.

그럼 르완다는 대학살 이후 어떻게 헤쳐 나가고 있을까? 모든 게 마리-진과 존처럼 좋은 상황만은 아니다. 많은 사람들의 말에 의하면 장족의 발전을 이루긴 했지만 긴장과 분노는 여전히 남아 있었다.

대학살은 폴 카가메가 이끄는 르완다 애국전선(RFP)이 후투족 정부를 전복시키고 르완다 애국전선이 지배하는 연립정부를 구성하면서 끝났다. 카가메는 2000년부터 대통령직을 맡고 있으며 2017년 대통령 선거에서도 압도적인 표차이로 재선에 성공했다. 그는 구세주로 칭송받기도 하지만 한편으로는 독재자로 비난받기도 한다. 정부가 화해를 이끌어내기 위해 취했던 일부 방법들은 널리 찬사를 받았지만 일부는 가혹하게 비판을 받았다.

대학살의 주동자들은 국제형사재판소(ICC)에서 재판을 받았다. 그러나 학살에 가담한 것으로 추정되는 수백, 수천 명의 일반인 가해자들에 대해서는 정부가 '가차차gacaca' 재판을 준비했다. 가차차를 대략적으로 설명하면 "(가해자와 피해자가) 함께 자리에 앉아서 중요한 문제를 의논한다"라는 의미이다. 법정은 대기자가 너무 많이 밀려 있었고 불완전했으며, 가해자로 지목된 사람들이 재판을 기다리다 사망하는 경우도 잦았다. 가차차 재판은 그런 범죄자들의 유죄 여부와 처벌을 결정하는 것 외에도 또 다른 역할을 했다. 공개 재판을 열어 동네 사람들이 자기가 사랑하는 사람들에게 무슨 일이 일어났는지 알게 했고, 그 과정을 통해 온 동네 사람들이 책임과 치유에 참가할 수 있게 했다.

투치족 생존자들 중 가차차 재판 덕분에 가족들의 시신이 어디에 묻혔는지 알게 됐다고 말한 사람들이 많았다. 그리고 후투족 가해자들은 가차차 재판으로 자신의 책임을 인정해야 했고, 단순히 감옥에서 형기를 마치는 대신 자신들이 저지른 끔찍한 짓과 그로 인해 피해를 입은 사람들을 마주해야 했다고 내게 말했다. 프레데릭이라는 이름의 후투인은 내게 이렇게 말했다. "가차차 재판에서 대학살 때 함께 모여 있던 후투인들이 나왔어요. 그들은 투치인들의 재산을 빼앗았다는 사실을 부인했죠. 난 그 당시에 그들이 하는 짓을 내 두 눈으로 똑똑히 봤기 때문에 내가 그들을 심판했어요. 내가 외쳤죠. '당신들이 가져갔어! 당신들이 다 가져갔잖아! 당신들이 가져가는 걸 내가 분명히 봤어!'"

그러나 이런 치유과정에서도 논란이 되었던 건 정부가 주도하는 '인간도Ingando'라는 프로그램이었다. 이는 국가적 단합을 촉진하고 민족적 차별을 방지하려는 차원에서 마련된 국가적 재교육 캠프이다. 후투족 가해자들은 교도소에서 풀려나면 무조건 캠프에 참가해야 했고, 르완다의 후투족 청소년과 투치족 청소년들도 마찬가지였다. 그러나 정부의 계획에 의해 결과적으로 르완다 국민 모두가 참여하게 됐다.

캠프가 설립된 바탕에는 후투족과 투치족이 함께 모여 그들의 연관성을 배우고 대학살 선동이 퍼뜨린 악의적인 관념과 싸우며 "함께 먹고 자면서 같은 음식을 공유하고 자신감을 정립하고… 실제로 함께 공존하며 살 수 있도록 장려하는 목적"이 깔려 있다고 국가통합과 화해 위원회(NURC)의 책임자가 설명했다.

그러나 인간도가 르완다 애국전선을 찬양하는 선동 프로젝트에 불과하다고 비평하는 의견도 적지 않았다. 이는 "정치적인 세뇌와 정부에서 통제한 정보가 대학살로 이어지는데 핵심적인 역할을 했던 나라에서는 매우 위험한 사업"이라고 미국 포드햄 대학교 교수이자 인권 변호사인 치 뭉바코Chi Mgbako는 말했다. 또한 정부가 범민족적인 민족주의를 고취하는 데에도 걱정스러운 측면들이 있다. 뭉바코는 '인간도'가 위험한 이유는 '다름'을 인정하는 관용을 가르치는 대신 '다름'을 없애는 쪽으로 이끌어 가기 때문"이라고 주장했다. 르완다의 한 저널리스트는 뭉바코에게 '인간도' 캠프가 기본적으로 사람들을 '세뇌'시키고 있다고 말했다. 물론 사람들의 머릿속에 민족적인 정체성보다 공익과 국가를 우선시하는 의식을 심어주는 것이 중요하긴 하지만 "그들이 누구인지 자신의 정체성을 인식하지 말라고 하는 건 분명 잘못된 것"이라고 지적했다.

자신의 분명한 정체성을 지키고 있는 실험 대상자들이 집단적 사고에 더 강하게 저항하는 성향을 나타낸 실험을 기억할 것이다. 모두에게 동질적인 정체성을 부여하는 방법이 아니라 각자의 다름을 존중하고 적극적으로 인정하는 공유적 인간애를 구축함으로써 연대감을 키워나가는 것이 중요하다. 특히 그런 다름이 우리로 하여금 위험한 '집단사고의 난간'에 저항할 수 있도록 도와주기 때문이다.

르완다 정부가 국민들에게 그저 또 다른 종류의 위험한 순응을 강요하는 건 아닐까? 예를 들면, 지금 르완다에서는 투치족 반군들이 그 당시 후투족 과격주의 정부를 무찌르고 나라를 되찾으려는 과정에서 대학살 당시 잔혹행위에 가담했다는 사실을 언급하는 것이 법으로 금지되어 있다. 물론 후투족이 투치족에게 저지른 짓이 몇 배는 더 끔찍하다는 건 말할 필요도 없다. 그러나 르완다에 있는 대학살 기념관이나 박물관을 방문하면 정부 정책에 의해 직원들이 공식적으로 '투치족을 겨냥한 대량학살'이라고만 말한다. 그리고 《뉴욕타임스》 기사에 의하면 한 대학 교수가 폴 카가메 현 대통령에 대해 비판적인 의견을 냈다는 이유로 학생이 신고하여 5년형을 선고받고 교도소에 수감됐다고 한다.

한 번도 국가적인 차원에서 미국 건국 초기의 인종 차별 죄와 노예제도, 흑백 분리정책을 속죄하기 위해 진실규명과 화해 과정을 거친 적이 없는 나라 출신인 내가 누구를 탓할 입장은 아니다. 내게는 역사에 비추어 볼 때 르완다가 이룩한 발전이 놀라울 따름이며, 불완전하긴 해도 아직까지는 긍정적으로 보인다. 나는 레너드와 마리처럼 자기들이 사랑하는 사람들을 죽인 후투인들과 좋은 이웃관계를 유지하며 평화롭게 살고 있는 투치인들을 꽤 많이 만났다. 심지어 그들은 천천히, 조심스럽게 우정을 회복하고 있었다. 믿어지지 않을 정도였다.

얼마나 쉽게 사람들을 선동해 끔찍한 폭력을 저지르게 할 수 있는지, 지금도 르완다의 사례는 경고의 메시지로 받아들여지고 있다. 정부 혹은 반대집단들, 대중매체, 그리고 사회의 여러 측면들이 우리가 사회적 규범과 같은 난간에 의지하지 않고 독립적으로 사고할 수 있는 능력을 얼마나 쉽게 약화시키는지를 보여주는 본보기인 셈이다. 그렇기 때문에 우리 모두가 예절을 강화하고 증오를 물리치며 끔찍한 결과를 초래할 수 있는 강요된 사회적 규범인 '난간'을 거부할 수 있도록 각자의 역할에 충실해야 한다. 동시에 전염병처럼 퍼지는 증오심에 맞서 싸우기 위해서는 공공연하게 은밀하게 그리고 체계적으로 조장되는 증오를 파악하고, 우리 제도 안에 증오가 얼마나 깊이 뿌리박혀 있는지 반드시 알아야만 한다.

The Opposite of Hate

증오의 시스템

증오의 시스템

큰 그림

> 악의 연쇄 고리, 즉 증오가 증오를 낳고, 전쟁이 또 다른 전쟁을 낳는 현상은 반드시 끊
> 어져야 한다. 그렇지 않으면 우리 모두는 인류 전멸이라는 컴컴한 나락으로 떨어질 것
> 이다.
>
> – 마틴 루터 킹 주니어Martin Luther King Jr.

1916년에 노스캐롤라이나 주에서 그레이스 벨 하디슨Grace Bell Hardison이
태어났을 때 미국에 거주하는 흑인 여성들에게는 투표권이 없었다. 사실
모든 여성에게 투표권이 없었다. 1870년 수정헌법 15조가 통과된 후에도
미국 흑인 남성에게만 투표권이 부여됐고, 1920년에 수정 헌법 19조가
채택되고 난 후에야 그레이스와 같은 흑인 여성들을 포함해 모든 여성이
투표를 할 수 있었다.

그러나 헌법상 보장되었음에도 1934년에 그레이스가 투표권을 행사할
수 있는 나이가 되었을 때는 흑인 유권자들의 권리 박탈이 계속 벌어지
고 있었다. 그레이스가 평생 살았던 노스캐롤라이나 주를 비롯해 남부의
여러 주에서는 정부의 주도 하에 유권자들에게 읽기, 쓰기 시험을 실시
했고, 이 시험을 통과해야 투표를 할 수 있었다. 오랫동안 교육 제도에서

차별대우를 받아 온 흑인들은 이런 시험을 통과하기가 쉽지 않았다. 또한 국가에서 인두세^{poll taxes}를 채택해서 유권자들이 투표를 하려면 수수료를 내야 했는데, 이는 차별적 가난에 시달려 온 흑인 유권자들의 투표권 박탈을 겨냥한 또 다른 장애물이었다.

이런 정책들이 흑인 유권자들을 억제하기 위한 의도가 아니었다면, 그들이 추가한 '할아버지' 조항을 한번 보자. 만약 아버지나 할아버지가 1867년 이전에도 투표를 할 수 있었던 사람이라면 그 유권자는 인두세와 읽기, 쓰기 시험에서 면제되었다. 1867년 전이라면 수정 헌법 15조가 통과되기 전이기 때문에 당연히 흑인 투표자가 없었는데 말이 되나? 이는 가난하고 글을 못 읽는 백인들에게 계속해서 투표권을 주기 위한 눈속임에 불과했다. 또한 말로는 인종 중립적 법률이라고 하면서 실제로는 상황에 따라 얼마나 극도로 차별적으로 적용될 수 있는지를 보여주는 전형적인 본보기였다.

한편 이 모든 장벽을 무사히 통과하고 유권자로 등록할 수 있었던 소수의 흑인 시민들은 지역 신문에 이름이 올랐는데, 덕분에 집 앞까지 찾아온 지역 KKK 갱단들의 폭력적인 위협에 시달려야만 했다. 그 예로 1922년에 KKK 단들이 비행기를 타고 캔자스 주 토피카까지 날아가 흑인들이 사는 동네에 투표를 못하도록 경고하는 엽서를 뿌린 일도 있었다. 그래도 모든 위험을 무릅쓰고 투표를 하려는 흑인들은 거의 예외 없이 KKK 단의 협박이 경고에 그치지 않는다는 사실을 종종 몸소 겪어야 했다.

1965년에 투표권이 제정되면서 이 모든 문제가 해결될 것으로 기대했다. 특히 읽기, 쓰기 시험을 불법으로 간주하고, 더 나아가 주정부 혹은 연방정부가 인종이나 소수 언어 사용자들을 차별하려는 관련투표법 제정을 금지시킬 것이라는 기대감을 모았다. 그리고 그 법은 투표권 등록이 금지되었던 비백인들 수가 50%가 넘는 지역에 대하여 연방정부가 감독권을 행사할 수 있게 했다.

이렇게 해서 역사적으로 광범위하게 권리 박탈을 실시해 왔던 주들을 사법부가 눈여겨볼 수 있게 되었다.

자 이제 문제가 다 해결됐을까? 그렇지 않았다.

물론 투표권 법이 중요한 관리감독과 책임을 인지하고 대중적인 규범을 바꾸는 데 큰 변화를 가져오긴 했다. 하지만 그것이 유권자에 대한 탄압을 멈춘 것을 의미하지 않았다.

예를 들어보자. 1980년대 공화당 전국위원회는 선거 치안유지 특수 팀을 조직해서 비번 경찰관들에게 총알이 장전된 총을 소지케 하고 흑인 지역사회의 투표소를 돌며 순찰하도록 지시했다. 결국 공화당은 1982년에 투표법 위반으로 고소당했다. 그러나 겨우 4년이 지난 뒤, 루이지애나 주의 새로운 '선거 치안' 프로그램에 "어떻게 흑인들의 투표 참여를 줄일 수 있는 가"에 관한 자세한 내용이 적힌 메모가 공화당 전국위원회에서 유출되었다. 물론, 공화당원들 입장에서는 민주당 측 투표율을 억제하고자 하는 당파적 동기 때문이라고 주장할 수 있지만, 그런 이유라면 백인 민주당원들의 투표율을 억제하려는 시도를 할 수도 있었을 것이다. 그러나 특정해서 흑인 투표율을 억제하기로 선택한데는 다른 선입견과 심한 편견이 작용한 것이 분명하다고 해도 과언이 아니다. 어쩌면 공화당원들은 흑인들과 흑인들의 인권에 대해 무관심한 역사를 가진 미국 사회에서는 그렇게 해도 무사히 넘어갈 수 있을 거라 생각했을지도 모른다. 백인 유권자의 합법성에 의문을 제기하는 건 가당치 않게 여기면서 오랜 세월 동안 미국 사회와 정치권은 투표권은 둘째 치고 흑인들의 인간성 자체에 끊임없이 의문을 제기해왔다. 이런 마당에 흑인 유권자들의 합법성에 의문을 제기한다고 해서 눈 하나 깜빡할 사람이 있을까? 이렇게 법률과 규범, 원인과 영향이 한데 뒤얽힌 것이 바로 조직적인 증오심이다.

2013년에 앨라배마 주의 셸비 카운티는 그들의 선거 제도가 연방정부의 감독을 받게 되어 있는 투표권법을 번복해달라는 소송을 제기했고, 셸비 카운티가 승리했다. 투표권법의 주요한 내용을 쥐고 있는 '셸비 카운티 vs 홀더(연방정부)' 사건의 판결에서 존 로버츠 대법원장은 "우리나라는 변했다"고 획기적인 선언을 했다. 그건 맞지만, 과연 얼마나 변했을까?

1년 후, 앨라배마 주의 모든 유권자는 반드시 신분증을 제시해야 한다는 엄밀한 필수조건을 통과시키면서, 흑인 거주자가 많은 카운티에 위치한 교통국 사무소를 80%나 폐쇄해서 흑인들이 투표에 꼭 필요한 신분증을 발급 받기 어렵게 만들었다. 이는 투표권법이 완전히 시행되었더라면 할 수 없는 조치이지만 여전히 구태가 강력한 효력을 발휘했다.

앞서 노스캐롤라이나 주가 2016년에 그레이스 벨 하디슨의 투표 권리를 박탈하려 했던 시도는 이런 모든 상황의 연장선상에 있는 사건이다. 그레이스는 평소에 사서함을 이용해 우편물을 받았는데 시장 후보가 그레이스의 집으로 보낸 우편물이 배달 불가로 반송되었다. 그러자 공화당 운동가들은 반송된 우편물을 구실로 삼아 그레이스를 선거인 명부에서 완전히 삭제하려고 했다. 또 다른 노스캐롤라이나 주 유권자들 137명도 이와 비슷한 방법으로 삭제 대상에 포함되었는데, 그중 2/3가 그레이스처럼 민주당원으로 등록된 흑인들이었다. 다행히 그레이스는 이에 맞섰고 가족들의 지원과 전미 유색인 지위향상협의회(NACPP) 노스캐롤라이나 지부를 통해 여론의 관심을 얻는 데 성공했다. 심지어 당시 대통령인 버락 오바마도 이 사건을 알게 됐다. "투표권법이 법률로 통과된 지 50년이나 지났고 내가 백 살이나 먹어서까지 아직도 이런 수난을 겪어야 한다는 게 실망스럽기 짝이 없다"고 그레이스는 오바마 대통령에게 편지를 보냈다. "나뿐만 아니라 다른 아프리카계 미국인들 역시 같은 방법으로 표적이 되고 있다는 현실이 한심할 따름이다."

이 모든 게 증오와 무슨 관계가 있을까? 오늘날 흑인 유권자들의 권리를 박탈하고자 하는 시도는 과거의 노예제도뿐 아니라 수세기 동안 흑인들을 동등한 권리를 가진 시민들로 대우하기는커녕 온전한 인간으로 인정하지 않았던 과거와 밀접한 관계를 가지고 있다. 그리고 어떤 변명이나 설명이 가능한지 모르겠지만, 그러한 조직적인 소외가 폭력으로 상대를 협박하거나 정당한 투표권에 의구심을 제기하는 등 다른 형태로 번져나가고 있다. 그레이스와 나는 똑같은 투표권을 가지고 있지만 그레이스는 전체로 퍼진 조직적인 증오 때문에 투표를 하기 위해 수많은 장애물을 넘어야 했다.

그레이스 벨 하디슨은 2016년 대통령 선거에서 투표권을 행사했다. 그레이스가 투표장 밖에 세워진 차 안에 앉아 있을 동안 선거 관계자가 직접 투표용지를 그녀에게 가져다주었다. 당시에 그녀는 101살이었으니 그럴 만도 하지 않은가. 그레이스가 당당히 "나도 투표했다"는 스티커를 붙이고 차 안에 앉아 있는 사진은 긍정적인 메시지를 담고 소셜 미디어를 통해 빠르게 퍼져나갔다. 그러나 그 사진은 오직 그레이스의 개인적인 승리를 담고 있을 뿐이었다. 과거에 그레이스를 비롯한 수많은 다른 유권자들이 해결해야 했고, 지금도 특히 유색인종을 포함해 많은 사람들을 투표에 참여하지 못하게 막고 있는 조직적인 장애물들은 사진에 드러나지 않는다.

투표는 증오가 깔린 이질화와 불평등이 정책과 제도에 의해 조장되고 심어질 수 있음을 보여주는 한 가지 사례에 불과하다. 우리는 학교와 의료제도 그리고 형사사법제도에 이르기까지 모든 측면에서 증오가 각인된 역사를 볼 수 있으며, 이는 흑인과 여성에 대한 차별만을 의미하는 건 아니다. 미국의 제도와 규범에 깔려 있는 조직적인 증오는 또한 시골에 사는 가난한 백인 노동자들에 대한 편견도 영구히 지속되고 있다.

그러나 그런 제도 안에 몸담고 있는 개인들에게 제도적인 편견을 가지고 있다고 비난할 수만은 없다. 투표장에 가서 선거 관계자에게 투표를 할 수 없다고 거부당한 적이 있는 라틴계 유권자가 전체의 18%에 달했는데, 이때는 분명 그런 영향을 받은 것이다. 그러나 이처럼 만연한 증오는 의도적인 것이든 우연적인 것이든 시스템 자체의 부산물이라고 볼 수 있는데, 이러한 시스템들이 과거의 증오를 계속해서 퍼뜨리고 복제하고 있기 때문이다. 인종차별과 성차별, 동성애 혐오증, 이슬람 혐오증, 신체장애인들에 대한 차별, 경제적 엘리트주의, 그리고 또 다른 형태로 나타나는 증오들이 우리의 정책과 관례와 규범의 틀을 형성하고 있으며, 그 결과 증오는 더 오래 지속된다. 조직적인 증오와 맞서 싸우기 위해서는 그것을 찾아내는 데 더 많은 관심을 기울여야 하는데 사실 복잡한 시스템 속에서 파악하는 것이 상당히 어려운 일이다.

텍사스 A&M 대학교 부시 행정대학의 발레리 허드슨 교수와 공동 저자들은 공저 《섹스 & 세계 평화》에서 "우리들이 취하는 분석적 사고방식에는 복잡한 시스템에 대해 전체적인 시각으로 바라보는 경우가 거의 없다"고 기록했다. "예를 들어 잠시 나무를 떠올려보자. 무엇이 보이는가? 아마도 무성한 나뭇잎과 크고 곧은 몸통, 긴 가지들이 뻗어나간 커다란 나무를 생각할 것이다. 그렇다면 때로는 땅위로 드러나 있는 부분보다 훨씬 더 큰 뿌리 체계, 나무가 살아 있도록 지탱하는 땅 속의 뿌리체계를 생각해 본적이 있는가?" 작가들은 조직적인 사고방식의 요점은 "나무 전체를 보는 것"이라고 지적했다.

옥스퍼드 영어 사전을 찾아보면 "시스템"은 "하나의 메커니즘이나 서로 연관된 네트워크의 일부로서 함께 협력하는 일련의 요소들 또는 복잡한 전체"라고 정의되어 있다. 예를 들면 미국의 투표권 법과 지역별 선거 사무소가 운영되는 방식, 투표와 관련된 대중문화, 흑인 유권자들에 대한 폭력의 역사, 인종차별과 백인 우월주의와 흑인 억압의 역사가 모두 상호작용 하고 있으며 서로 맞물린다는 것이다. 이러한 시스템이 개인적인 투표 패턴을 형성할 뿐만 아니라 우리 민주주의 전체를 형성한다. 다시 말해서 그 말은 낮은 투표율과 같은 문제에 부딪혔을 때 문제해결을 위한 분석 대상을 개인적인 행동과 요인들에 한정할 것이 아니라, 조직적인 변수로 분석 범위를 넓혀 검토하는 것이 현명한 대처방법이라는 뜻이다.

조직적인 증오로 유발되는 또 다른 대표적인 문제를 찾아보자면 대다수의 소규모 마을과 시골의 백인 공동체를 휩쓸고 있는 오피오이드(opi-oid-아편 같은 종류의 통증완화 진통제) 남용 문제를 들 수 있다. 1996년에 퍼듀 제약회사에서 옥시콘틴이라는 약을 처음 선보인 이후 미국의 약물중독 사례가 급증했다. 2015년에 미국에서 발생한 사고사의 가장 큰 이유는 약물중독이었고, 2015년에 약물중독으로 사망한 52,404명 중에서 1/3 이상이 의사의 처방으로 받은 진통제를 남용한 사례였다. 실제로 통증 보고율은 상승하지 않았는데도 처방된 오피오이드의 판매량은 4배나 더 증가했다. 도대체 무슨 일이 벌어지고 있는 걸까?

물론 약물 중독자 개인들을 탓할 수도 있다. 투표장에 나오지 않은 흑인들처럼 개인적인 책임 또한 원인임에 분명하다. 약물 남용은 개인의 선택이고, 누구도 중독자들에게 억지로 약을 삼키게 하거나 그들의 팔에 강제로 주사바늘을 꽂지 않았다. 그러나 여기서도 조직적인 역학관계가 존재하며 그중 하나가 의사들의 과도한 오피오이드 진통제 처방이다. 그리고 여기서 명심해야 할 게 있다. 만약 앞에서도 언급한 것처럼 인종차별적인 편견으로 인해 의사들이 미국 흑인들에게는 백인들보다 더 적게 진통제를 처방하고 있다면, 과도한 처방이 불균형적으로 백인 커뮤니티에 몰리고 있다는 뜻이 된다. 미국 전체보다도 백인의 비율이 150%라고 할 만큼 백인 인구가 월등히 많은 유타 주에서 약사들이 하루에 처리하는 오피오이드 처방전이 7200개에 이른다. 이는 연간 260만 건에 이르는 수치인데, 유타 주의 인구는 300만 명에 지나지 않는다. 또 하나 무시무시한 예를 들어보자. 주민의 수가 겨우 392명뿐인 웨스트버지니아 주의 커밋Kermit에 있는 한 약국에서는 오피오이드의 일종인 하이드로코돈 알약을 2년간 9백만 개 가까이 공급받았다. 이는 약국이나 알약 유통업체처럼 제도적으로 관련이 있는 사람들이 당연히 이상하게 여기고 개입했어야 하는 엄청난 수치였지만 아무도 나서지 않았다.

그게 다가 아니다. 기적의 약인 것처럼 오피오이드를 홍보하는 데 열을 올리는 제약회사들의 공격적인 광고도 과도한 처방에 한몫하고 있다. 심지어 그들은 미국통증학회(AAPM)같은 비영리기관을 설립하고 수상쩍은 실험을 통해 의사들을 위한 지침서를 만들어 더 강력한 처방을 적극 권장하고 있다. 보험회사들의 역할도 빼놓을 수 없다. 물리치료나 침술, 마사지 같은 통증 완화를 위한 다른 종류의 치료비용에 비해 오피오이드 진통제가 저렴하다 보니 효과적이고 건전한 치료법에 대한 보험료 한도는 제한하고, 진통제 처방에 대한 치료비 한도는 최대한 보장해 주기 때문이다. 이러한 문제가 너무 광범위하게 퍼져 있어서 2016년 9월에는 37개주 검찰총장들이 보험업계 대표들에게 규정 변경을 촉구하는 서신을 보낼 정도였다.

그리고 사실 연방정부도 이 문제에 일부 기여하고 있다. 2014년부터 실시한 '메디 케이드와 메디 케어 서비스'[38]가 뜻하지 않게 빈곤층과 노년층 환자들에게 오피오이드 진통제를 처방하도록 병원들에게 장려한 셈이 됐기 때문이다. 정부는 환자 만족도 조사 자료를 바탕으로 각 병원의 지급률을 결정하는데, 그 조사자료 중에는 적절한 통증 관리를 받았는지 환자들에게 묻는 설문조사들이 포함되어 있다. 환자들이 통증관리를 잘 받았다고 답변하면 병원들은 더 많은 진료비를 받을 수 있기 때문에 이러한 질문들이 오피오이드 진통제 처방을 증가시키는 데 일조했다고 전문가들은 지적했다. 결국 2017년에 정부는 메디 케이드와 메디 케어 지급률 계산에서 통증관리 질문을 제외했다. 그러나 지금도 미국 정부는 오피오이드 진통제를 강력하게 단속하는 데 성공하지 못했고 사실상 전체적인 남용을 눈감아 준 셈인데, 그 이유는 부분적으로 대기업들이 제

---

38 빈곤층과 노년 의료 서비스 센터 – 주

공하는 엄청난 로비활동과 광고 때문이다.

하지만 그게 전부가 아니다. 경제도 역시 한몫 했다. 오피오이드 진통제 중독 및 과다 복용률은 실업률이 높은 백인 커뮤니티에서 가장 높게 나타났다. 국민 경제연구소는 2017년에 실시한 연구 결과를 통해 실업률이 높아졌을 때 오피오이드 과다 복용률과 사망률도 동반 상승했다고 보고했다. 미연방준비제도이사회(FRB) 의장 시절의 재닛 옐런Janet Yellen은 의회 증언에서 이런 전국적인 문제에 관해 "젊은 인력들의 경제활동 참여율이 감소하는 것과 관계가 있다고 생각한다"고 지적하며 경제와 약물중독 사이의 연관성을 인정했다.

특히 오피오이드 진통제로 말미암아 가장 많은 타격을 입은 곳은 급격한 일자리 감소로 어려움을 겪고 있는 시골의 백인 공동체들이다. 《애틀랜틱》지는 "북미자유무역협정NAFTA 이후 가장 최근의 산업 조직 파괴 현상"이라고 표현했다. 그래서 인종과 민족을 막론하고 평균 기대 수명은 올라가는 반면에 최근 백인들의 기대 수명은 줄어들었다. 바로 천문학적인 수치로 상승하는 약물중독 때문이다.

다시 한 번 생각해보자. 이 모든 게 증오와 어떤 관련이 있을까? 시골의 백인 커뮤니티에 있는 의사와 약사들이 이웃들을 증오하는 것도 아니지 않는가? 하지만 이러한 위기가 그런 커뮤니티에 집중되고 있다는 사실은 조직적 편견 및 증오와 매우 중요한 관련이 있다. 이런 현상은 틀림없이 인종차별과 엘리트주의가 뒤엉킨 복합적인 문제 때문에 벌어진 것이다. 온 나라가 중시하는 엘리트주의는 백인들을 위한 일자리 창출을 중요시했을 뿐만 아니라 그중에서도 교육을 받은 중산층과 고위층 백인들을 위한 일자리 창출을 우선시했다. 북미무역자유협정과 같은 정책들은 기업들의 주머니를 채우고 특히 기업의 엘리트 고위직과 투자자들의 배를 불려주었지만 백만 개가 넘는 일자리를 파괴하고 경제적 불평등을 악화시켰다. 진정으로 시골에 사는 백인 노동계층을 중요하게 생각했다면 그처럼 불균형적으로 그들에게 타격을 입히는 정책들을 통과시키지 않았을 것이다. 그리고 행여 그랬다하더라도, 시골의 가난한 백인들을 부유한 백인 엘리트만큼만 존중했다면 약물과다복용으로 무수히 죽어나가기 전에 알아차렸을 것이고, 그런 현상을 더욱 악화시키는 정책들을 통과시킬게 아니라 그 문제를 고치기 위해 최대한의 노력을 기울였어야 맞다.

심지어 반 흑인이나 반 동성애자와 관련된 말은 조심하려고 노력하는 우리들마저도 버릇처럼 쉽게 시골의 백인들을 비하하고 웃음거리로 만든다. 내가 낄낄거리며 덤퍼키스탄 지도(트럼프를 지지하는 지역으로 대체로 미국지도 중앙에 위치한 지역)에 동그라미를 칠 때도 분명 그런 사고방식이 깔려 있었을 것이다. 또 내가 가난한 백인 커뮤니티를 비하하는 의미로 '별 볼일 없는 촌구석' 이나 '시골뜨기'같은 표현을 지나치게 많이 사용했다는 것도 인정한다.

2016년 공화당 전당대회를 위해 친 트럼프 주제곡을 만든 남부 출신 백인 컨트리 가수 크리스 잰슨은 2015년에 "백인쓰레기White Trash"라는 노래를 만들었는데 가사 중에 "그들이 마음대로 할 수 있었다면 / 우리를 내다버렸을 거야"라는 부분이 있다. 그리고 작가 J. D. 밴스는 자신의 회고록 《두메산골의 연가Hillbilly Elegy》에서 이런 내용을 언급하며 시골에 사는 백인들은 "민주당 엘리트들이 자신들을 바라보는 사고방식이 어떠했는지 생각할 수 있게 한다"고 적었다.

그러나 단순히 민주당뿐만이 아니다. 2016년에 《내셔널 리뷰》지의 케빈 윌리엄슨 기자는 미국의 저소득 시골 백인 커뮤니티를 강타한 오피오이드 위기에 관해 이렇게 썼다. "이런 시골 빈민층의 골치 아픈 커뮤니티들은 사실 죽어도 싸다." 이와 같은 문화적 업신여김도 조직적인 오피오이드 남용 풍조에 당연히 한몫하고 있다. 미국은 정도와 형태는 다르지만 가난한 흑인들과 가난한 백인들 모두를 증오한다.

증오심에 의해 형성된 시스템은 역시 증오에 찬 결과를 가져온다. 우리가 그걸 멈추기 전까지는……

그레이스 벨 하디슨이 모범을 보인 것처럼 우리는 시스템에 저항할 수 있는 지렛대를 가지고 있다. 그리고 더 많은 사람들이 함께 힘을 합하면 더 큰 지렛대를 만들 수 있다. 그러나 그러기 위해서는 먼저 정확한 인식이 필요하다.

우리는 앞에서 심리학자 무자퍼 셰리프가 실험한 '로버스 케이브Robbers Cave'를 기억하는가? 그것은 여름캠프에 모인 소년들을 두 집단으로 나누고 신속하게 두 집단이 서로에게 적대감을 품게 만들었다가 나중에 다시 화합하게 만들었던 실험이다. 알고 보니 셰리프는 로버스 케이브 실험 이전에 두 가지 실험을 실시한 적이 있었는데, 매우 다른 결과를 얻었다. 첫 번째 실험은 로버스 케이브 실험보다 5년 앞선 1949년에 있었고, 두 번째 실험은 로버스 케이브 보다 1년 앞선 1954년에 실시했다. 셰리프는 두 실험 모두 실패한 것으로 간주했는데, 두 실험에서도 연구팀은 소년들이 서로에게 적대감을 갖도록 여러 가지 시도를 했으나, 결과적으로 소년들은 제3의 그룹인 연구팀의 행동을 의심하기 시작하며 공격했기 때문이다.

두 번의 실험 모두 소년들이 '카운슬러'라는 사람들과 '캠프 직원'이라는 사람들을 의심했고 소년들은 '카운슬러'들이 녹음기와 공책을 들고 눈에 띄게 자신들을 관찰하는 모습을 목격했기 때문이었다.

예를 들면 1953년 실험에서는 두 집단이 서로에게 적대감을 갖게 만들려는 셰리프와 팀원들의 의도가 소년들의 의심을 샀다. 연구팀은 한 집단의 숙소를 파괴해놓고 상대 집단의 소행이라고 생각할 것이라 기대했지만, 오히려 그 집단의 소년들은 셰리프의 연구팀에 조종당하고 있다는 걸 눈치 챘다. 소년들은 다른 집단의 소년들에게도 그 사실을 알렸고 모두 모여서 연구팀에게 불평을 제기했다. 더 나아가 소년들은 여름캠프 자체가 일종의 실험이 아닌지 의심하기 시작했고 연구팀에게 왜 메모를 하는지, 공동 식당에 왜 마이크로폰이 매달려 있는지 꼬치꼬치 캐물었다. 소년들의 의심은 한 소년이 연구원의 기록일지를 발견하면서 사실로 확인되었다. 셰리프는 신속하게 캠프를 해산했다.

셰리프가 실시한 세 번의 실험에 관한 분석에서 사회 심리학자인 마이클 빌릭은 셰리프의 실험이 두 집단만이 아니라 세 집단을 포함시켰다는 중요한 포인트를 지적했다. 연구팀도 하나의 집단이었으며, 소년들 사이에 갈등을 유발시키려는 분명한 목적을 가지고 캠프 시스템 자체를 사실상 운영하고 통제한 가장 영향력 있는 집단이었다. 그리고 마지막 실험에서 셰리프는 더 미묘하게 실험을 관찰하는 동시에 소년들이 조종당하고 있다는 사실을 알아차리지 못하도록 하면서 두 집단 간에 갈등이 일어나도록 만드는데 성공했다. 요컨대 그의 조직적인 역할이 실험의 전후맥락 안에서 드러나지 않게 하는 것이었다. 이는 우리들이 미처 깨닫지 못한 사이에 증오와 갈등을 야기하는 실제 사회 속 시스템과 다르지 않다.

셰리프의 실험 전체에서 우리는 두 가지 중요한 사실을 확인할 수 있다. 첫 번째는 우리가 자연적인 갈등이라고 생각하는 것이 알고 보면 갈등을 통해 이득을 얻는 기득권 세력들의 의도적인 조작에 의해서 적대감을 갖게 되는 경우가 종종 있다는 사실이다. 또 하나는 이러한 조작과 증오를 촉진하도록 만들어진 시스템들이 알아차리기 어려울 만큼 미묘해서 감지하기가 매우 어렵다는 사실이다. 셰리프가 실시한 처음 두 번의 실험에 참가한 소년들은 자신들이 조종당하고 있었고 캠프 자체가 미리 짜인 각본에 의한 것이었음을 알아채고 매우 분개했고, 그 결과 서로 싸움을 멈추고 힘을 합쳐 시스템에 반기를 들었다. 그것이 바로 우리가 할 일이다. 우리의 제도와 규범과 눈에 띄지 않는 사회적 메커니즘들이 조직적으로 우리를 서로에게 대항하게 만든다는 사실을 정확하게 인식해야 한다. 그리고 그런 사실에 진심으로 분노해야 하며, 서로 싸우는 대신 힘을 모아 그런 시스템들을 공격해야 한다. 무엇보다도 가장 먼저 조직적인 증오의 가면을 벗겨야 거기에 대항하고 화합을 꾀하는 데 도움을 줄 수 있다.

나는 내 경력 기간 중 1/3을 지역사회 조직가로 활동하면서 보냈다. 왜냐하면 우리의 경제적, 사회적, 정치적 문제를 살펴봤을 때, 대규모 집단이 힘을 합쳐 증오의 가면을 벗기고 거기에 대항해야만 커다란 변화를 이끌어 낼 수 있다는 사실이 명백해 보였기 때문이었다. 백인 가구와 흑인 가구 사이의 불균형적인 빈부격차, 미국 기업가들이 불법으로 이민자들을 밀입국시키고 기본적인 권리마저 무시하는 행태, 여성들이 남성보다 더 적은 급여를 받고 승진의 기회도 더 적은 현실 등의 문제들은 개인적인 노력만으로는 절대 해결할 수 없는 일이다.

내가 지역사회 조직가로서 처음 맡았던 정식 프로젝트는 회사와 정부 기관에 근무하는 성소수자 직원들이 자신과 동거관계에 있는 파트너도 회사의 의료보험 및 기타 혜택들을 받을 수 있도록 고용주들을 설득하고 로비하는 걸 지원하는 일이었다. 그런 문제는 개인이 혼자 할 수 있는 일이 아니었고, 각자가 회사 내에 예외 규정을 만들거나 정부 정책을 이끌어낼 수도 있는 일이 아니었다. 그러나 다 같이 힘을 모아 그들의 요구사항을 전달하면 고용주들로부터 변화를 얻어낼 수 있다. 그런 성공이 매우 중요하다. 한 번에 한명의 고용주만 변화시킨다 해도 중요한 변화인 셈이다. 결혼 평등권을 쟁취하기 위해 분투하는 이유 중 하나도 각 지방자치단체별로 따로따로 혜택을 얻으려는 것이 아니라 모두가 한 번에 동등한 혜택을 받기 위함이다. 그러려면 훨씬 더 많은 사람들의 힘이 필요하다.

지역사회의 구성은 집단적인 해결책을 모색하려는 집단적인 행동을 통해서만 문제가 해결될 수 있다는 믿음으로 이루어진다. 이 책 전반에 걸쳐 등장하는 해결책들, 즉 '연결의 화법'과 연결의 공간', '연결의 사고' 등은 증오의 반대를 향해 나아가게 하지만, 그와 더불어 정책과 제도, 문화적 규범을 변화시키는 큰 그림을 위한 해결책도 필요하다. 여기서 바로 '연결의 시스템'이 등장한다. 근본적으로 모두가 평등하다는 사실을 인정하는 동시에 서로의 다른 점을 존중하고 이해하는 데 도움을 주는 법률과 실천적 제도들을 제정하고, 사회적, 문화적 규범을 보다 폭넓게 촉진시킬 필요가 있다. 그러려면 불평등과 부당함을 영속시키려는 법률을 뒤집는 것에서부터 포용과 통합을 지지하는 정책 수립, 차별 없는 임금 지급, 지역사회에 대한 평등한 재원 보장, 그리고 분열과 증오를 조장하는 제도 개혁에 이르기까지 다양한 부분에 수많은 노력이 필요할 것이다.

　학교의 흑백 분리정책과 불공평의 조직적인 문제를 생각해보자. 스카티 넬 휴스와 나는 버지니아 주의 팜빌에 있는 모든 기념관을 방문했었다. 우리는 그곳에서 '브라운 vs 교육위원회'의 역사[39]에 관해서 배웠고, 학교 내의 인종 통합을 강제한 재판 결과가 있었는데도 백인들이 어떻게 해서든 분리 정책을 고수할 방법을 찾으려 애를 썼다는 사실도 알게 됐다. 이는 단지 남부 쪽에만 국한된 일은 아니었다. 1900년대 초 흑인 대이동을 통해 점점 더 많은 아프리카계 미국인들이 남부를 벗어나 북쪽으로 이주했다. 그러자 북부에 살던 백인들은 백인들만 모여 사는 교외와 준 교외 지역으로 옮겨갔다. 흑인 가족들이 옆집에 사는 것도 싫고 자기 자녀들이 흑인 자녀들과 같은 학교에 다니는 것도 원치 않았기 때문이었다.

　이처럼 정부와 금융 정책이 조장한 '백인 중산층의 교외 이주'는 대대로 공립 교육에도 변화를 가져왔다. 그래서 브라운 사건의 판결은 공식적인 통합을 의무화했지만, 백인들은 브라운 판결을 피하기 위해서 물리적으로 스스로를 분리시켰다. 한편 남부 지역의 공립학교들은 한때 미국에서 가장 인종통합이 많이 실시되었는데 이는 순전히 연방 법원의 판결 때문이었다. 그러나 공익을 추구하는 저널리즘 단체인 '프로퍼블리카ProPublica'는 "2000년 이후, 판사들은 미시시피 주에서 버지니아 주에 이르는 수 백여 곳의 학군들을 법원에서 의무화한 강제 통합 정책을 풀어주

39　흑인 올리버 브라운은 집에서 가장 가까운 학교에 딸을 등록하려 했으나 백인들이 거부하고 대신 분리 된 흑인 초등학교에 가라고 요구했던 것에 대한 소송 - 주

었다"고 보고했다. 그리고 그런 학군들 가운데 상당수는 재고의 여지없이 곧바로 분리정책으로 되돌아갔다.

그 결과 오늘날 미국에서는 흑인과 라틴계 학생들 10명중 1명 이상은 흑백 분리정책을 실시하는 소위 '아파르트헤이트 학교Apartheid schools'에 다니고 있으며, 이런 학교의 백인 학생 입학률은 1%에도 못 미친다. 이들 학교는 대부분 남부에 있는 것이 아니라 북동부와 중서부에 있다. 그리고 미국 전역에 있는 아파르트헤이트 학교들은 부유한 백인 학교들에 비해 재정지원을 훨씬 더 적게 받는다. 그 이유는 소위 '아파르트헤이트 학교'라고 불리는 학교들은 대개 불균형적으로 가난한 커뮤니티에 위치하고 있고, 학교 재정은 지방세를 통해 배분되기 때문이다.

여기서 기억해야 할 점은 흑인 가정들이 어쩔 수 없이 가난한 동네로 들어가게 되는 건 비단 소득의 불평등 때문만이 아니다. 또 다른 이유는 지방세가 집의 가치에 의해 결정되는데 집값이 수 십 년간 미국의 레드라이닝 정책[40]에 의해 영향을 받았기 때문이다. 그런 정책들을 통해 은행들과 정부가 결탁하여 흑인 가정들을 특정 동네로 밀어낸 후 그 동네의 부동산 가치를 떨어뜨렸다. 그로 인해 어떤 결과가 나타났는지 예를 들어보자. 코네티컷 주의 그리니치에 있는 부유한 학군들은 같은 주의 빈곤 지역인 브리지포트 학군들과 비교해 볼 때 1년에 학생 1명에게 들어가는 경비에서 6,000불 이상 차이가 난다. 한편, 전국적으로 흑인과 백인 학생들 간의 학업 성취도 격차에 있어서도 통합정책을 실시하는 기간 동안에는 크게 좁혀졌던 것이 통합 학교의 수가 줄어듦에 따라 다시 벌어

---

40 Redlining Policies 특정 경계지역으로 지정해서 담보, 융자 등의 금융서비스를 거부하는 것 – 주

졌다.'

교육학자 조나단 코졸은 종종 학교의 불평등에 관하여 질문을 받는다고 했다. "이런 문제를 정말 돈으로 해결할 수 있을까요?" 그러나 그에게 이런 질문을 하는 사람들은 주로 자기 자식을 사립학교에 보내느라 연간 수만 불을 쓰며 불평등에 기여한 사람들이다. 아마도 돈을 더 많이 쓰면 더 좋은 학교를 만든다고 진짜로 믿는 모양이다. 물론 교육 제도의 문제점들은 복합적으로 생기는 것이지만 학생들이 동일한 재원을 통해 교육의 혜택을 받지 못한다면 당연히 동등한 교육의 혜택을 받을 것이라고 기대할 수 없다.

내가 백인 친구들에게 이런 문제를 제기하면 그들은 종종 이렇게 말한다. "글쎄, 그럼 내가 어떻게 해야 돼? 내 자식들을 후진 학교에 보내야 하는 거야?" 이런 얘기는 비단 백인 공화당원들에게만 듣는 게 아니라 백인 민주당원들에게도 듣는다. 이들은 인종적으로나 경제적으로 다양한 커뮤니티에 살고 있다는 점을 자랑스럽게 생각하면서도 자기 자식들은 부유한 집안의 백인 학생들이 많이 모인 사립학교에 보낸다. 언젠가 한 백인 진보주의 친구에게 이 부분에 대해 집요하게 물어보자 이렇게 말했다. "내 자식을 내 정치관의 희생양으로 삼을 수는 없어." 하지만 이러한 감정은 변화를 위해 노력하는 과정에서 백인 부모들이 해야 할 역할뿐만 아니라 그래야 하는 중요한 이유들을 간과한 것이다. 또한 복잡한 시스템 속에서 모든 문제가 한꺼번에 다 해결될 수 없다고 해서 우리가 고칠 수 있는 문제들까지 내버려둬야 한다는 의미가 아니다.

인종과 민족적 다양성은 커뮤니티에 매우 긍정적인 영향을 준다. 한 연구에 의하면 민족적 다양성이 존재하는 커뮤니티 내의 집값은 오르고 범죄율은 낮아지는 것으로 나타났다. 또 다른 연구에 의하면 미국 도시들의 다양성이 점점 커질수록 더 안전해졌다고 한다. 그리고 미국의 대도시 범죄는 "거주 인구 중 비백인의 비율과 게이의 비율이 증가함에 따라 범죄율이 낮아진 것"으로 나타났으며, 교외 지역에서도 마찬가지였다. "교외 거주자들의 다양성이 증가하면서 범죄율은 낮아졌다"고 또 다른 학자는 기록했다. 더구나 전국적으로 실시한 여론 조사 자료를 보면 다양한 인종이 모여 있는 커뮤니티에 사는 사람들이 더 행복하고, 더 긍정적이며 스트레스가 덜 한 것으로 나타났다. 이 모든 게 합쳐져서 더 건강하고 생산적인 삶으로 이어지는 것이다. 어떻게 보면 교외로 이주한 그들만의 백인들은 그들의 자식을 위해서나 나머지 우리들 모두를 위해서나 자기 발등을 찍는 것 같다는 느낌이 든다. 그러므로 부모들이 나서서 인종적으로나 사회경제적으로 통합된 학교를 요구하는 것이 모든 어린이들을 위한 제도 개선에 도움을 줄 수 있다고 생각한다.

만약 이게 터무니없는 몽상으로 들린다면 네브래스카 주 오마하에 있는 오마하 공립학교에서 희망적인 증거를 찾을 수 있다. "1976년에 법원의 지시에 의해 버스 운행이 시작됐을 때 '백인 중산층의 이주'가 본격적으로 시작됐다"고 탐사보도 기자인 샤론 러너는 기록했다. "그 후 4년 동안 오마하 공립학교의 학생 수는 53,825명에서 38,000명으로 뚝 떨어졌다."

그 이후 다른 학군들이 신설되었고, 그중 일부 학군은 법적으로 따지면 오마하 시 관할 안에 포함되지만 교외나 독립 단체의 통제를 받았다. 예를 들어 웨스트사이드 지역은 "마치 로마 내에 위치한 바티칸시티처럼 완전히 오마하와 오마하 공립학교 경계선 안에 위치했다"고 러너는 기록했다. 오마하에서 가장 비싼 집들이 모여 있고 높은 대학수능시험(SAT-Scholastic Aptitude Test) 점수를 보유한 웨스트사이드 학군은 '브라운 vs 교육위원회' 판결이 내려지기 바로 얼마 전에 백인들만의 독립 학군으로 설립됐다. 그런데 네브래스카 주 전체 인구의 5%에도 못 미치는 흑인들이 현재 오마하 공립학교 학생들의 절반을 차지하고 있다. 그 이유는 뭘까? 그 지역이 그것에 대해 어떤 행동을 하기로 결정한 것 때문이다.

오랫동안 지역 간 불평등에 신물이 난 오마하 공립학교 운영진들과 지역사회 리더들은 2004년에 네브래스카 주의 모호한 법률 조항을 활용하면 오마하 학군이 다른 지역들을 인수하고 통제할 수 있다는 사실을 발견했다. 그래서 반대 세력들의 과격한 협박을 받으면서도 11개 지역들이 모여서 '학습공동체'를 구성하는 데 성공했다. 이 공동 프로그램에는 세금수입을 공유하는 조항도 포함되어 있기 때문에 오마하 공립학군은 2010-2011학년도에 학습공동체 할당 덕분에 자체 지방세로 받았을 때보다 3,200만 불이나 더 받을 수 있었고, 다른 8개의 지역들은 전보다 오히려 더 적게 받았다.

또한 이 프로그램은 학교의 사회경제적 다양성을 증대시키기 위한 목적으로 한 지역에 사는 학생들이 학습 공동체에 속한 다른 지역의 학교에 다니는 것을 허용했다. 그래서 오마하 공립학교 군에 속한 가난한 집안의 학생들이 웨스트사이드와 같은 지역으로 학교를 다닐 수 있었고, 마찬가지로 교외에 사는 부유한 집 학생들도 오마하 공립학군 내의 학교에 다닐 수 있었다. 실제로 한 백인 여학생은 백인 학생들만 모여 있는 학교에 다닌다면 21세기의 삶에 대비할 수 없다고 판단해 학교를 옮기기로 결정했다고 말했다. 그녀가 선택한 오마하 공립학군 내 한 고등학교는 '40여개 국가 출신의 다양한 학생들'이 모인 곳이었다고 그녀는 말했다. 그 여학생은 나중에 '아시아, 멕시코와 수단 출신의 동료 학생들에게 학업적인 도움을 주었던 경험'에 대해 작성한 에세이로 코카콜라 사에서 주는 대학 입학 장학금 1만 달러도 받았다.

오마하의 실험에 어려움이나 논란이 없었던 건 아니었다. 부유한 지역에 사는 수많은 사람들이 공동 프로그램에 분개했고 계속해서 맞서 싸워 나갔다. 오마하 공립학군을 대표하는 변호사는 샤론 러너 기자에게 아직 법적 소송이 진행 중이라고하면서 한 백인 학부모의 얘기를 들려주었다. 그 엄마는 공동체 학습을 옹호하는 프레젠테이션을 보고 나서 그에게 다가와 이렇게 말했다고 한다. "내가 이해한 대로라면 내 아이가 크레용 10개를 가지고 있는데 이 아이들은 하나도 없으니 우리가 가진 크레용을 그 아이들에게 나눠주길 바라는 것 같군요. 어쩌면 그게 공평할지도 모르죠. 하지만 부모 입장에서 내 아이의 크레용을 빼앗아 가려는 시도는 어떤 것도 지지할 수 없어요." 우리는 이 학부모의 불평에서 알리 러셀 호크쉴드의 '진지한 이야기'처럼 그럴듯한 궤변과 일맥상통하는 점을 느낄 수 있다. 학교의 재정 불균형을 바로잡는 것이 새치기를 해서 백인들 앞으로 끼어드는 행위와 같은 것이라고 받아들이는 것이다. 그 엄마는 자기 자식이 왜 처음부터 더 많은 크레용을 가질 수 있었는지에 대해서는 전혀 생각하지 않았다.

그러나 그런 반대가 있었음에도 학습 공동체를 지지하는 지역사회 리더들과 활동가들은 부유한 지역들에 압력을 가해 공동체 가입을 유도하는 데 성공했다. 그래서 이제 학생들도 서로 연결되었고 학교들이 어떻게 서로 힘을 합할 것인지 방안을 모색 중이다. 오마하의 집단행동과 그것이 성취한 궁극적인 연결의 시스템은 조직적인 도전이 사람들을 분열시키는 대신 단합할 수 있는 기회를 제공하는 강력한 사례이다.

집단행동의 정의에 의한다면 집단이라는 구성원이 필요하겠지만 한 사람의 힘으로도 시작할 수 있다. 이에 대한 훌륭한 사례로 팔레스타인 출신 기독교인 나헤드 아르툴 제어Nahed Artoul Zehr를 들 수 있다. 그녀는 가족을 따라 여섯 살 때 미국으로 이민을 왔고 현재는 테네시 주 내슈빌에서 무슬림 권리 단체를 이끌고 있다.

나헤드는 종교학 박사학위를 가지고 있으며 미국 해군대학에서 이슬람과 코란을 강의하기도 했다. 그녀는 대학에서 종신 재직권까지 보장받으며 학계에 종사했지만 늘 뭔가 빠진 것 같은 허전한 느낌을 떨칠 수 없었다. 나헤드는 보통 사람들 사이에서 종파 간 이해관계를 증진하는데 더 많은 영향을 끼치기를 원했고, 특히 미국에서 반 무슬림 감정이 점점 거세질수록 그녀의 소망은 강렬해졌다. 그녀는 자신이 속한 장로교회 신자들에게 '무슬림의 이해'를 주제로 한 4주짜리 워크숍을 진행한 후 학계를 떠났다. 그 후 그는 무슬림과 이슬람 신앙에 대한 이해와 증진을 위한 단체인 '신앙과 문화 연구소'의 이사가 되었다.

나헤드는 내슈빌에 사는 주민들 중에서 무슬림이 아닌 사람들은 개인적으로 무슬림 사람들에 대해 아는 것이 전혀 없다는 사실을 금세 깨달았다. 그러다 보니 사실이 아닌 왜곡되고 부정적인 고정관념을 갖는 게 너무도 당연시 되었다. 나헤드는 나와 통화하면서 이렇게 말했다. "내가 배운 것, 그리고 내가 직접 본 것은 우리가 다른 사람과 한 곳에 모여서 뭔가에 대해 얘기를 나눌 때 전형적인 인식이 변한다는 사실이에요. 대화의 내용도 종교와 아무 상관없는 얘기들일 때가 훨씬 많고 그저 인간으로서 일반적으로 공유할 수 있는 경험과 관련 있는 것이면 되죠."

무슬림과 비 무슬림들이 서로의 경험을 공유할 수 있도록 돕기 위해서 나헤드는 사람들이 함께 모여 말 그대로 빵을 나눠먹으며 편하게 얘기를 나눌 수 있는 저녁 모임을 만들었다.

그게 다였다. 그러나 똑같은 인간 대 인간으로 만나 얘기를 나눔으로써 "사람들은 완전한 변화가 일어나는 경험을 했다"고 나헤드가 말했다.

그러던 어느 날, 내슈빌에 있는 교회에서 여러 명의 목사가 나헤드를 찾아와 도움을 청했다. 그들은 신도들이 무슬림에 관해 악의적인 얘기를 하는 걸 들었지만 효과적으로 대응할 수 있을 만큼 자신들도 이슬람에 관해 충분히 아는 게 없다고 했다.

그리고 이미 알고 있는 내용들도 대개 루머에 지나지 않을 뿐, 사실은 아니었다. "그래서 우리는 이런 사람들을 한자리에 모았어요. 내슈빌에 있는 무슬림 리더들과 또 다른 교회 관계자들을 한데 모아서 기본적인 관계 정립 프로그램을 실시했다"고 나헤드가 말했다. 그리고 중재자가 자리한 가운데 이슬람과 기독교에 관해 토론이 이어졌고, 이슬람 여성들의 지위와 기독교 여성들의 지위 같은 주제로 토론이 진행됐다.

그리고 또 "우리는 함께 식사를 했고, 휴식시간도 같이 보냈어요. 정말 좋았죠"라고 나헤드가 말했다.

나헤드는 아침 식사를 하면서 대화를 나눌 때 재미있었던 일화를 떠올렸다. 그들은 하디스Hadiths에 관해 얘기를 나누고 있었는데, 하디스는 예언자 모하메드의 삶에 관한 중요한 이야기책으로 무슬림들이 자신의 신앙을 이해하는 데 꼭 필요한 책이다. "정확히 어떻게 된 건지 기억나지 않지만 어느 순간 서로 자기가 좋아하는 작가들에 대해 얘기하기 시작했어요. 어떻게 그런 주제로 넘어갔는지 모르겠어요." 나헤드가 말했다. 갑자기 탁자 앞에 앉아 있던 기독교 리더와 무슬림 리더가 그들이 좋아하는 작가인 윌리엄 포크너에 관해 대화를 하며 유대감을 쌓고 있었다. "그러고 나서는 각자 좋아하는 영화에 대한 얘기로 이어졌어요." 그녀는 웃으며 말했다. "우리의 공통점에 관해 얘기했고, 우리 모두가 관심을 갖는 것에 대해 얘기를 나눴죠."

그들은 우리가 가진 공통점이 어떤 다름보다 많을 뿐만 아니라 훨씬 중요하다는 사실을 이해하게 되었다. 그것이 바로 관계가 형성되는 방법이다. 지금은 목사들이 자기 교회의 신도들에게도 프로그램에 참여할 것을 권유하고 있다. 그래서 복음 교회의 일부 신도들은 내슈빌 모스크에서 열리는 금요일 기도회에 참석하고 있으며, 함께 식사를 하며 연결을 통해 더 광범위하고 체계적인 관계를 만들어가고 있다.

불행하게도 전 세계의 역사를 통틀어 보면, 일부 종교 집단과 제도들은 다른 집단들의 종교나 인종, 혹은 민족성에 근거한 증오심을 키우고 용인하는 데 기여했다. 그리고 안타깝게도 지금도 그런 경우가 발생하고 있다. 예를 들면, 우간다에서는 기독교 복음 교회들이 게이 섹스에 대해 사형을 제안하는 등 우간다의 게이 커뮤니티 불법화를 외치며 앞장섰다. 또 미얀마에서는 불교 수도승들이 나서서 미얀마의 로힝야 무슬림 인구에 반대하는 폭력적인 공격을 이끌었다.

그렇지만 또 한편으로는 예나 지금이나 종교 지도자들과 제도를 통해 증오의 사상과 규범들을 약화시켰고, 신도들에게 광범위한 커뮤니티를 보다 나은 방향으로 이끄는 데 매우 중요한 역할을 했다. 그런 사례들 중 하나인 '남부 침례교회연맹'은 미국 인권운동의 주역이었고, 예시바트 마하라트[41]는 처음으로 정통 동방정교회 여성을 랍비로 임명했다. 또 영국 성공회는 공개적으로 게이 주교를 임명한 최초의 기독교 교파이며, 인도 네시아의 알 파타 펜산트렌은 트랜스젠더들을 위한 이슬람 학교를 세웠다. 그리고 현 프란시스코 교황은 이민자 권리와 환경 보호를 현대 가톨릭 성직자들의 핵심 직무로 삼았다.

종교 단체들은 증오를 부채질하는 믿음을 조성할 수도 있고, 증오의 반대로 나아가는 문화적 탈바꿈이 일어날 수 있는 공간이 될 수도 있다. 이는 비즈니스 업무가 서로 간의 연결을 촉진하는 놀라운 능력을 가지고 있는 것과도 일맥상통한 것이다. 그 이유는 우리 이웃과 학교, 또는 종교적인 집회에서보다 근무하는 공간에서 훨씬 더 다양한 사람들을 만나기 때문이고, 또 기업들이 제공하는 광고와 상품, 서비스들이 문화의 많은 부분을 규정하는 데 도움을 주기 때문이다. 이처럼 모든 단체가 문제의 일부가 될 수도 있고 해결책의 일부가 될 수도 있는 가능성을 가지고 있다.

그리고 내슈빌의 사례가 보여주듯이 조직적인 변화는 항상 개인과 기관 사이의 상호작용에 연관되어 있다. 조직적인 변화가 일어나려면 아무리 강력한 영향력을 가진 인물이라 해도 단순한 개인적인 리더십 이상의 것이 연관되어야 한다. 그에 딱 들어맞는 사례를 들어보자. 2017년 9월, 미국 공군사관학교 캠퍼스 내에 있는 예비학교의 게시판에 인종차별적 내용의 중상모략이 적혀 있는 것이 발견되었다. 이에 대응해서 공군사관학교의 교장인 제이 실베리아 중장은 사관후보생 4천명 전원과 1500명의 직원들을 한 자리에 소집해서 열변을 토하며 매우 엄중한 어조로 증

---

41 Yeshivat Maharat-뉴욕에 위치한 정통파 유대교도들을 위한 학교 – 주

오를 비난했다. "거기 적힌 말에 분개했다면 여러분은 올바른 생각을 가진 위치에 있는 것입니다." 교장이 말했다. "여러분은 비행사로서 뿐만 아니라 한 인간으로서 분개해야만 합니다." 그러고 나서 모든 사관학교 생도들이 이러한 종류의 편견에 영향을 받지 않을 거라고 기대한다면 매우 어리석은 생각일거라고 설명한 뒤 강력하게 단언했다. "다른 성과 다른 인종과 다른 피부색을 가진 사람을 품위와 존중으로 대할 수 없는 사람이라면 여기서 나가야 합니다. 어떤 방법으로든 누군가를 깎아 내리려는 사람이라면 여기 있을 필요가 없습니다."

힘 있고 강력한 영향력을 가진 기관의 장으로서 행한 대담한 연설이었고, 제도적이고 조직적인 변화로 나아가는 데 중요한 첫 발임에 틀림없다. 그러나 이것이 실질적인 제도 개편으로 이어지려면 단 한 명의 리더에게서 나온 개별적인 연설 이상의 뭔가가 필요하다. 우선 실베리아 교장의 연설은 편견을 용납하지 않겠다는 올바른 신호였으나, 군대 자체의 역할을 포함해 그런 편견이 만들어지는 방법에 대해서는 언급하지 않았다. 만약 실베리아와 미국 공군이 한발 더 나아가 그 기관에서 진지하게 증오를 뿌리 뽑으려 한다면, 그들은 반드시 불공평과 부당함을 지속시키는 공군의 정책들과 관례들을 깊이 있게 따져봐야 할 것이다. 백인 조종사들은 유색 인종 조종사들에 비해 훨씬 자주 승진하며, 평균이상의 기득권적인 경제적 배경을 가진 장교들이 많다. 군대 계급의 본질에는 가부장제가 깊이 뿌리박혀 있다. 그리고 이슬람 혐오증은 군이 대규모 민간인 사상자를 내는 드론을 사용함으로써 무기화되었는데, 이는 반미 증오를 의도적으로 부채질하는 '부수적인 피해'를 가져왔다.

물론 미국 군대가 여성들에게도 전투 참가를 포함한 여러 역할을 개방

하여 고질적인 여성혐오증과 노골적인 성차별에 맞서는 데 큰 진전을 이룬 것은 사실이다. 그러나 2016년에 미국 부대 안에서 일어난 성폭행 사건의 수치는 2012년에 비해 거의 두 배나 증가하며 최고치를 기록했다. 또한 다른 통계자료에 의하면 전국적으로 발생한 가정 폭력의 21%가 참전 군인들에 책임이 있는 것으로 나타났다. 군부대에서의 조직적인 증오에 대해 언급하는 것은 이러한 문제들을 드러내게 할 뿐만 아니라 군사 행동이 필연적으로 상대방의 인간성 말살을 전제로 한다는 사실을 일깨워 주는 것이다.

실제로 군사 훈련의 대부분은 다른 사람을 해치지 않으려는 인간의 본능적인 성향을 거부하지 못하도록 도와주는 것이다. 다른 사람을 죽이는 공포, 특히 많은 사람을 죽이는 공포는 미국 군부대에서 외상 후 스트레스 장애(PTSD) 사례가 증가하는 것과 밀접한 관계가 있는 것 같다. 철학 교수인 데이비드 리빙스턴 스미스는 인간성 말살에 관한 자신의 저서에서 무기 기술의 정확도와 효력이 향상될수록 외상 후 스트레스 장애 사례도 늘어났음을 확인했다. 물론 군대는 악의적인 이질화와 인간성 말살에 맞서 싸워야 하는 기관이 아니고, 증오심을 조장하는 기관이라고 주장하는 사람들도 있다.

제이 실베리아 교장의 연설은 영웅적이었다. 투지가 넘쳤다. 개인적으로는 연설 내용의 일부를 내 팔뚝에 문신으로 새기고 싶을 정도로 감동적이었다. 당연히 기관들, 특히 군대처럼 계급적인 기관들은 최고위층 리더가 관여하지 않으면 변할 수 없다. 그러나 그 외에도 많은 사람들, 즉 사회의 시스템 안에서 일하는 사람들과 그 시스템에 직접적인 영향을 받는 사람들, 그리고 그 이슈와 기관을 둘러싼 사람들이 다 같이 변화를 위한 노력에 동참해야만 한다. 진정한 대규모 개혁을 위해서는 상당한 사회적 의지가 필요하다. 그리고 그러한 의지를 구축하려면 제도적인 문제를 드러내는 것뿐만이 아니라 증오심을 더욱 악화시키는 것에 대한 대책도 이루어져야 한다. 증오심을 장려하는 삐뚤어진 정책에 대해 다루지 않으면 우리는 지속적으로 분열될 것이고 변화를 이루기 위한 단합을 절대 일구어낼 수 없을 것이다.

사람들 사이에 증오심을 부추기는 기관들에 맞서서 입법과 규제의 변화를 이끌어낼 수 있는 모멘텀을 키우려면 어떻게 협력해야 할까? 오늘날 전 세계적으로 맞닥뜨리고 있는 엄청난 증오의 위기를 체계적으로 다룰 수 있는 희망이 조금이라도 있다면 대중매체와 정치가 어떻게 계획적으로 증오심을 장려하고 활용하는지에 대해 이야기해야만 한다.

증거물 1호인 글렌 벡Glenn Beck이라는 인물에 대해 얘기해 보자. 내가 지역사회 조직가로 활동하다가 맨 처음 대중매체 분야로 뛰어들었을 때, 폭스 뉴스의 진행자였던 글렌 벡은 그 분야에서 최고 위치에 있었다. 케이블 텔레비전에서 시청률 1위를 달리는 쇼를 맡고 있었고, 오바마 행정부에게는 손톱에 박힌 가시와 같은 존재였다. 2010년에 글렌 벡은 세계에서 가장 영향력 있는 인물 4위로 교황 다음에 이름을 올렸다. 그는 사과하지 않는 당당한 태도로 증오심을 부추기고 선동을 일삼아 엄청난 수의 사람들이 그를 팔로우했다. 한창 전성기 시절에는 버락 오바마가 리처드 닉슨보다 더 부패했다고 주장했고, 오바마가 실시한 정책이 미국 인구의 '10%를 살해'하는 데 일조했으며 이는 '9/11 테러와 맞먹는' 숫자라고 주장했다.

그러다가 2014년에 들어서면서 갑자기 그는 자신이 했던 모든 말과 행동에 대해 사과를 했다. 그가 폭스 뉴스를 그만 두고 설립한 미디어 회사의 휴스턴 근교 사무실에서 2년 후에 그를 다시 만났을 때 그는 아직도 일종의 사과 투어를 한창 진행하는 중이었다.

"분열을 일으키려던 건 아니라오." 글렌이 그의 사무실에 있는 거대한 크림색 가죽소파에 앉아서 내게 말했다. "레더호젠[42]를 입고 나오면 시청자들의 의견이 갈리죠. 난 그게 재미있다고 생각했지요."

분명히 말하자면 나도 레더호젠을 가지고 있다. 우리 가족의 절반은 독일 출신이고 입으면 편한 것도 사실이다. 하지만 나치 기념품을 수집하는 우익에다 뻑 하면 선동을 일삼는 글렌 벡 같은 사람이 신나치주의자들에게 잘 보이고 싶은 의도가 아니었다면 레더호젠을 입고 텔레비전 방송에 출연하는 건 분명 어리석은 선택이다. 그리고 잊지 말아야 할 건 그가 '사회적 정의'와 '경제적 정의'가 나치즘을 위한 암호라고 말했던 장본인이라는 점이다.

의식적 선택이었든 아니었든 간에 그가 있는 곳에는 늘 분열이 따랐다. 예전에 미디어 관련학 박사인 새라 소비어라이 교수와 제프리 베리 교수는 공저 《분노의 산업The Outrage Industry》에서 연방규제와 장려책에 따라 여론 매체가 어느 정도 선에서 정치적 중립과 편견이 없는 방송을 하려고 노력했지만, 1980년대에 들어와 그런 규제가 완화되고 방송 진행자들이 반드시 서로 대립되는 의견을 보여야 한다며 수십 년간 이어진 방송 콘텐츠에 대한 정부의 통제가 사라졌다고 기록했다. 거기에 더해 경쟁이 증

---

42 Lederhosen-독일 풍의 멜빵 달린 가죽 반바지 – 주

가되고 새로운 기술이 더해져 지금처럼 케이블 방송사들이 '소수의 지지자들을 겨냥한 방송을 만들 수 있게' 되었다. 이 말은 방송사들이 소수 시청자들의 관심을 끌기 위해서 그들이 가진 특정한 편견을 이용하는 것에 대해 변명을 할 수 있고, 심지어 그런 행위를 장려할 수 있다는 뜻이다.

"내가 변명을 하려는 게 아니라는 걸 알아줬으면 해요." 글렌 벡의 상투적인 말에 나는 눈알을 굴리지 않으려고 애써 참았다. "나도 내가 한 말들은 분명 내 책임이라는 거 알아요." 그는 어깨를 으쓱하고 말했다. "내가 의도한 게 아니었다는 말을 믿어줬으면 좋겠지만, 그것을 믿는다 해도 결과는 바뀌지 않겠지요." 이 부분에는 나도 동의한다.

뉴요커 잡지의 니콜라스 슈미들 기자는 글렌의 태도 변화가 또 다른 술책일 뿐이라고 지적하며 이렇게 비아냥댔다. "예의는 글렌에게 새로운 소재 거리에 불과하다." 그래도 글렌이 원하는 대로 그의 말을 한번 들어나 보자. 어쨌거나 요새 하는 말들은 꽤 마음에 드니까. "우리는 정치에 관한 한 절대 화합할 수 없을 겁니다. 하지만 원칙에 대해서는 화합할 수 있어요. 증오를 끝내야 할 시간이고, 그러지 않으면 결국 우리 자신을 파괴시키고 말 것"이라고 한 말은 내 팔뚝에 새겨놓고 싶을 만큼 마음에 든다.

그러나 이제는 누구도 들으려 하지 않는다는 게 문제다. 그가 설립한 여론 회사는 파산으로 치닫고 있다. 트럼프가 대통령으로 취임한 이후 누군가 트위터에서 글렌 벡이 트럼프를 만들었다고 비난하자 그는 이렇게 썼다. "문제는 여기서 우리가 무엇을 배웠으며, 분열을 치유하고 더 이상 악화되지 않도록 하려면 앞으로 어떻게 할 것인가 입니다." 이 말에 겨우 38개의 리트윗이 달렸다.

미디어의 증오심 선동이 단순히 '썩은 사과' 같은 몇몇 소수의 허풍쟁

왜 반대편을 증오하는가

이들이 만들어내는 결과물만은 아니라는 사실을 잊어서는 안 된다. 나와의 전화 통화에서 새라 소비어라이는 이렇게 말했다. "그것이 현대 사회의 붕괴를 보여주는 일종의 단면이 아니라는 점을 사람들이 이해하는 게 중요해요. 왜냐하면 미디어는 영향력을 나타내고 정치 경제적인 산업의 토대를 구축하기 때문에 현재의 모습을 그대로 반영한다고 봐도 과언이 아니에요"라고 말했다.

만약 산업의 필수적인 구조와 경제적인 장려책이 달라진다면 현저한 변화가 뒤따를 수 있다. 어쨌거나 그런 전략은 글렌 벡이 방송에서 퇴출되는데 도움이 됐다. 인종적 정의 실현 단체인 '피부색의 변화Color of Change'와 같은 단체들이 폭스 뉴스에서 진행하는 '글렌 벡과 빌 오라일리Bill O'Reilly가 진행하는 프로그램'에 광고를 내보내는 회사들을 겨냥해 불매운동을 벌이기 전에 광고를 중단할 것을 요구했다. 결과적으로 광고 소득이 없어진 폭스 뉴스는 두 프로그램을 중단할 수밖에 없었다.

또, 다른 권한을 가진 대중매체를 보자. 새라 소비어라이는 정부와 자선단체들에 의해 자금조달을 받는 NPR[43]과 PBS[44]를 그 예로 꼽았는데 이들은 전혀 허풍을 떨지 않는다. 대중 매체에 대한 신뢰도는 도널드 트럼프의 거짓 '가짜 뉴스' 주장이 나오기 훨씬 전부터 떨어지고 있었지만, PBS와 NPR은 계속해서 미국인들이 꼽은 가장 믿을만한 기관들 중 하나로 선정되었다.

우리 사회는 한때 어느 정도의 균형을 유지하고 노골적인 독설을 완곡하게 표현할 것을 요구하는 규제를 지지했으며, 대중 매체에 나오는 공

---

43 National Public Radio미국 공영라디오 – 주
44 Public Broadcasting Service 미국 공영방송 – 주

인들은 예의를 갖추어야 한다는 것이 모두가 인정하는 규범이었다. 우리는 그 규범을 되살릴 수 있다. 더불어 새로운 기술 플랫폼의 가능성을 탐색해서 실행 가능한 새로운 비즈니스 모델을 만들어 내고, 뉴스와 소셜 미디어에 중상모략과 거짓말 대신 팩트와 합리적인 논쟁이 제대로 자리잡을 수 있도록 해서 증오심을 선동하는 힘을 약화시켜야 한다.

예를 들어보자. 2016년 선거가 SNS 전체에 무분별하게 퍼져나간 악의적인 가짜 뉴스 내용에 영향을 받은 것을 감안하여, 학자인 존 보스윅과 제프 자비스는 대중 매체가 할 수 있는 해결책을 담은 목록을 출판했다. 거기에는 합법적인 뉴스를 근거로 보도하는 포스트와 링크에는 분명한 표시를 해서 사용자들이 신뢰할 수 있는 정보를 공유할 수 있는 방법을 설명해 놓았다. 사실여부를 확인하는 절차가 반드시 선행되고 확대되어야 하며, 독립적이고 초당적인 관할기관에 확인을 거칠 필요가 있다. 이런 방법이 쉽다고 말하려는 게 아니다. 이런 것들이 가능하다고 믿어도 좋을 충분한 이유가 있다는 점을 말하는 것이다.

그리고 우리는 언론에 존재하고 있는 증오심 선동 정책뿐만 아니라 동시에 선거와 정치 시스템 내에서 증오심을 조직적으로 확산하고 이를 성공시키려는 정치인들의 추잡함도 파헤쳐야 한다.

시민 운동권에서 선거운동 기간에 노골적인 인종차별을 명시적으로 금기시하자 미국의 백인 정치인들은 '인종차별적인 개 호루라기'를 사용하기 시작했다. 이는 얼핏 들으면 특별한 의미가 없는 중립적인 표현처럼 보이지만 알고 보면 백인들에게 역차별적 분노를 일으켜 점점 더 타오르게 하는 편향적인 메시지가 암호처럼 박혀 있는 표현이다. '개 호루라기' 소리는 오로지 개들만이 알아들을 수 있는 소리이다. 이것은 오로지 일부 유권자들만이 인종차별적인 개 호루라기 소리를 이해하고 의미를 파악할 수 있는 은어이기 때문에 그와 동시에 그런 메시지가 명백한 인종차별적 내용인지 아닌지 가려낼 수가 없다는 문제가 제기될 수 있다.

캘리포니아 대학교 버클리 캠퍼스의 법학과 교수인 이안 헤이니 로페즈는 자신의 책 《개 호루라기 정치학Dog Whistle Politics》에서 그러한 전술이 처음 시작된 역사적 배경에 대해 설명했다. "개 호루라기 정치학에 관한 얘기는 조지 윌리스George Wallace로부터 시작됐다"고 그는 적고 있다. 윌리스는 1963년 민주당 소속 앨라배마 주의 주지사로 취임하던 날, 취임식장 연단에서 "오늘도 분리정책… 내일도 분리정책… 분리정책이여 영원하라!"라고 외쳤던 지독하게 편협했던 사람으로 역사에 남아 있다. 그러나 1958년에 처음으로 주지사 후보에 나섰을 때는 인종차별에 대해 중도적인 입장이었다. 심지어 상대편 후보는 KKK의 지지를 받았으나 윌리스는 미국흑인지위향상협회(NAACP)의 지지를 받을 정도였다.

하지만 첫 번째 주지사 경선에서 패배한 후 윌리스는 자신의 선거 운동팀에게 이렇게 말했다고 한다. "여러분, 이제 어떤 개자식도 다시는 나에게 깜둥이를 옹호하는 자라고 무시하지 않을 겁니다." 그리고 윌리스는 그 약속을 분명히 지켰다. 헤이니 로페즈는 이렇게 기록했다. "4년 후, 윌리스는 인종 분리주의자로 나섰으며 공공연하게 KKK에게 지지를 호소하고 자신은 분리정책을 적극 지지한다고 열정적으로 연설했다." 결과는 윌리스의 승리였다. 윌리스는 훗날 이렇게 회상했다. "처음에 학교와 고속도로, 그리고 교도소와 세금에 대해 얘기하며 시작했을 때 아무도 내 말을 듣지 않았다. 이후 깜둥이들에 대해 얘기하기 시작하자 모두들 발을 구르며 환호했다."

실제로 몇 년 동안 남부지역에서 고전하며 총선에서도 약세를 면치 못했던 공화당이 그때부터 활기를 띠기 시작했다. 공화당은 인종차별적인 민중 선동으로 남부 지역 백인들의 표를 얻을 수 있다는 사실을 깨달았다. 1963년, 보수 언론인 로버트 노박은 공화당 국가위원회 이후 이렇게 보고했다. "공화당 지도부의 대다수는 명의상이 아니라 실제로 백인들의 정당이 되면 인종차별적 쟁점에서 상당한 정치적인 이득을 꾀할 수 있다고 생각했다." 그렇게 하기 위한 전략이 '남부 전략'이었다. 그러나 총선에서 승리하려면 북부지역의 표도 필요했는데, 그곳에서는 공공연한 인종차별적 미끼가 효력을 발휘하지 못하기 때문에 개 호루라기 전략이 생겨난 것이다.

　리처드 닉슨도 개 호루라기 전략을 이용해 백악관에 입성했다. "흑인 사회의 민권투쟁에 맞닥뜨린 닉슨은 '법과 질서'라는 언어를 사용해서 백인의 인종차별주의적인 당시 분위기를 누그러뜨리기 위해 흑인 민권투쟁에 폭력을 가하는 대신 무단 침입과 불법행위 등의 죄목을 붙여 집단 체포하는 방식으로 보다 '조용한' 형태의 치안을 유지해 나갔다"고 헤이니 로페즈는 기록했다.

　로널드 레이건은 닉슨의 개 호루라기 신호를 받아들여 심지어 더 세게 불었다. 1980년 레이건이 대통령 후보로서 첫 번째 선거운동을 벌인 곳은 미시시피 주의 네쇼바 카운티에서 열린 지역 축제였다. 이 지역은 1964년에 백인 우월주의 단체가 세 명의 인권 운동가를 살해한 곳으로 악명 높은 카운티였다.

　레이건은 연설을 통해 '주의 권리'를 지지한다는 의사를 밝혔는데, 이는 연방정부가 남부에 위치한 주의 행정에 개입하지 않아야 하며 그들이

하고 싶은 대로 흑인들을 다루도록 내버려두어야 한다는 의미의 개 호루라기 암호였다. 레이건은 또 자격미달의 흑인 여성이 '80개의 이름과 30개의 주소 그리고 12개의 사회 보장 카드'를 가지고서 정부의 보조비를 받아 챙긴다며 '보조비의 여왕'이라는 거짓 이야기를 꾸며서 부당한 흑인들이 공적 원조를 빨아들인다는 혐오스러운 고정관념을 교묘하게 이용했다. 이처럼 인종차별적인 편견을 이용한 그의 전략은 미국의 인종차별적 불평등의 유산을 애써 모른 척 하고 실적우선주의의 그럴듯한 궤변을 믿는 백인 유권자들에게 큰 호응을 얻었다. 1980년 대통령 선거에서 민주당원의 22%가 로널드 레이건에게 투표했다. 여론 조사에 의하면 이들은 "흑인 민권운동 지도자들이 너무 심하게 몰아붙인다"고 느꼈으며 "정부가 흑인들을 위해 어떤 특별한 노력도 기울여서는 안 되고, 그들 스스로 자신을 도와야 한다"고 느낀 것으로 나타났다.

민주당원들도 다를 바 없었다. 빌 클린턴은 "우리가 알고 있는 복지의 끝"이라는 선거 운동 전략을 펼쳐서 레이건을 상기시켰다. 클린턴은 심지어 '교활한 딕'이라는 별명으로 불리는 닉슨의 속임수도 빌려왔다. 닉슨이 사용한 '법과 질서'라는 표현을 클린턴 식으로 바꾼 개 호루라기 암호가 '범죄에 대한 강경 대처'였다. 그리고 그의 아내 힐러리 클린턴은 1996년에 흑인 어린이들을 "심각한 약탈자super-predators"라고 일컬으며 "그들을 굴복시켜야 한다"고 말해 흑인은 게으르다는 의식을 더 강하게 드러냈다.(나중에 힐러리는 이 말로 곤욕을 치렀다.)

물론 근대 역사에서 '개 호루라기' 전략이라고 하면 도널드 트럼프를 따라올 자가 없다. 그는 많은 백인 유권자들의 마음속에 두려움과 분노와 인종차별적 적개심이 충분히 들끓고 있음을 감지하고 호루라기를 '경적' 수준으로 끌어 올렸다. 멕시코 인들과 무슬림, 이민자들과 여성에 대한 트럼프의 노골적이고 혐오스런 허세가 그에게 타격을 입히기보다는 오히려 대통령으로 당선되는 데 도움을 준 사실은 이 나라 전체에 얼마나 편견이 만연한지 보여주는 걱정스러운 징후이다. 상당수의 미국인들은 트럼프가 별난 사람이라고 믿고 싶을 것이다. 그러나 그는 오랜 시간 동안 언론계 인사들과 정치인들이 체계적으로 부채질한 적개심의 불씨를 더욱 들쑤셨고, 슬프지만 지금도 불길은 활활 타고 있다.

트럼프는 문화적 헤게모니를 상실할까 봐 두려워하는 백인들의 우려를 오랫동안 이용해왔다. 1989년의 한 인터뷰에서 트럼프는 "고등 교육을 받은 흑인은 고등 교육을 받은 백인에 비해 일자리 시장에서 매우 유리하다"고 주장했다. 그러나 1989년 당시 백인 남자들의 평균 기대 수명은 흑인 남자들에 비해 8.2년이 더 길었고, 중산층 백인 가정의 소득이 10만 불 이상인 반면 중산층 흑인 가정의 소득은 1만 불 이하였으며, 백인 남자들의 평균 실업률은 4.1%인 반면 흑인 남자들의 실업률은 8.55%였다.

버락 오바마가 미국에서 태어나지 않았다는 그의 터무니없는 주장에 모두가 기이하고 별난 행동이라고 생각했는데 사실상 앞서와 똑같은 각본에서 나온 또 다른 작전이었다. 미국인들은 대체로 '백인들을 선호하는 경향 때문에 흑인들과 히스패닉들이 손해를 본다'고 생각하는 반면에, 대부분의 트럼프 지지자들은 '흑인들과 히스패닉들을 선호하는 경향 때문에 백인들이 손해를 본다'고 오히려 역으로 생각하는 게 가장 큰 문제다.

트럼프가 그런 아이디어를 처음 만들어낸 건 아니다. 2001년 내 할아버지 장례식을 치르고 난 후 점심식사를 하는 자리에서 평소에 거의 만난 적이 없는 백인 남자 친척이 "요즘 미국에서 가장 억눌린 집단은 백인 남자들"이라고 강조했던 걸 똑똑하게 기억한다. 트럼프는 그런 믿음을 가진 사람들의 분노와 두려움에 노골적으로 영향력을 행사하고 있는 것이다.

그러면 우리는 어떻게 해야 하는가? 증오에 맞서는 조직적인 해결책을 위해 힘을 모으고 증오를 선동하는 북소리를 이어가는 장려책에 대항하려면 어떻게 해야 할까? 서로 다른 집단들끼리 싸움을 붙이고, 집단적인 피해의식을 조장하고, 희생양을 찾아 그들에게 죄를 뒤집어씌우는 것이 훨씬 더 수월하기 때문에 증오를 선동하는 북소리가 끊이지 않고 있다. 확실히 미국에서는 예전부터 그런 역사적 전통이 있었다. 분노와 두려움에 기름을 붓는 수많은 문제들의 진짜 원인과 복잡하게 뒤엉켜 있는 조직적인 요인들을 이해하고 설명하는 것보다, 인간성을 말살하고 악마처럼 묘사하는 게 훨씬 더 쉬운 일이긴 하다.

도심의 흑인 공동체에 만연한 가난과 범죄의 원인을 수세기 동안 흑인들에게 자행된 지속적인 폭력과 억압, 경제적 차별과 불평등 그리고 백인들이 이곳에 이주함으로써 발생된 결과로 인식하지 않고, 오히려 스카티 넬 휴스의 주장처럼 흑인들 자신의 잘못이라고 치부하는 건 너무 안일한 생각이다. 마찬가지로 시골의 백인 공동체가 가난과 범죄로 시달리는 것이 차별과 왜곡된 의료 체계와 기업들이 해외로 빠져나감으로써 일자리를 잃게 된 높은 실업률 때문이 아니라 그저 백인들 자신의 잘못이라고 하는 것도 너무 안일한 생각이다.

단순히 그들의 잘못으로 돌리고 나면 우리가 그 문제를 다룰 필요도 없을 뿐만 아니라 이해하려고 노력할 필요도 없기 때문이다. 우리 각자가 개인적인 선입견과 편견을 극복하는 것도 어렵겠지만, 조직적인 증오를 극복하려는 노력은 그보다 훨씬 더 힘겨운 싸움이다.

그러나 미국이나 전 세계의 역사를 보면, 그토록 비협조적이고 인식조차 할 수 없는 이 모든 불평등과 증오의 어려운 상황속에서도 해박한 정보와 체계적인 조직을 갖춘 단체들이 힘을 합하고 모든 노력을 기울여서 사람들의 마음과 생각을 바꿔놓은 경우도 많다. 노예를 백인들의 재산으로 여기던 미국의 제도를 서로 힘을 합쳐 끝장내고 투표권과 시민권법을 통과시켰다. 또 아동의 노동을 근절시키고, 아내를 남편의 법적 재산으로 여기는 것을 금지했으며, 동성애 커플에게 동등한 결혼권을 부여했다. 집단행동은 남아프리카공화국에서 아파르트헤이트(인종차별정책)를 종결시켰으며, 중국에서는 언론 자유의 움직임이 진척되고, 태국에서는 산업공해 퇴치를 위해 싸우며, 라이베리아에서는 민주주의를 구축해 나가고 있다. 인도에서는 식량안전보장과 농민의 권리를 보호하고 있으며, 브라질에서는 토지 개혁을 이끌어 내고 있다.

역사의 어느 순간에서든, 전 세계의 어느 곳에서든 수많은 사람들이 주요한 사회적 변화를 일으키기 위해 힘을 합쳐 싸웠고, 계속해서 싸우고 있다. 쉬워서도 아니고, 인기가 있어서도 아니다. 심지어 우리가 이길 게 분명해서도 아니지만 반드시 필요한 일이며 도덕적으로 옳은 일이고 정당한 일이기 때문이다.

더 많은 사람들이 힘을 합해 분열이 아니라 연결로 나아가고, 조직적인 변화를 향해서 밀고 나갈수록 더 많이 성취할 수 있다. 조직적인 현상이 매우 복잡하긴 하지만 서로를 발견하고, 공통 관심사를 찾고, 변화를 위한 레버리지를 활용하는 사람들로 구성된 크고 작은 집단들이 다 함께 불리한 상황에 맞서 싸운다면 우리를 둘러싼 시스템과 세계에 근본적인 변화를 가져올 수 있다.

꾸준히 사회운동에 참여하는 학자인 프란시스 쿤로이더는 조직적인 변화를 성취하기 위한 첫 번째 단계는 "보이지 않는 것을 보이게 만드는 것"이라고 말했다. 이는 우리 주변에 무수히 존재하지만 자세히 들여다보지 않으면 알아차릴 수 없는 조직적인 부당함을 분명히 드러내도록 도와야 한다는 의미이다. 우리가 조직적인 증오를 이해하는 것뿐만 아니라 다른 사람들도 똑같이 그렇게 할 수 있도록 돕는 이유가 바로 거기에 있다. 사법 제도의 운영 방식과 이민 정책, 경제적인 합의와 사회적 규범들이 어떤 집단에는 불이익을 주지만 다른 집단에는 이득을 준다는 사실을 지적하는 건 분별없는 불평이 아니다. 이는 조직적인 증오를 근절하고 모두를 위해 보다 공평하고 정의로운 세상을 만들기 위한 전략적인 첫걸음이다.

다행히도 시스템과 사회적 규범들은 단순히 뜬구름 잡는 추상적인 개념이 아니라 인간들에 의해 만들어지고 통제된다. 그렇다. 시스템과 사회적 규범들이 우리를 형성하지만, 우리도 시스템과 사회적 규범을 만들 수 있다. 우리 스스로를 보다 크고 훨씬 긴밀하게 연결된 전체의 일부분으로 인식하고 우리에게 대규모 변화를 일으킬 수 있는 능력이 있다는 사실을 깨닫는다면 가능한 일이다. 투표처럼 단순한 행위는 개인적인 행위로 보일 수 있다. 시민 참여라는 것이 커다란 나무에 붙은 한 장의 잎사귀처럼 큰 그림에서는 하찮은 것으로 여겨질 수도 있다. 그러나 101세의 나이에도 포기하지 않고 자신의 투표권을 행사하기 위해 투쟁했던 그레이스 벨 하디슨을 본받아야 한다. 투표권은 우리 개개인이 함께 힘을 합하고 변화를 요구하는 데 사용할 수 있는 조직적인 수단이며 민주주의를 지킬 수 있는 소중한 기득권이다.

2016년에 그레이스가 투표장에 가서 찍은 사진을 보면 블라우스에 자랑스럽게 "나도 투표했다 voted"라는 스티커를 붙이고 미소를 띤 채 자동차 뒷좌석에 꼿꼿이 앉아 있는 흑인 할머니의 모습을 볼 수 있지만, 그 사진 한 장으로 그녀가 맞닥뜨렸던 모든 장애물을 가늠할 수는 없다. 또 마침내 그레이스가 투표용지를 손에 쥘 수 있도록 과거에서부터 현재에 이르기까지 끈질기게 증오에 맞서 싸우고, 악의적인 시스템 개혁을 위해 줄기차게 노력한 수많은 사람들의 모습 또한 사진 속에는 보이지 않는다.

조직적인 증오와 맞서고 조직적인 정의를 추구하는 움직임에 동참할 때 변화의 뿌리를 볼 수 있고, 그 일부가 될 수 있다. 내 경험에서 말하자면, 다른 무엇보다도 그 안에서 느끼는 영예나 희망보다 더 크고 충만한 감정은 없었던 것 같다.

결론

The Opposite of Hate

앞으로의 여정

The Opposite of Hate

앞으로의 여정

어떻게 해야 잘못을 저지른 사람들에게 책임을 물으면서 동시에 그들도 변할 수 있다
는 믿음을 저버리지 않고 인간성도 포기하지 않게 할 수 있을까?

– 벨 훅스Bell Hooks 미국 작가/사회 운동가

1949년, 제 2차 세계대전과 홀로코스트 같은 잔혹행위가 끝난 직후 조
지 오웰George Orwell은 《1984》를 출간했다. 이 반이상향적인 소설에 등장하
는 가상 국가 오세아니아는 작가 오웰의 고국인 영국을 모델로 했고, 심
리적인 조종으로 시민들을 철저히 통제하는 압제적인 정치 체제가 점령
한 나라이다. 개인적인 생각은 불법으로 간주되며 만약의 경우를 대비해
시민들은 끊임없는 감시를 당한다. 잘못된 정보를 바탕으로 한 선동과
공포감 조성해서 정체를 알 수 없는 '상대'를 향한 증오를 품은 대부분의
시민들은 큰 거부감 없이 체제를 따른다.

오세아니아에서는 매일같이 모든 시민이 2분 증오 시간에 참석해서 오
세아니아의 적들을 비하하고 악마로 묘사한 영화를 시청해야 한다. 2분
증오 시간에는 '마치 어떤 괴물 같은 기계가 기름 도 없이 삐걱거리며 돌

아가는 것처럼 흉측하고 소름끼치는 연설'을 들려주고 '무표정한 아시아인의 얼굴을 한 단단해 보이는 남자들이 줄지어 늘어서 스크린에 나타났다 사라지고, 또 거의 똑같이 생긴 사람들이 계속해서 등장하는 장면'을 보여준다. 이는 증오심의 선동이며 심지어 오세아니아의 체제에 대해 의심을 품고 있는 오웰의 침착한 주인공조차 결국 휩쓸리고 만다. 모두가 휩쓸린다. 오웰은 이렇게 썼다. "2분 증오 시간이 시작되면 30초도 지나지 않아서 방안에 모인 사람들 중 절반은 통제할 수 없는 분노에 가득 찬 함성을 질렀다… 공포와 앙심의 끔찍한 전율과 누군가를 죽이고, 고문하고, 큰 망치로 얼굴을 후려치고 싶은 욕망이 마치 전류처럼 그 자리에 모인 모든 사람들을 꿰뚫고 지나가며, 각자의 의지와는 상관없이 얼굴을 찡그리고 고함을 치는 미치광이로 만들었다. 그러나 사람들이 느끼는 분노는 추상적이고 목표가 불분명한 감정이며 이런 감정은 용광로의 불길처럼 한 대상에서 다른 대상으로 확 번질 수도 있다."

법학자이며 한때 오바마 행정부에 몸담았던 캐스 선스테인Cass Sunstein은 2013년에 폭스 뉴스의 '글렌 벡 쇼'를 조지 오웰의 소설에 나오는 '2분 증오 시간'과 버금가는 것으로 묘사했다. 그러자 2016년에 극우 성향의 간행물인 《브레이트바트Breitbart》도 도널드 트럼프를 공격하는 언론인들과 유명 인사들을 '일일 2분 증오 시간'과 마찬가지라고 공격했다. 한편 수시로 올리는 트럼프 대통령의 트위터 내용 역시 정기적인 2분 증오 시간과 맞먹는다.

《1984》에 나오는 2분 증오 시간의 목적은 사람들의 관심과 분노를 다른 곳으로 돌려서 그들에게 직접 피해를 입히고 있는 실질적인 문제들, 즉 정부의 억압행위로부터 사람들의 관심을 분산시키고자 함이었다. 조지아 주의 한 학생은 오웰의 책에 나오는 교훈들을 곰곰이 생각하고 나서 교사에게 이렇게 말했다. "우리에게 공공의 적이 필요한 건 사실이지만 그런 식은 아니에요. 범죄나 빈곤이야말로 온 세상이 함께 힘을 합쳐 싸워야 하는 공공의 적이 되어야 한다고 생각해요." 우리의 증오가 폭력과 고통과 분열을 초래할 뿐만 아니라 우리 모두에게 상처를 주는 진짜 문제를 해결하지 못하게 방해하고 있다면 어떻게 될까?

나는 플로리다 주 올랜도에 있는 한 나이트클럽에서 대량 총기난사 사건이 일어난 지 며칠 후에 이 책을 쓰기 시작했고, 네바다 주 라스베이거스에서 열린 야외 음악축제를 향해 총기 난사 사건이 일어난 지 며칠 후 책을 마무리하고 있다는 사실을 깨달았다. 당시에 미국 역사상 가장 치명적인 대량 총기 난사 사건으로 알려졌던 올랜도에서의 사건은 무슬림 미국인 남성이 '라틴의 밤' 축제가 한창이던 LGBT(성 소수자) 나이트클럽 내부에서 총을 난사한 사건으로 희생자의 대부분이 라틴계 동성연애자들이었다. 라스베이거스에서의 사건은 한 백인 남성이 자신의 호텔 방 창문을 열고 약 500미터 떨어진 곳에서 야외 컨트리 음악축제를 즐기고 있던 일반 관중들을 향해 군대에서 사용할 법한 다 연발 총기를 무차별적으로 난사해 58명이 목숨을 잃은 사건이다.

어떤 면으로는 두 범죄가 매우 달라 보일 수도 있다. 범행을 저지른 사람들과 그들이 겨냥했던 대상을 고려하면 그럴 수도 있다. 좌파와 우파 모두 이런 범죄를 줄이는 방법에 대해 열띤 논쟁을 벌였는데 우파는 미국에 들어오는 무슬림들의 제한을 원했고, 좌파는 공격용 총기 판매를 금지하는 조치를 원했다. 그렇지만 우리 모두는 이 두 사건의 직접적인 동기가 무엇이었든 그 뿌리에 깔려 있는 증오와 폭력은 근본적으로 불가

피하고 피할 수 없는 것이라고 생각하는 것 같다.

올랜도 총기 난사 사건이 발생한 뒤 오바마 대통령은 그 사건을 "악마 같은 혐오스러운 행동"이라고 규탄했고, 트럼프 대통령은 라스베이거스 총기 난사 사건을 "명백한 악마의 소행"이라고 했다. 우리는 어떤 상황에 대해 달리 어떻게 설명해할지 모를 때 악마와 같다고 규정하는 경향이 있다. 최소한 서구 문화에서 의미하는 전형적인 악마의 표상이라고 하면 아마도 마귀를 의미할 텐데 성경에서 마귀는 처음부터 악하게 태어난 것이 아닌 타락한 천사 루시퍼를 가리킨다. 요한복음 8장 44절에는 "진리가 그 속에 없나니"라고 나와 있다. 실제로 그노시스Gnostics(영적 복음)주의자들은 그리스도가 "자신의 어둠을 끊어버렸을 때" 마귀가 탄생했다고 믿었다.

내가 기독교에 대해 높이 평가하는 여러 가지 요인 중 하나가 우리 모두는 죄인이라는 개념이다. 이는 훈계하는 얘기인 동시에 격려하는 얘기이며, 우리 모두는 빛과 어둠을 동시에 가지고 있고 스스로 더 나은 천사가 되기 위해 노력해야 한다는 사실을 상기시켜준다. 불교 또한 선과 악의 이원론을 강조하고 있으며 일본인 승려 니치렌Nichiren日蓮은 "선과 대립하는 것을 악이라고 부르며 악에 대립하는 것을 선이라고 부른다"고 기록했다.

그러나 최고의 정신적, 철학적 이념은 제외하더라도, 우리는 분명 선과 악을 생각할 때 흑백의 논리로 따지는 경향이 있고 '우리는 선하고 그들은 악하다'는 이분법으로 구분하기를 좋아하는 게 사실이다. 그래서 아르노 마이클리스와 바쌈 아라민과 같은 사람들의 이야기가 매우 불편하게 느껴지는 것이다. 즉 악행을 저지른 그들의 모습에서 우리와 같은 평범한 보통 사람들의 모습을 발견하기 때문이다. 또한 그것이 악과 악의 평범성에 대한 한나 아렌트와 엘리자베스 미닉의 연구 결과가 매우 불길하게 느껴지는 이유이며, 악행을 저지를 수 있고 악과 공모할 수 있는 잠재성이 우리 내면에도 존재한다는 사실을 인정하고 싶지 않은 이유이기도 하기 때문이다. 마찬가지로 르완다의 참상을 상상할 수 없는 이유인데, 실제로 대부분의 다른 사람들도 저지를 수 있는 짓을 우리도 저지를 수 있다는 사실을 믿고 싶지 않아서이다. 우리 자신의 내면에 존재하는 악함과 다른 사람들에게 존재하는 선함을 알아내는 건 우리의 관계를 단절시킬 수도 있지만, 한편으로는 우리 자신과 우리를 둘러싸고 있는 세상을 더 좋게 만들기 위한 첫걸음이기 되기도 한다.

나는 모든 증오가 다른 사람들에 대한 이질화된(왜곡된) 사고방식을 전제로 한다는 것을 배웠다. 체계적으로 다른 사람들의 인간성을 교묘하게 말살하면서 우리 자신은 경건한 척 높이려는 우월성이 바로 증오의 근본적인 뿌리이다. 우리는 크든 작든, 그리고 의식적이든 무의식적이든 간에 우리 자신의 노골적이고 은밀한 편견의 렌즈를 통해 세상일들을 끊임없이 관찰하며 걸러내고 있다. 이런 은밀한 편견은 합법성을 가장하도록 부추기고 전 세계에 퍼져 있는 부당함을 외면함으로써, 의료 서비스를 받지 못하는 지역 공동체를 완전히 통째로 묵살해버리거나 또는 도덕적 관심사에서 멀어지게 한다. 그러면 나라 전체가 어려움을 겪고 있다는 소식을 들어도 크게 신경 쓰지 않게 된다.

우리는 스스로 선량한 사람들이라고 생각하지만 증오에 의해, 역사와 관습에 의해, 그리고 우리 사회에서 누구는 중요하고 누구는 중요하지 않다는 차별 문화에 의해서 도덕적 관심사의 영역이 얼마나 제약을 받아

왔는지 깨닫지 못하고 있으며, 의도했든 의도하지 않았든 모두가 별 의심 없이 받아들여 왔다.

그래서 우리는 기업의 과도한 욕심에 불만을 터뜨리고, 거리를 행진하는 신나치주의자들을 비난하며 주먹을 흔들지만, 그들은 우리 모두가 함께 만들어 낸 사회적 모습의 산물일 뿐만 아니라 더 나아가 우리 자신의 모습을 반영하고 있다는 걸 깨달아야 한다.

미국을 비롯한 전 세계가 증오의 위기를 맞고 있다. 우리가 우선적으로 그것을 직시하는 것 즉, 보지 못하는 곳을 찾아서 볼 수 있게 하는 법을 배우지 않는다면 우리들 주위와 내부에 존재하고 있는 무의식적이고, 은밀하고, 방관적인 형태의 증오 문제를 다룰 수 없게 된다. 작가 아난드 기리다라다스[45]는 2017년 10월에 있었던 첫 번째 '오바마 재단 회의'에 참석하여 이런 말을 했다. "진정한 변화는 광범위하고 복잡한 문제들 속에서 자기 자신을 포함한 체계적인 우리의 역할이 무엇인지를 직시하도록 유도해 내는 것이다." 러시아의 문호 레오 톨스토이는 이렇게 말했다. "모두가 세상을 변화시켜야 한다고 생각하지만, 자기 자신을 변화시켜야 한다고 생각하는 사람은 아무도 없다." 그러나 우리는 더 늦어지기 전에 두 가지 다 해야만 한다.

이 책을 쓰는 동안 친구들은 선의에서 우러나 내게 자주 안부를 물었다. 친구들은 내가 증오에 대해 오래 파고들면 들수록 깊은 우울증에 빠질 거라고 우려했다. 그러나 이 책을 쓰는 과정에서 놀랍게도 나는 매우 낙관적이고 희망에 찬 기분을 느꼈다. 물론 증오는 매우 심오하고, 복잡

---

45 Anand Giridharadas 인도계 미국 작가로 승자 독식 'Winners Take All' 의 저자다. – 주

왜 반대편을 증오하는가

하고, 짜증스러울 뿐만 아니라 추악하고 슬프다. 그러나 개인이나 공동체, 제도, 혹은 시스템 내에서 반드시 불가피한 것은 아니다. 증오에 찬 세계의 역사와 더불어 그런 증오를 초월하는 이야기들도 존재하며, 대학살 뒤에 평화를 찾게 된다든가, 탄압과 억압 후에 쟁취한 자유, 심지어 잔혹한 부당함으로 인해 오히려 평등에 한발자국 더 가까워진 얘기들도 많이 찾아볼 수 있다. 증오는 처음부터 우리 머리와 우리 사회에 뿌리박힌 것이 아니다. 변화는 가능하다.

지금 내가 이 사실을 확신하는 건 심리학과 생물학, 신경과학 분야에 다양한 연구 결과들을 읽었기 때문만은 아니다. 아르노와 바쌈과 존과 마리-진과 다른 수많은 사람들, 즉 우리가 사는 세상에서 끝이 보이지 않는 증오의 늪에 빠졌지만 결국 다시 빠져나오는 길을 찾아낸 사람들을 아주 많이 만났기 때문이다. 만약 그들이 증오를 멈출 수 있다면 우리에게도 분명 희망은 존재한다.

그러므로 증오의 반대는 무엇인가? 홀로코스트의 생존자이며 작가인 엘리 비젤Elie Wiesel이 "사랑의 반대는 증오가 아니라 무관심이다"라고 말한 것처럼, 증오의 반대는 사랑이 아니다. 상대를 증오하지 않기 위해서 그들을 사랑해야만 하는 건 아니다. 그들을 좋아할 필요도 없고, 그들이 주장하는 의견의 타당성에 굳이 수긍하지 않아도 된다. 바쌈은 지금도 대체로 이스라엘 사람들을 자신의 적으로 생각한다는 사실을 분명히 밝혔지만, 동시에 그는 이스라엘 사람들을 증오하지도 않았다.

증오의 반대는 또한 감정을 드러내지 않는 무미건조한 중도가 아니다. 우리는 여전히 다른 사람들의 믿음과 반대되는 믿음을 가질 수 있고, 그러면서도 여전히 예의와 정중한 마음으로 그들을 대할 수 있다. 궁극적으로, 증오의 반대는 우리 모두가 얼마나 인간적으로 서로 연결되어 있는 존재인지를 자각하는 것이고, 모든 인간은 서로 공평하다는 것을 보여주는 강력하고도 아름다운 현실이다.

그래서 증오의 반대는 상호 연대를 통한 연결이며 연결을 통해 공감대를 형성해 나가는 것이다.

우리는 여러 사람들과 이야기를 나누지만, 서로 의견이 다른 것에 대해서는 충분한 시간을 들여 토론하려 들지 않는다. 하지만 상대에 대한 연민(역지사지)을 갖기 시작하면, 그것이 바로 서로 공통적인 것들을 공유하고 공감할 수 있는 노력이 된다. 이것은 실로 강력하다!

타인이 나를 이해해주고 연민해주기를 바라지만 말고, 내가 상대를 이해하려는 노력을 실천해야 한다. 이것이 바로 정서적 올바름이다!

내가 아홉 살 쯤 됐을 때 여름캠프에서 소풍을 간적이 있었다. 정확한 장소 이름은 기억나지 않지만 어느 숲속에서 막 하이킹을 떠날 참이었다. 몇 걸음씩 걸어갈 때마다 머리 위를 뒤덮는 나뭇잎들 사이로 비친 햇살에, 길을 따라 매달린 가느다란 줄 같은 것이 반짝거리는 게 눈에 들어왔다. 나는 카운슬러 선생님에게 그 줄이 무엇인지 물었다. 선생님은 온 세상을 서로 연결하고 있는 거미줄의 일부이며 그 가느다란 줄들이 다른 모든 생명체와 우리를 연결해준다고 말했다. 고백하자면 나는 별 근심걱정 없는 어린 시절을 보냈고 그때나 지금이나 남을 잘 믿는 편이지만, 어쨌든 그때도 나는 선생님 말을 믿었다. 전적으로 의심 없이 철석같이 믿었다. 어느 정도냐면 지금도 햇살에 반짝이는 거미줄을 보면 그것이 우리 모두의 인간성을 연결하는 가늘지만 강력한 끈이라고 상상한다. 그것은 철학적이고 정신적인 진리의 다른 표현이다. 더구나 자그마한 거미한 마리가 그 작은 몸통에서 뽑은 긴 실로 집을 엮고, 한 나무에서 다른 나무로 약 200미터 거리를 옮겨 다니며 줄을 엮듯이 큰 두뇌와 스마트폰을 만든 진화한 인간인 우리도 서로를 연결하며 공감대를 형성해 나가야 마땅하지 않을까?

지금도 나는 가느다란 거미줄을 보면 전 세계를 연결하고 있는 실이라고 믿는다. 실제로 모든 인간이 평등하게 서로 연결되어 있다는 사실을 이해하고 표현하는 것이야 말로 증오를 끝낼 수 있는 실질적인 방법인 것이다. 마틴 루터 킹 주니어가 얘기한 "현실의 상호연관 구조"와 작곡가 존 파월의 "함께 나누고 공유하는 인간애"를 주장하는 의미도 바로 이런 것이다. 그리고 전 세계의 다수 및 소수 종교들의 가르침도 이와 비슷한 내용이다. 그러나 안타깝게도 종교와 상관없이 추종만 한다고 해서 온전히 그 가르침을 이해하는 것은 아닌 것 같다. 이러한 연결의 느낌은 단순히 머리로 이해하는 추상적인 것도 아니고 밋밋하고 진부한 표현도 아니다. 그것은 증오에서 빠져나와 긍정적이고 건설적인 대안을 향해 전진하는 우리의 길을 찾는 데 필요한 변화의 도구다. 우리는 증오심을 지속시키는 방법으로 다른 사람들과 사회 전반을 연관시킬 수도 있고, 또 연결을 선택함으로써 포용과 공평과 정의를 확산시키는 방법을 선택할 수도 있다.

그렇다고 서로의 연결이 쉬운 선택이라는 뜻은 아니다. 사실 이 세상은 연결하기 불리한 조건들만 갖추고 있는 것처럼 보인다. 태어날 때부터 트랜스젠더나 흑인, 가난한 사람, 공화당원, 혹은 민주당원을 증오하는 마음을 갖고 나오지 않는 다는 건 내가 장담할 수 있다. 그러나 종족중심주의로 기울어지는 성향 때문에 사회에 존재하는 기존의 선입견에 재빨리 동조하고, 더 나아가 증오라는 역사적 습관에 더 깊이 빠져드는 경향이 있는 것도 사실이다. 게다가 현재의 시스템과 제도들은 증오를 적극 장려하고 있다. 대중매체와 선거의 공포심 선동을 통해 적개심을 전파하거나 파렴치한 증오심을 조장 하고 있다. 뿐만 아니라 편파적인 치안유지와 지역사회의 분리 등 덜 노골적인 메카니즘을 통해서도 고정관념을 퍼뜨리는 등 여러 방면으로 증오를 장려하고 있다. 우리 스스로가 마음과 정신을 변화시켜야 할 뿐만 아니라 우리 주변의 모든 제도와 관습, 그리고 시스템과 문화를 바꾸어야만 한다.

그러기 위한 첫 번째 단계는 우리 내부의 증오심에 도전하는 것이다. 의식적으로 우리 내면에 존재하는 모든 형태의 증오를 파악해야 하며, 자신의 생각과 추측한 것에 대해 끊임없이 관찰하고 점검하는 노력을 기울려야 한다. 그와 동시에 우리 사회에 자라나는 증오심을 멈추게 하고 싶다면 우리를 분열시키기 보다는 우리를 하나로 만드는 제도와 정책을 지지해야만 한다. 또한 공감을 통한 연결을 선택하고, 연결 시스템에 의해 만들어진 연결의 공간에 다함께 있을 때는 지금과는 다른 방식으로 대화를 나누어야 한다. 증오가 아니라 관용과 열린 마음으로 친절과 동정심을 갖춘 연결의 화법을 사용해야 한다. 바로 그것이다. 우리가 해야 할 일은 그게 전부다. 그렇다고 간단한 일이라는 의미는 아니다.

요즘은 "깨어 있다" 이라는 말이 유행이지만, 여성인권운동가 벨 훅스 같은 사람이라면 또 몰라도 우리들 중에 완전한 깨달음의 눈을 뜬 사람이 있기는 한지 나도 잘 모르겠다. 잘해야 지속적으로 자각하는 상태에 있다고나 할까. 내 경우에는 분명 버락 오바마가 백악관에 있었을 때 훨씬 더 "깨어 있는" 느낌을 받았다. 진보를 향한 총체적인 행진에서 확실한 대선 승리를 예감하고 권력을 담보할 수 있기를 기대하면서 나는 권력이 다해가고, 멸망할 시간이 얼마 남지 않은 션 해니티[46]와 같은 낡은 문화 세력의 우파들을 지긋이 내려다보며 큰마음 먹고, 자비롭게 화해의 손길을 건넬 수도 있었다. 나는 우아하게 승리하리라 확신했었다. 트럼프가 당선되기 전까지는 그랬다.

그가 당선됐을 때 마치 온 세상이 갑자기 증오의 소행성과 충돌한 것 같은 느낌이 들었다. 내가 우리의 역사와 가슴속에서 모든 증오가 완전히 사라졌다고 믿을 만큼 순진했던 건 아니었지만, 증오심이 다시 일어날 거라고는 예상치 못했던 만큼 휴면상태에 있던 증오심은 내가 예상했던 것보다 훨씬 더 컸다. 그럼에도 불구하고 이민자들과 무슬림들, 트랜스젠더들, 그리고 여성들을 향해 쏟아지는 파렴치한 증오를 접하고 분노가 끓어오르는 와중에, 내가 증오하는 자들에게 증오심으로 가득 찼다고 비난하면서 그들을 증오하고 있는 나 자신을 발견했다. 알고 보니 '자기 노력'이라는 말은 결과적으로 도달피야할 어떤 상태를 뜻하는 명사가 아니라 계속해서 노력해야 하는 동사였다. 증오의 반대가 도착점이 아니라면 여정인 것과 마찬가지다.

개인적으로 나는 어떻게 하면 증오심을 멈출 수 있는지 아직 방법을 찾아내지 못했다. 또한 의미 있고 상호존중 하는 관계를 일관되게 추구할 수 있는 방법도 알지 못했다. 지금도 계속해서 누군가를, 혹은 뭔가를 증오하는 나 자신을 발견할 때가 많은데, 그냥 거미를 싫어하는 것 이상으로 훨씬 더 의미심장하고 중요한 방식으로 증오하고 있었다. 속도를 높

---

46 Sean Hannity폭스 뉴스 쇼 진행자이며 트럼프 지지자 – 주

이지 않고 천천히 가는 운전자에게 짜증을 내며 그가 틀림없이 아시아 사람일 거라고 추측한다거나, 트럼프 지지자들의 대부분이 개탄스런 인종차별주의자들 일 것이라고 속단하거나, 방금 내가 만난 트랜스젠더가 '진짜 여자'일까 궁금해 하는 것들이 모두 증오다. 나 자신의 증오는 이처럼 크고 작은 방법으로 계속 새어나오고 있다. 다시 말하면 나는 아직 깨달음을 얻지 못한 것이다. 다만 '깨달음의 불을 켜고' 주변의 모든 것을 다른 시각으로 보기 시작하고 달라지기 위해 노력해야 한다는 것만 깨달았을 뿐이다.

이렇게 증오를 반대하는 일을 찾는 것은 사회에 축적된 증오의 역사와 습관들의 흐름에 맞서 계속 상류로 거슬러 올라가야 하는 힘겨운 노력이다. 우리는 반복하고 또 반복하면서 계속해서 거슬러 올라가야만 한다. 지금 내가 가고자 하는 속도로 봤을 때 내가 죽을 때 까지 일을 계속할 수 있다면 오히려 행운일 정도다. 그러나 최소한 나는 그렇게 되기 위해서 노력하고 있으며 그게 중요하다고 생각한다. 희극인 존 퍼겔생이 "기억하세요, 증오에 맞서 싸울 생각이라면 사소한 것에 짜증이 나도 불평하지 말고, 그 안에 완전히 안주하기 전에 얼른 털어버리세요"라고 했듯이 증오가 새어나오면 닦아내고 헹구기를 반복해야 한다. 그렇게 시간이 가면서 조금씩 더 나아지기를 바라면서…… 최소한 의도적으로나 어수룩하게 문제를 지속시키는 데 일조하지 말고 해결책의 일부가 되어야 한다.

내가 제일 좋아하는 문구중 하나인 작가 데이비드 포스터 월레스David Foster Wallace의 우화를 들려주려고 한다. 두 마리의 어린 물고기가 열심히 헤엄쳐 가다가 반대편에서 헤엄쳐 오는 나이 많은 물고기를 만난 이야기다. 어린 물고기들이 지나갈 때 나이 많은 물고기가 말을 걸었다. "안녕,

젊은이들. 그쪽 물은 어떠니?"라고 묻는다. 두 마리 어린 물고기는 아무 말 없이 한동안 가던 방향으로 계속해서 헤엄쳐 갔고 마침내 한 물고기가 다른 물고기를 보며 묻는다. "도대체 물이 뭐야?"[47]

증오는 항상 우리 존재의 기본적인 요소이고, 언제나 우리 문화와 정치의 영역에서 용광로처럼 부글부글 끓고 있으며 내면의 깊숙한 곳에 존재하고 있다. 하지만 우리는 그것을 알아차리지 못한다. 이렇게 우리 안에 존재하는 증오심조차 깨닫지 못하면서 우리 사회의 개방 된 공간에 존재하는 증오를 어떻게 찾아낼 수 있겠는가.

증오를 거부하고 그 반대되는 것을 추구하기로 결심하는 것은 매일 매일의 결정이며 일상의 행동으로 나타나야 하고, 어떤 장애물에 부딪혀도 끊임없이 되풀이해야 하는 것이다. 그래도 다행인 것은 우리에게 좋은 소식이 가능하다는 것이다. 평화주의 운동가로 변신한 테러리스트나 불교 신자가 된 백인 우월주의자나, 혹은 자신이 괴롭혔던 상대에게 오히려 사과하는 법을 배운 가해자들을 보면서 희망을 갖게 된다.

어느 봄날 저녁, 나는 어느 도시 근처에 있었다. 내가 고용한 사설탐정으로부터 초등학교 때 내가 괴롭혔던 '비키 라시'가 살고 있는 곳이라고 알려준 마을이었다. 막 강연을 마치고 숙소로 돌아가는 길에 사설탐정이 내게 이메일로 알려준 도시가 30분 거리에 있다는 사실을 알았고, GPS에 주소를 입력하고 그곳으로 향했다.

운전을 하고 가는 동안 비키를 찾으려는 내 노력이 아무 사심 없는 행

---

47 물고기에게 물은 살아가는 생활의 일부분이지 알아야 할 지식이 아니다. 그래서 증오를 반대하는 것도 '일상의 일'이며 지식으로 알아야 할 대상이 아니라는 의미 - 주

동이라고 스스로에게 확신시키려 했지만, 그건 사실이 아니었다. 나는 그녀가 잘 있는지, 잘 살고 있는지 알고 싶었고, 행여 나 때문에 힘들게 살고 있지는 않기를 바랐다. 그리고 당연히 사과하는 게 올바른 일이므로 진심으로 사과하고 싶었다. 혹시 그녀가 나를 용서하지 않는다 해도 괜찮다고 스스로 다짐했지만 그것도 다 사실은 아니었다. 나는 용서받고 싶었고, 내 양심이 깨끗해지길 원했다.

사설탐정은 비키에 관해 몇 가지 사실을 알아냈다. 그녀에게는 남동생과 여동생이 있었고, 그녀의 어머니는 고등교육을 받았으며 존경받는 전문직에 종사한다는 걸 알 수 있었다. 비키가 왜 그렇게 자주 이사를 했고, 이름을 공식적으로 두 번이나 바꿨는지 그 이유는 알지 못했다. 하지만 지금은 그녀가 결혼을 해서 기술 분야에 종사하고 있다는 사실을 알아냈다. 그리고 외곽 도시의 근교에서 내가 지금 향하고 있는 주소지에 살고 있는 것 같았다.

나는 라디오도 켜지 않은 채 조용히 운전하면서 수시로 땀에 젖은 손바닥을 바지에 문질렀다. 비키가 살고 있다는 집이 있는 길가로 접어들었을 때 가벼운 비가 내리기 시작했다. 길가 모퉁이 끝이 가까워질 때쯤 오른쪽으로 작은 마당이 딸린 두 가족용 주택이 보였다. 내 계획은 근처에 차를 세우고 당당히 다가가서 초인종을 누르고 내가 저지른 죄를 고백하는 거였다. 하지만 막상 그 순간이 오자 나는 겁이 나서 차를 세우지 못하고 그대로 지나쳤다. 오래 전에는 비키를 괴롭히는 게 두렵지 않았는데, 이제 와서 사과하려니 두려운 건가?

결국 나는 그대로 꽁무니를 빼고 말았다. 속도를 줄여 그 동네를 여섯 바퀴쯤 빙빙 돌면서 멀리서라도 행복하고 건강한 비키처럼 보이는 사람

왜 반대편을 증오하는가

을 훔쳐볼 수 있기를 기대하며 창문들을 기웃거렸다. 그러나 아무도 보이지 않았다. 그러자 갑자기 5학년 때 몰래 비키를 따라가 화장실 밖에서 스토킹하던 그 순간으로 되돌아간 것 같은 기분이 들었다. 나는 역겹고 소름끼치는 느낌이 들었다. 그러면서 한심한 생각이 들어 그대로 차를 몰고 그곳을 빠져나왔다.

그 다음날, 집에 돌아온 나는 비키에게 편지를 썼다. 그리고 마침내 페이스 북에서 그녀를 찾았을 때 그 편지를 보냈다. 나는 사과했다. 나는 "당신이 나의 사과를 받아주거나 내 편지에 답장을 쓸 거라고 기대하지 않습니다. 다만 내가 당신 생각을 하고 있다는 걸 알아주길 바랄 뿐이고 내가 당신에게 저지른 모든 추악한 짓을 넘어서 아름다운 삶을 살아가기를 진심으로 바랍니다"라고 편지를 마무리했다. 그게 다였다. 그게 내가 할 수 있는 전부였다. 그렇지 않아?

그리고 나서 한 가지 더 결심했다. 내 딸은 학교에서 아이들이 자기를 '메두사'라고 불러서 기분이 나쁘다고 했다. 또한 친구들이 자기를 나쁜 아이라고 생각하기 때문에 화가 나서 더 못되게 행동하고 싶어진다고 내게 말한 적이 있었다. 그래서 나는 윌라를 앞혀놓고 내가 어렸을 때 친구들을 괴롭히는 불량학생이었다는 얘기를 들려주었다. 내가 비키에게 한 짓을 들려주고, 그래서 얼마나 후회하고 있는지, 아직까지도 얼마나 마음이 불편한지 윌라에게 사실대로 말해주었다. 지금도 나쁜 것은 생각하지 않고 말하지 않으려고 애쓰고 있다고 딸에게 말했다. 나도 나쁘게 행동하지 않으려고 애쓰고 있으니 윌라도 역시 그럴 수 있을 거라고, 그리고 함께 노력할 수 있다고 말해주었다. 윌라는 내 어깨에 머리를 대고 나를 꼭 안아주었고, 나는 눈물이 차올랐다.

그렇게 마음을 털어놓고 대화를 나눈 며칠 뒤 나는 2학년 교실에 걸린 윌라의 그림을 보았다. 큰 나무가 있고 수백 장의 나뭇잎들이 서로 다른 색조의 초록색으로 칠해진 그림이었다. 나뭇가지 아래 남자와 여자가 서 있었다. 남자는 턱시도를 입었고 여자는 붉은 색의 긴 드레스를 입었다. 목에는 진주목걸이를 하고 있었으며, 두 사람은 입술을 맞대고 있었다. 남자의 피부는 어두운 색이었고 여자의 피부는 밝은 복숭아 색이었다.

그림 뒷면에 윌라는 이렇게 적어놓았다. "사람들은 대부분 자기와 같은 피부색을 가진 사람만 그리는 것 같다. 나는 흰 피부를 가졌고 오늘 처음으로 검은 피부를 가진 사람을 그렸다. 나는 검은 피부 혹은 흰 피부를 가진 사람들이 검은 피부든 흰 피부를 가진 사람이든 다 그려야 한다고 생각한다. 우리 모두는 선하고 서로 화합하는 힘을 가졌고, 다 함께 단결하고 있으며, 우리 안의 마음속에 사랑을 가지고 있음을 기억하자. 비록 우리가 보지 못한다고 해도 그런 사람들이 그 사랑을 꺼낼 수 있도록 도와주어야 한다."

만약 내 자식이 흰 피부를 가진 사람들만 그렸다면 그 아이가 인종차별주의자이기 때문에 그렇다고 말하진 않을 것이다. 그러나 어느 정도는 윌라가 자신의 그림에서 선택한 것이 더 큰 부당함의 문제와 연결되어 있다는 걸 나름대로 이해하고 있는 것 같았고, 거기에 관해 여덟 살 어린 이로서 자기가 뭔가 해야 한다는 의식적인 결정을 내리고 있었던 것 같다. 솔직히 말하면 윌라가 잠 잘 시간에 안자겠다고 떼를 쓰거나 스쿨버스 안에서 나쁜 말을 해서 문제를 일으킬 때면 화도 나고 걱정이 이만저만이 아니었다. 하지만 그때 그 순간만큼은 윌라가 내게 희망을 주었고, 윌라 뿐만 아니라 우리 모두를 위한 희망을 느끼게 했다.

그리고 비키에게서 소식이 왔다. 그녀가 페이스 북을 통해 내게 보낸 메시지는 강렬했고 다소 당황스럽기까지 했다. 그녀는 나를 기억하지 못하겠으며 내가 찾는 사람이 자기가 맞는지도 잘 모르겠다고 말을 꺼냈다. 물론 의심의 여지없이 그녀는 내가 찾는 사람이 분명했다. 그러고 나서 그녀는 이렇게 적었다. "회신을 해야 할 지 말아야 할지 한참 고민하다가, 또 다른 사람들을 괴롭히는 걸 막는 차원에서 회신하기로 결정했습니다. 이런 메시지가 과거에 당신이 저지른 행동을 용서해줄 수는 없어요. 용서받는 방법은 오로지 더 나은 세상을 만들기 위해 노력해야하고, 다른 사람들이 그와 비슷한 행동을 하지 못하도록 예방해야 하며, 동정심을 키우는 길밖에 없겠지요." 그녀의 메시지는 용서한다는 내용이 아니었지만, 그게 바로 내가 원하던 연결의 화법이자, 연결의 공간이었다.

그리고 이 자리를 빌려 다시 한 번 말하지만, 비키, 정말 미안해!

그리고 다른 사람들이 좀 더 나은 행동을 할 수 있도록 내 역할에 정말 최선을 다하겠다고 약속할게.

| 감사의 말 |

먼저 내가 특별히 좌절감을 느꼈던 순간에 했던 말이나 생각과는 반대로, 이 책을 쓰도록 권장했던 사람들을 조금도 미워하지 않는다는 사실을 분명히 밝히고 싶다. 이제는 내가 깜빡 잊고 감사의 인사를 전하지 못해서 여전히 나를 머저리라고 생각하는 사람이 있을까 봐 걱정스럽다.

전반적으로 특히 이 책에서 내 목소리를 낼 수 있도록 격려하고 지지해 주는 친구들과 멘토들의 이름을 다 적자면 책 한권을 채우고도 모자라겠지만 대략적인 목록에서도 빠질 수 없는 사람들이 있다. 그들과 지속적으로 논쟁하지 않았다면 오늘날 내가 가진 커리어와 기반을 얻지 못했을 것이다. 지금의 내가 될 수 있었고 내 목소리를 가질 수 있게 해준 우바라시 바이드(Uvarashi Baid)와 제랄딘 레이번(Geraldine Laybourne)에게 진심으로 깊은 감사를 전하고 싶다. 당신들이 아니었다면 나는 여기 존재하지 않았을 것이다. 결점 투성이인 이 책의 초안을 읽고 귀중한 조언을 해준 많은 사람들에게 감사를 올린다. 내가 이 책에 옮긴 인용문에 도움을 준 엘리자베스 길버트(Elizabeth Gilbert), 애덤 그랜트(Adam Grant), 드레이 매키슨(DeRay Mckesson), 아난드 기리다라다스, 션 해니티, 도나 브레이질(Donna Brazile), 웬디 데이비스(Wendy Davis)와 새라 실버맨(Sarah Silverman)에게도 감사를 전한다. 그리고 물론 내가 인터뷰한 모든 사람들에게도 깊은 감사를 드린다. 그들이 나누어준 이야기와 지혜는 나와 이 책이 발전하는 데 무한한 도움을 주었다. 특히 바쌈 아라민, 다린 주베, 존 기라네자, 마리-진 우위마나, 프랑코이스 우자무쿤다(Francoise Uzamukunda), 솔란지 우웨라, 스카티 넬 휴스, 아르노 마이클리스, 피트 시미, 제니퍼 쿠보타, 나히드 아르툴 제어, 로버트 스턴버그와, 믿거나 말거나 나를 괴롭히는 모든 악플러들에게 감사드린다. 좋은 일만 가득하길 빈다. 그리고 과거에 나는 그녀의 존재를 부정하는 데 일조했지만 지금은 비키가 늘 행복하기만을 바란다.

이런 사람들의 재정적, 물질적인 도움이 없었다면 말 그대로 이 책을 쓰지 못했을 것이다. 그리고 특히 시작 단계에서부터 나를 도와준 캐시 라파엘(Cathy Rapael)에게 감사의 인사를 전한다. 내 친구인 프랭크 하킨스, 다이아나 캐인(Diana Kane), 그리고 폴 다케우치(Paul Dakeuchi)는 이 책의 최종본을 탄생시킨 것 이상으로 소중한 예술적 영감을 주었다.

알곤킨 출판사의 에이미 개시(Amy Gash)와 팀 전체는 매우 훌륭했고 기운을 북돋아주었으며 참을성 있게 지원을 아끼지 않은 사람들이었다. 에밀리 루스(Emily Loose)는 신경 안정제 같은 사람이며 그녀의 탁월한 구조적 사고방식과 신중한 편집 능력은 이 책의 한 줄 한 줄에 뚜렷하게 드러나 있고 그녀를 만나게 된 것을 정말 행운이라고 생각한다. 문학적 대리인인 엠마 패리(Emma Parry)는 수많은 문학 에이전트들 중에서 유일하게 책을 완성할 수 있도록 이끌어 준 사람이며, 그녀에게 경의를 표한다. 그녀의 듣기 좋은 영국식 발음은 많은 도움을 주었다.

내게는 지구상에서 가장 훌륭한 부모님이 계신다. 5학년을 마치고 나서 어딘지 알지도 모르는 곳으로 이사를 해서 화를 내며 날뛰기도 했지만, 덕분에 내 외로움을 달래기 위한 방법으로 글쓰기를 발견했고 꽤 좋은 결과를 얻은 것 같다. 그리고 내가 태어난 이후 단 하루도 빠짐없이 부모님은 가장 든든한 지지자이며 두 분이 무엇이든 할 수 있다고 가르쳐주신 덕분에 지금까지의 모든 걸 해낼 수 있었다. 더불어 나는 감사하게도 결혼을 통해 아주 멋진 많은 친인척들을 얻게 되었으며, 최근 가족여행에서도 미친 듯이 글만 써대는 나를 참아주고 응원해주었다. 모두에게 깊은 감사의 뜻을 전한다.

마지막으로, 그러나 당연히 가장 중요한 나의 파트너 새라 핸슨(Sarah Hansen)과 내 딸 윌라 핸슨-콘(Willa Hansen-Kohn)이야말로 진정으로 이 책을 가능하게 해주었다. 책을 만든다는 스트레스 때문에 매일매일 두 사람이 나를 위해 많은 것을 희생했을 뿐 아니라 내게 무한한 친절과 동정심과 사랑을 보여주었다. 부디 이 책이 우리 모두를 그런 방향으로 이끌어가기를 진심으로 기원 드린다.

왜 반대편을 증오하는가

왜 반대편을 증오하는가

초판1쇄 인쇄 | 2020년 1월 10일
초판1쇄 발행 | 2020년 1월 15일

펴낸곳 | 에포케
펴낸이 | 정영국

지은이 | 샐리 콘(Sally Kohn)
옮긴이 | 장선하

편집 디자인 | 오즈 커뮤니케이션
제작·마케팅 | 박용일
원색분해·출력 | 거호 프로세스
인쇄 | OK P&C

주소 | 서울시 구로구 디지털로 288, 대륭포스트타워1차
전화 | 02)-2106-3800 ~ 1
팩스 | 02)-584-9306
등록번호 | 제25100-2015-000022호
ISBN | 978-89-19-20589-1
www.hakwonsa.com / www.book-plus.com